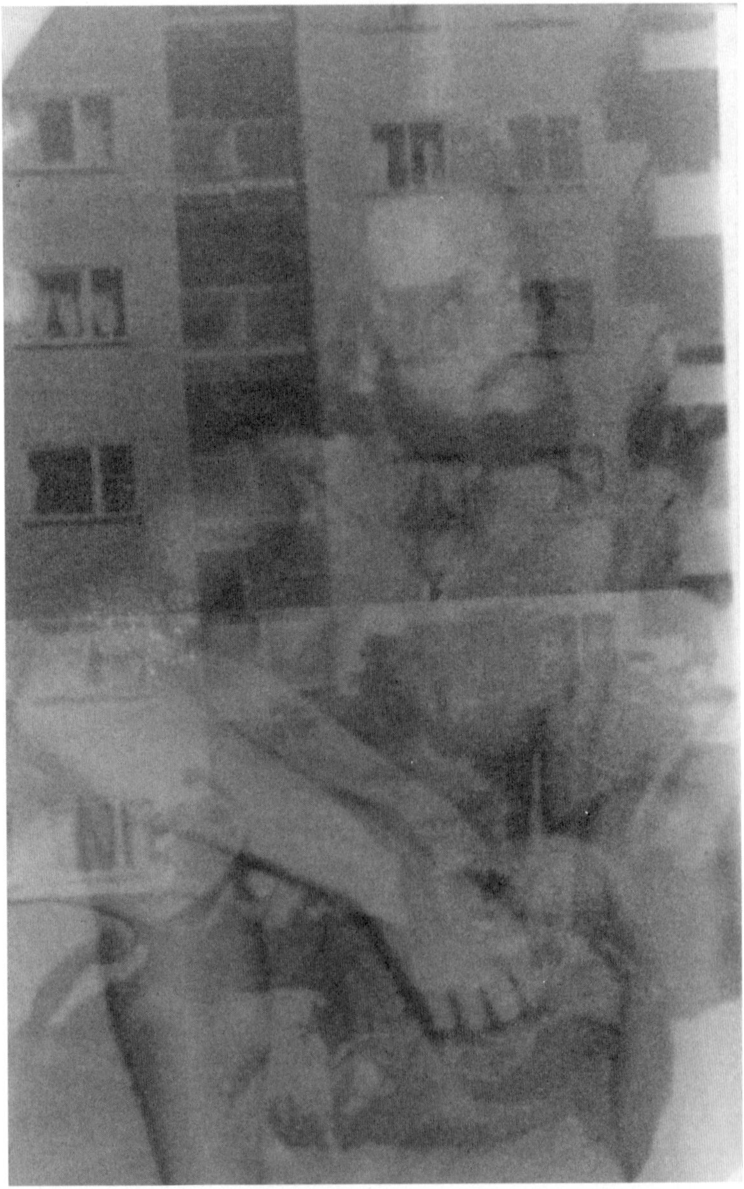

Penny Rimbaud

Shibboleth – My Revolting Life

Crass: Punk als Widerstand

Aus dem Englischen von Lisa Shoemaker

ventil

2. Auflage 2007
ISBN 978-3-931555-97-9

Fotografien: Penny Rimbaud
Layout und Satz: Oliver Schmitt
Cover unter Verwendung eines Coverdetails von »Stations of the Crass«
Druck: Gemi s.r.o.

Ventil Verlag
Augustinerstraße 18, D-55116 Mainz
www.ventil-verlag.de

Mir selbst gewidmet
als Dank für einen treuen Begleiter.

Spezieller Dank geht an David Stephens
für seinen unermüdlichen Enthusiasmus und
die Unterstützung dieses Projekts.

Inhalt

Teil eins

Was ich für wahr halte, ist für mich realer als das,
von dem man mir sagt, es sei die Wahrheit.

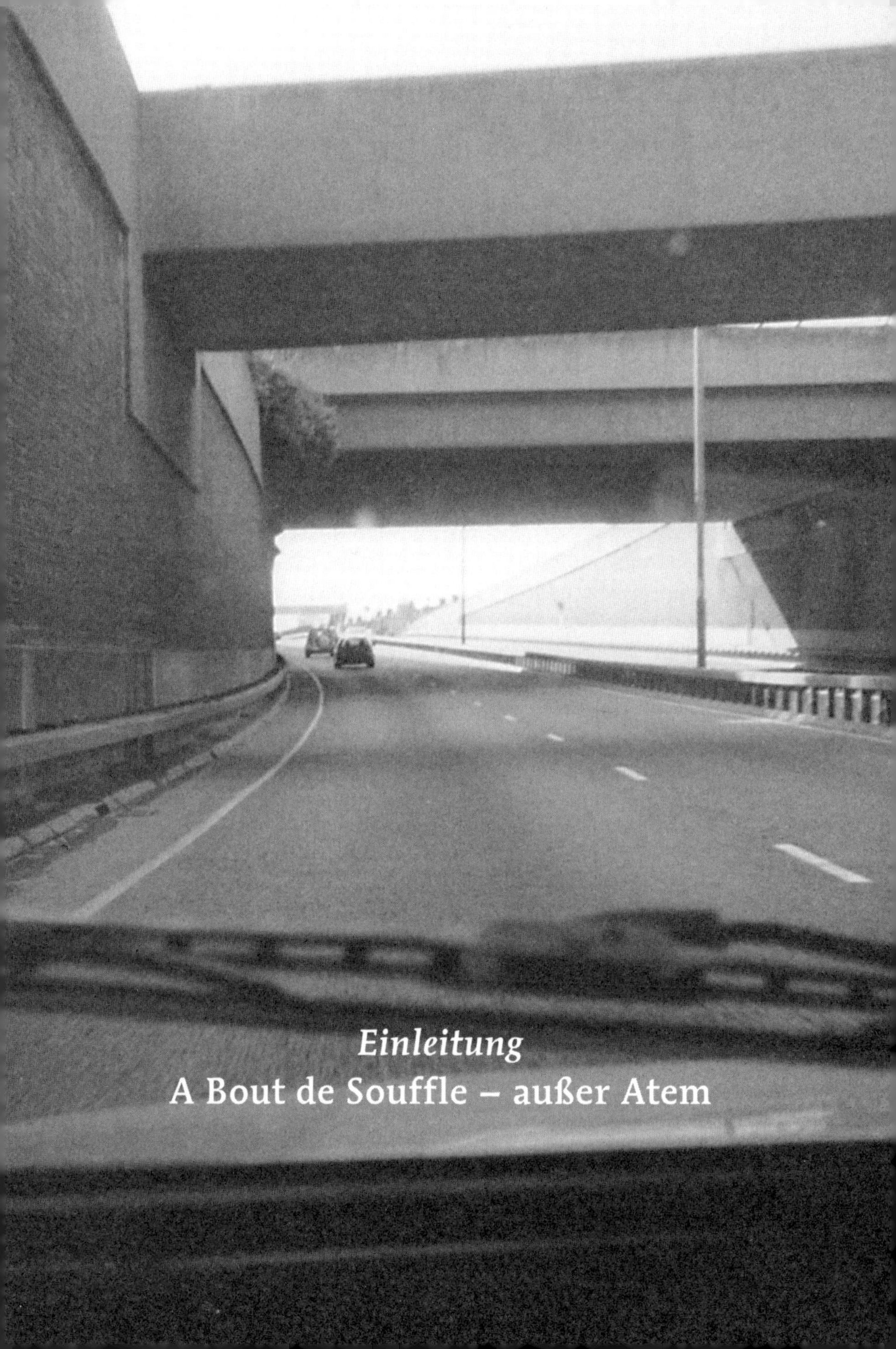

Einleitung
A Bout de Souffle – außer Atem

Jetzt ist er tot. Meine Erinnerungen an ihn sind so kalt wie diese Winternacht; düsterer, atemloser, dunkler November, an dem sogar die Lebenden nach Luft ringen müssen. Und wenn es Farben gäbe, wären sie mit der Sonne geflohen, um sich in den Tiefen des tropischen Urwalds begraben zu lassen, wo langzüngige Vögel am Nektar orangefarbener Blüten nippen und geheimnisvolle Buschmänner mit Steinen kommunizieren.

»Hinweg«, ruft eine Stimme in meinem Kopf, »die eisigen Gipfel haben sich wieder gen Himmel erhoben.«

Ach, seltsamer November, vielleicht sollte ich lieber schlafen, über diesen Augenblick hinwegträumen und dieser Gelegenheit, ihm wiederzubegegnen, ausweichen.

So viele Schleier, wie durchsichtige Schilde einer Vergangenheit, die vielleicht nie geschehen ist, einer Vergangenheit, die jeden Augenblick in eine ebenso illusorische Zukunft mündet. Ich werfe mein Netz ins Leere aus und hole es wieder ein. Fragmente, ich fange nur Fragmente, Teile von diesem und jenem, die, zusammengeflickt, vielleicht eine Geschichte ergäben. Aber sollen wir wirklich daran glauben? Gemessen an der unendlichen Zeit – ist nicht alles Lüge?

Horch. Hörst du nicht auch Schritte auf dem gepflasterten Weg? Wir warten, lauschend. Nein, mein Freund, das ist nur der Frost, der die Erde spaltet, die Steine in der Scholle bersten lässt, der die Luft aufsaugt und die Oberflächen dieser Nacht verhärtet. Kalte, atemlose Nacht, und ich bin allein mit einer Erinnerung.

Und wenn ich die Hand ausstrecke: Kann ich ihn dann berühren, seine Lippen an die meinen heranziehen und den Sommerhimmel im Blau seiner Augen erkennen? Ich kann ihn lachen hören, sehe, wie er dabei große Wolken von Spatzen einatmet und sezierte Regenbogen wieder auspustet.

»Und jetzt zu dir«, lächelt er und spinnt seidenes Garn aus der vollkommenen Leere um sich herum, »der Stoff unseres Lebens«.

Aber dann beginnt er zu verblassen, sein Gesicht ist zu einer fürchterlichen Grimasse verzogen, die Augen schließen sich unwillkürlich.

»Mistkerle«, murmelt er, während er die Tür zu seiner Seele schließt und in seine vollkommene Leere zurückkehrt, so weit weg; ein Tänzer in der Wüste, ein Clown, der schwangere Wolken liebkost. Noch ist er kein gefallener Engel.

Wenn ich mich wirklich anstrenge, kann ich ihn noch immer sehen. Aber sehe ich nicht nur das Produkt meiner Fantasie? War das alles, was er gewesen ist? Ich scheine mich an ihn zu erinnern, aber das beweist nicht, dass er existiert hat. Er kommt und geht.

Er war ein Freund, glaube ich. Von denen gibt es weniger, als wir uns wünschen. Trotzdem gefällt mir die Vorstellung, dass er ein Freund war, genauso wie ich mir vorstelle, dass er einmal existiert hat.

Horch! Höre ich da nicht einen Schrei in dieser merkwürdigen Stille? Wir warten, lauschend. Nein, mein Freund, es ist nur eine Eule, die gekommen ist, um mich mit einem Ständchen von den Tagträumen abzulenken.

Nacht. Kalte, atemlose Nacht.

Es klopft an der Tür, ich werde unterbrochen, noch bevor ich die Zeilen geschrieben habe.

»Ja«, antworte ich säuerlich, da ich nicht gestört werden will.

»Können Sie mir helfen?«

»Ihnen?«, frage ich. »Ich weiß nicht, wer Sie sind. Es ist spät. Ich versuche zu arbeiten.«

»Arbeiten?«

»Zu schreiben. Schreiben ist Arbeit, wissen Sie?«

»Tatsächlich?«

»Ja«, belle ich gereizt, denn ich verliere die Geduld gegenüber diesem mir völlig Unbekannten.

»Aber können Sie mir helfen?«

Ich habe den größten Teil meines Erwachsenenlebens mit Fremden verbracht. Davor habe ich bei meinen Eltern gewohnt, die in vielerlei Hinsicht auch Fremde waren.

»Kann ich dich sprechen, Dad?«

»Was ist los, Jeremy?«

Warum musste immer etwas los sein, wenn ich mit meinem Vater sprechen wollte?

»Nichts.«

»Was ist es denn dann? Siehst du nicht, dass ich zu tun habe?«

Und warum musste er ein Problem schaffen, wenn es keines gab?

»Ich möchte Schriftsteller werden.«

»Schriftsteller«, antwortete er und bewegte dabei kaum seinen Mund, »was meinst du damit, Schriftsteller?«

Sein Gesichtsausdruck, beziehungsweise sein Nicht-Ausdruck, spiegelte sich in dem Eichenschreibtisch, vor dem er mir gelegentlich eine Audienz gewährte und an dem er sich jeden Abend und an den meisten Wochenenden hinter seiner Zeitung begrub. Es roch stark nach Player's Navy Cut, einer Zigarettenmarke, an der ich später nie Geschmack gefunden habe.

»Ich will schreiben.«

»Mach dich nicht lächerlich, Jeremy, worüber zum Teufel würdest du schreiben wollen?«

»Philosophie.«

»Philosophie?«, platzte er heraus und konnte seinen Ärger darüber kaum unterdrücken. Sein Gebiss fiel ihm fast aus dem Mund, seine Brille beschlug und die Haare standen ihm zu Berge. Alles in allem bot er das genaue Bild eines wahnsinnigen germanischen Philosophen. »Philosophie? Was verstehst du schon von Philosophie? Nein, tut mir leid, aber ich glaube, du weißt wirklich nicht, wovon du redest. Philosophen haben Verstand, aber in der Hinsicht herrscht bei dir eindeutig ein Mangel.«

So habe ich den größten Teil meines Lebens mit Fremden verbracht und versucht, über ihr Kommen und Gehen zu schreiben. Fremde? Na ja, ich kann nicht so tun, als würde ich Leute kennen. Ich weiß, was ich über sie weiß, aber das bedeutet nicht, sie zu kennen, nein, es hat mehr damit zu tun, mich selbst zu kennen. Aber was weiß ich über mich? Auch ich bin ein Fremder.

Wir haben uns auf einen Preis geeinigt und sie führt mich durch die dunkle Gasse, wo es nach Hundescheiße und menschlicher Pisse riecht. Ich kann die Lichter vom Bahnhof sehen und gedämpft die Ansagen hören: »Der eingefahrene Zug auf Bahnsteig neun ...«

»Ich hätte es gern gleich in bar«, sagt sie und streckt einen mit Nadelstichen übersäten Arm aus.

›Mein Gott‹, denke ich, ›was für eine miese Angewohnheit‹, während ich in meinen Taschen nach meiner Brieftasche suche.

»Geht dich 'nen Scheißdreck an«, murmelt sie, als hätte sie meine Gedanken erraten.

Ich kann ihr Gesicht in der Dunkelheit kaum erkennen, und ich habe sie mir auch unter dem leuchtend goldenen M des Fast-Food-Restaurants kaum angesehen, dort, wo ich sie angesprochen habe.

»Was kostet einen runterholen?«

»Dreißig.«

Das war alles, was sie gesagt hatte, bis wir in die Gasse kamen und sie das Bargeld forderte.

Ich weiß nicht, wie sie aussieht, und während sie mir am Reißverschluss rumfummelt, merke ich, dass es mir auch völlig egal ist. Hatte das irgendetwas mit mir zu tun?

»Scheißkalt«, schlottert sie, als wolle sie sich für die eiskalte Hand, die mir in die Unterhose geschlüpft ist, entschuldigen, »findest du nich'?«

Ich mache mir nicht die Mühe zu antworten.

Jemand geht am Ende der Gasse vorbei, aber ich weiß, dass er uns hier unten nicht sehen wird, sie hat die Nummer hier schon zu oft abgezogen, als dass da eine Gefahr bestünde.

»Ich brauch 'ne Kippe«, seufzt sie und holt eine Packung aus ihrer Umhängetasche, fingert geschickt eine Zigarette heraus und zündet sie mit einer Hand an, während die andere ungeschickt an meinem schlaffen Schwanz rummacht.

»Sag's, wenn du kommst.« Sie nimmt einen langen Zug und stößt eine Fahne beißenden Rauches aus.

»Warum?«, frage ich, als ob es irgendetwas mit ihr zu tun hätte.

»Weil ich mir die Hände nicht einsauen will, darum«, erwidert sie mit einer Lebendigkeit, die ich ihr gar nicht zugetraut hätte.

Außerdem war das Ganze sowieso eine ziemlich rhetorische Angelegenheit. Die Chancen, bei ihren Diensten zu kommen ... aber schön wär's ja. Und selbst wenn ich käme, was wäre dann schon? Sie würde ihre Kippe wegschnippen, die Gasse hinauf in Richtung Straße gehen, und, durch das Zeichen alarmiert, würde er über mich herfallen, diesen Augenblick momentaner Hilflosigkeit ausnutzend. Wahrscheinlich nur ein paar Hiebe in die Magengegend, genug, dass ich mich krümmen, vielleicht sogar übergeben müsste, während er mir Brieftasche, Armbanduhr und Handgepäck entwenden würde. Ich wäre nicht fähig, mich groß zu wehren, wie ich sie, so auf dem Boden kauernd und mit eigenem Sperma beklebt, die Gasse hinauf- und die Straße hinunterstöckeln höre. Nichts, was ich tun könnte, wenn er mit dem Stiefel nachträte, und dabei höhnen würde: »Idiot, verdammter Idiot.«

Draußen vor dem goldenen M würde er ihr dann die 30 Pfund abnehmen, die ich ihr gegeben habe, und ihr den Schuss aushändigen. Kein guter Stoff, nicht mal mittelmäßiger. Nein, selbst wenn es gemahlenes Glas wäre, ihm wäre es egal. Er würde ihr alles geben, um zu vergiften, was in ihr noch nicht vergiftet ist, solange sie nur abhängig und auf die Straße vor dem goldenen M fixiert bleibt.

Aber das weiß ich bereits, ich habe es heute Abend schon zweimal beobachtet. Das reicht. Ich brauche keine Beweise, ich kann meinem Instinkt folgen, aber Beweise schüren die Wut und bekräftigen die Tat.

»Ich glaub, ich komm jetzt«, sage ich mit so viel Überzeugungskraft, wie ich aufbringen kann, und vertraue darauf, dass ihr komatöser Zustand sie davor bewahren wird, die für sich sprechende Tatsache meines schlaffen Schwanzes wahrzunehmen.

»Ja«, erwidert sie heiser und erregt vorübergehend den Anschein sexueller Aktivität, indem sie die Bewegungen ihrer eiskalten Hand beschleunigt und mit der anderen Hand ihre Zigarette die Gasse hoch schnippt.

Ich winde mich und stöhne, in der Hoffnung, sie von ihrer Geschicklichkeit zu überzeugen, und um sie gleichzeitig davon abzulenken, dass ich etwas aus der Hosentasche hole.

Als er über mich herfällt, habe ich das Messer schon in der Hand und sie ist bereits die Gasse halb hoch, aber sie braucht sich auch nicht umsehen, denn sie hat ihren Teil hinter sich gebracht.

Die Klinge scheint einen Moment zu zögern, als sei sie unwillig, ihre Aufgabe zu erfüllen, aber dann gleitet sie ihm in den Bauch, sauber und effizient. Ich drehe den Griff, ziehe ihn zurück und steche noch einmal zu. Er fällt auf mich, versucht mich zu beißen, dabei flucht er, schickt mich zum Teufel, den er doch so gut kennen muss. Mit seinem ganzen Gewicht auf mir ist es schwerer, die Klinge wieder rauszuziehen. Ich kämpfe kurz, versuche, ihn wegzudrücken. Das Messer löst sich und er fällt rückwärts, schlägt mit dem Kopf gegen die Wand und sinkt auf das Pflaster nieder.

Ich halte ihm die Klinge an die Kehle und hieve ihn auf die Füße. Sein gepflegter, schimmernder Anzug ist mit Hundescheiße beschmiert.

»Zeit zu gehen«, flüstere ich ihm ins Ohr und trete ihm die Beine vorwärts.

Als wir das goldene M erreichen, sprudelt ihm bereits das Blut aus dem Mund. Ich kann hören, wie sein Atem zu stocken beginnt, spüre das Blut auf meine Hand tropfen, auf jene Hand, die ihm noch immer die Klinge an die Kehle hält.

Da steht sie wieder, an die Scheibe gelehnt, umrahmt von lächelnden Gesichtern, geisterhaft weiß im fluoreszierenden Licht, bleiche Phantome in einer Pantomime des Vergnügens, sie kauen auf dem toten Fleisch herum, kosmetisch weiße Zähne graben sich in den gehackten Brei, Ketchup und das teigige Brötchen.

»Schön?«

»Swunnabar.«

»... diekinnamögenso, nich'?«

»Sausjezeichnet.«

Ein Clown mit einer roten Nase und entsprechendem Kontostand albert von Tisch zu Tisch und verteilt dabei Papierhüte und Ballons, alle mit dem goldenen M verziert.

»Sissauberhaftnichtwa?«

Ein Kind schält sich aus Angst vor dem Clown von seiner Kleinfamilie weg, spürt vielleicht die Tragödie, die sich hinter dieser Scharade der Jovialität verbirgt; das Schlachthaus und die abgeholzten Regenwälder, die chemischen Zusätze und das kränkelnde Vieh, die kühle, berechnende Bosheit, die Müll zur Küche der Popkultur erhöht hat.

Es braucht nicht viel, um die Maskerade zu durchschauen, um die Viehwaggons wieder zu hören. Oder ist das eine Erinnerung, eine Fiktion, ein trauriges, altes Märchen, das mir mein Vater einst erzählt hat?

»Iss auf, Jeremy, auf der ganzen Welt verhungern Menschen.«

Er wusste, wovon er sprach. Er war einer der ersten, der in die Todeslager der Nazis eindrang. Was er dort sah, hatte alles bis auf den Überlebenswillen in ihm abgetötet. Vielleicht sind wir alle bei den

Lagern stehen geblieben, denn ganz sicherlich ist es uns nie gelungen, darüber hinaus zu denken. Unsere Vorstellung wurde so vom Ausmaß dieser Gräueltaten überwältigt, dass der bloße Akt des Denkens schon Gefahr suggeriert.

Oh gefahrenvolle Nacht, die ich einst liebte, umhülle mich wieder mit deinen Alpträumen, vielleicht könnte ich mich dann wieder über dich erheben.

Ich nehme den Zuhälter in den Schwitzkasten, die Klinge noch immer an seiner Kehle. Das Mädchen, das ich zuvor für eine Frau gehalten habe, das aber, wie ich jetzt merke, noch ein Mädchen ist, sweet sixteen und noch nie geküsst, schaut durch glasige Heroinaugen zu.

»Was machta mit dir, Del?«, lallt sie, halb fassungslos, halb abwesend.

»Mein Name ist nicht Del«, sage ich herablassend, in der Art eines Noir-Krimis.

»Nee, dich mein ich nich', Waschlappen«, erwidert sie.

»Halt verdammt noch mal die Klappe«, wimmert Del, als ich ihm die Klinge wieder fester an die Kehle presse, »verdammt, halt's Maul.«

Die Frau, die ein Mädchen ist, schwankt etwas auf ihren Stöckelschuhen, flucht im Newcastle-Dialekt und rückt ab, als ich Dels Gesicht gegen die Scheibe des goldenen M knalle.

Zunächst reagiert keiner außer dem Jungen, der vor dem Clown Angst gehabt hat. Er steht gebannt, ein kleines Rinnsal Ketchup läuft ihm am Kinn hinunter. Als ich allerdings Dels Gesicht zum zweiten Mal gegen die Scheibe schlage, halten die meisten der vierzig bis fünfzig Gäste beim Kauen der Gummimasse inne und sehen hoch.

Knall. Ich schmettere Dels Gesicht noch einmal gegen die Scheibe und ziehe gleichzeitig die Klinge über seine Kehle, fühle, wie sie durch das Fleisch schneidet und vom Knochen abprallt. Ich weiß, dass der Zuhälter so gut wie tot ist, und lasse ihn los. Bei einem Versuch, nicht abzurutschen, patscht er hilflos ans Fenster, sein Gesicht fest ans Glas gepresst, in seinem sprudelnden Blut gebadet.

Der Junge spurtet ans Fenster, lacht und zeigt auf Dels verzerrtes Gesicht.

»Guck, Mammi, er komisch, er echt komisch.«

Aber der Clown schiebt ihn zur Seite, bläht sich auf, so, wie sich nur ein kleiner Mann mit überzogenem Konto aufblähen kann, und versucht, Dels letzte prachtvolle Momente zu verdecken.

»Esst auf, Leute«, mahnt er, so fröhlich, wie nur ein kleiner Mann ohne Zukunft es kann, »hier drinnen seid ihr sicher, absolut sicher.«

Del ist auf den Bürgersteig gefallen, der Glanz seines kurzen Lebens verschmiert zinnoberrot das Fenster, durch das der Junge jetzt guckt. Ich lächele und winke. Der Junge winkt zurück.

Dem Mädchen, das eine Frau war, jagt Dels Situation Angst ein, zitternd wickelt sie ihren jämmerlich dünnen Körper fester in ihren Mantel und torkelt die Straße hinunter, der Vergessenheit entgegen.

Eine leichte Brise weht über den Bürgersteig und trägt ihren Ballast aus Kohlenmonoxid und weggeworfenen Zeitungen mit sich.

›Callgirl besorgt es einem Minister.‹

›Pentagon verspricht Frieden und nennt den Preis dafür.‹

›Die Hölle der Anarchie.‹

Von der anderen Seite der Straße höre ich die gedämpften Ansagen:

»Der Zug um 21 Uhr 30 nach Glasgow fährt von …«

Den werde ich kriegen.

Wir suchen Spiegelungen von uns selbst, weil wir verunsichert sind. Wir sind nicht sicher, wie wir mit unserem ererbten Wissen, unserer abstrakten Weisheit und mit der bedrohlichen Wirklichkeit des endlosen Seins umgehen sollen.

Wir suchen Spiegelungen von uns selbst, damit wir die nackte Hässlichkeit unserer Existenz definieren können. Wir suchen Spiegel und scheuen doch das, von dem wir fürchten, es könnte unsere Schönheit reflektieren. Wir sind völlig von unserer angeborenen Hässlichkeit überzeugt, eine Überzeugung übrigens, die in vielen Fällen auch gerechtfertigt ist. Wir greifen nur nach dem, was unsere Unsicherheit widerspiegelt. Wir suchen also im Prinzip nach Kopien unserer in Stagnation und Verdrängung gefangenen Naturen.

Wir bauen um uns herum Mauern aus Fleisch und nennen diese Körper und haben dann Angst vor dem Abgrund, der Marter und dem Ofen. Wir bauen um uns herum Konzepte und Vorstellungen auf, benennen sie nach unserem eigenen Ego und haben dann Angst vor der Stille des Todes oder sogar vor der des Lebens. Wir erfinden Emotionen, geben ihnen unsere Namen und haben dann Angst vor Schmerz und existenzieller Seelenqual. Wir baden im Paradox. Wir sterben in jedem Moment, weil wir unfähig sind, uns mit der einzelgängerischen Natur unseres Lebens auseinander zu setzen: unangreifbar, unantastbar, ungesehen und ungehört.

»Was war denn das? Flog eine Feder vorbei oder wirbelte ein Lied in der Dämmerung?«

Was soll's? Feg's weg mit den Verpackungen. Schluck's unverdaut runter mit der Galle.

Und dann sprechen wir edelmütig über den Krebs, der uns zerfrisst, halten Monologe über die Natur der Materie, obwohl alles egal ist. Wir fühlen, was wir fühlen. Wir erfahren wie es sein könnte, Erfahrungen zu machen. Die Wahl wird durch die Auswahl verfälscht, denn wie kann eine Auswahl eine wirkliche Wahlmöglichkeit bieten, wenn sie doch vorgegeben ist. Wir hoffen unsere Zukünfte hinweg und berauben dabei die Gegenwart. Hoffnung ist unübersetzte Sehnsucht, die schwache Ausrede für den Dilettanten. Zukunft ist ein kokettes Spiel, denn eins ist so sicher wie die Nacht dem Tage folgt: Was eines Tages geschehen wird, wird eines Tages geschehen sein. Und wenn uns dabei zufällig die Freiheit über den Weg läuft werden wir auch die in ein Gefängnis verwandeln, indem wir uns an unsere Beschränkungen ketten.

Keine Burg ragt aus dem Nebel. Die Baumwipfel werden nicht von wirbelnden Wolken verdeckt, sondern von unseren Vorurteilen. Wir würden uns lieber ins Fleisch schneiden, statt uns mit dem auseinander zu setzen, was wir nicht zulassen wollen. Und das begrenzte Leben? Auch das erniedrigt, unterhöhlt, was an Anständigkeit im oberflächlichen menschlichen Angesicht verblieben ist.

Wie können ausgerechnet wir allen Ernstes festlegen, was wichtig ist? Wer sind wir denn, dass wir die Materie abstecken? Und welchen Unterschied macht es, ob wir es tun?

Wenn Leben ein Spiel ist, dann spielen wir es eben.

Riches to Ragamuffins

Schon in frühster Jugend war mir klar, dass nicht alles in Ordnung war. Die ersten Jahre meines Lebens verbrachte ich mit meiner Mutter in einem kleinen Haus in einem Londoner Vorort. Wir warteten auf die Rückkehr meines Vaters. Ich kann mich nicht daran erinnern, ihn vermisst zu haben. Da ich ihn nie kennen gelernt hatte, gab es nichts, was ich hätte vermissen können. Er war drüben in Europa und zeigte es den Deutschen, während meine Mutter und ich ihren nächtlichen Bombenangriffen ausgesetzt waren, weil sie noch nicht auf ihn hören wollten.

Während andere unter den Straßen der Stadt kauerten, für jede Zuflucht dankbar, die sich ihnen bot, lag ich friedlich unterm Küchentisch, von den Armen meiner Mutter umschlungen, und hörte, wie sie mit den Zähnen klapperte, während um uns herum die Mauern in sich zusammenbrachen. All das war völlig normal, ich kannte es eben nicht anders.

Nachbarn kamen vorbei, hoben das kastanienbraune Tischtuch aus Chenille an, das uns auch als Vorhang und Tür diente, starrten in die Dunkelheit und verkündeten: »Die Luft ist rein.«

»Luft rein«, sagten sie, »ihr könnt jetzt rauskommen.«

Doch während meine Mutter ans Licht kletterte, ließ sie mich im Dunkeln.

»Nur um ganz sicher zu gehen.«

Hätte ich interpretieren können, was ich um mich herum sah, hätte ich annehmen müssen, dass meine Mitmenschen nur aus Beinen ohne Körper bestanden. Es kam selten vor, dass ich mehr als die Knöchel eines Besuchers sah, in ordentlich umgeschlagenen weißen Socken, die weiche, braune, lederne Straßenschuhe von weichem, rosigem Fleisch trennten, oder, weniger oft, schwere Tweedhosen, deren Hosenaufschlag sich um frisch geputzte schwarze Oxfordschuhe herum in Falten warf.

Die Gespräche drehten sich um die Häuser, die direkt getroffen worden, und um solche, die verschont geblieben waren.

»Ich fürchte, die Brandyshaws von den ›Birches‹ weilen nicht mehr unter uns.«

»Ja, eine traurige Sache. Und fast hätte es die Clarks von ›Woodbanks‹ erwischt.«

Monatelang stürzte ein Pseudo-Tudor-Bollwerk nach dem anderen auf die Blumenrabatten und gepflegten Rosengärten der Vorstadt-Bourgeoisie. ›The Grange‹, ›Fairview‹, ›Coppertally‹, ›The Meads‹, aber mit der Zeit würden sie als exakte Repliken mit humorloser Präzision wiederauferstehen.

Eine Welt im Krieg, aber was kümmerte es mich? Die einzigen Ansprüche, die ich ans Leben stellte, waren Trinken, Pissen, Essen, Scheißen und Schlafen, so ungefähr in dieser Reihenfolge.

Als ich drei war, hörten die Bombenangriffe auf und wir zogen ins Haus jenseits des Küchentisches. Das war allerdings weniger gemütlich, und vor der Tür gab es etwas, von dem ich mir nicht sicher war, ob ich es wirklich wollte; etwas, das meine Mutter abstrakt als ›die Welt‹ beschrieb. Aus diesem sehr großen Raum heraus marschierte Hauptmann John Ratter in mein Leben. Bis dahin hatte meine Mutter mir alleine gehört. Jetzt musste ich sie mit einem Fremden teilen, der mir mitteilte, sein Name sei Dad. Ich war überhaupt nicht beeindruckt.

Zu der Zeit hatte ich bereits so etwas wie Bewusstsein entwickelt und stellte fest, dass das, was der Hauptmann in Europa gemacht hatte, sehr wichtig gewesen war und dass er es nur für meine Mutter und mich getan hatte.

»Ich habe im Krieg für dich gekämpft«, wies er mich zurecht, wann immer ich seine Erwartungen nicht erfüllte. Dann fügte er noch etwas von einem persönlichen Opfer hinzu.

Ich nehme an, er erwartete eine Art Dankbarkeit, aber die hat er nie bekommen. Es war sein Krieg und ich war sein Kind, und er war für beides verantwortlich.

Meine Eltern waren Christen, wenigstens gingen sie sonntags in die Kirche und brachten mir bei, jeden Abend vor dem Schlafengehen zu beten.

»Vater unser, der du bist im Himmel ...«

Das erschien mir alles schrecklich langweilig und ich fragte mich ständig, warum sich die Abendgebete meiner Eltern so viel amüsanter anhörten.

»Ja, ja«, hörte ich meinen Vater begeistert ausrufen, ehe er irgendwelche unverständlichen Gesänge anstimmte, die sehr oft in der simplen, jedoch eindringlichen Litanei »Oh, Jesus, besorg's mir, mach's« endeten.

Die Gebete, die ich kannte, ließen solche Leidenschaft vermissen. Erst als ich elf war, begann ich ein wenig Verständnis für seinen Eifer zu entwickeln.

Meine Eltern hatten mich nämlich beim Zeltlager des örtlichen Bibelvereins angemeldet.

»Zelten macht Spaß«, versicherten sie mir.

An meinem ersten Abend unter dem Leinendach teilte mir Mr. Hollis, der Leiter des Zeltlagers, mit, dass ich es schon merken würde, wenn Jesus über mich käme, weil ich dann in mir eine überwältigende Kraft verspüren würde, gegen die ich mich nicht würde wehren können. In der Nacht konnte ich vor Nervosität kaum schlafen. Was hatte er bloß damit gemeint?

Am darauf folgenden Nachmittag wanderte ich ziellos auf dem Feld herum, wo wir zelteten, als ich hinter einem Busch einen meiner Kameraden erspähte, der eine Zeitschrift las.

»Komm mal her«, lockte er, »ich hab hier was ziemlich Unanständiges.«

»Unanständig?«, erwiderte ich.

»Titten.«

»Boah«, polterte ich heran, setzte mich neben ihn und besah die schwarz-weißen Bilder bloßen Fleisches.

»Besser als die Bibel, was? Guck dir die hier an.«

Ich fühlte eine Regung in meinen Lenden, und während der Junge die Seiten umblätterte, merkte ich, wie mein Schwanz steif wurde.

»Die hier hat aber große«, bemerkte er und fuhr mit seinen Stupsfingern über die Rundungen der Schönen, die ihn unbeteiligt anstarrte.

»Boah«, murmelte ich, Schleim sammelte sich in meiner Kehle, mein Schwanz war jetzt schmerzhaft steif. »Boah.«

»Da fühlt man sich gut, ne?«, kicherte der Junge, ließ dabei die Hand in die Hose gleiten und spielte an sich herum.

Ich aber konnte es nicht mehr aushalten. Es fühlt sich an, als würde ich gleich explodieren. In meinem Kopf dreht sich alles. Mein Körper war in Schweiß gebadet.

»Ich muss jetzt gehen«, stieß ich hervor und sprang auf. »Wir sehen uns später.«

Bis ich am Lager angekommen war, war mir regelrecht schlecht.

»Kann ich Sie sprechen?«, fragte ich am Eingang zu Mr. Hollis' großem Rundzelt aus alten Armeebeständen.

»Natürlich, mein Junge«, erwiderte er. »Komm rein und setz dich.«

»Ich glaube, Jesus ist in mich gekommen.«

»Eine überwältigende Kraft? Zu schwach, um zu widerstehen?«

Ich nickte ernst.

»Gelobet sei der Herr«, rief er aus, »das ist einfach wunderbar. Wollen wir gemeinsam beten?«

Bevor ich das Zelt verließ, erhielt ich eine Kopie des Neuen Testaments, in das Mr. Hollis geschrieben hatte: »Zur Feier des wunderbaren Tages, als Jesus Christus über Jeremy kam. Amen.«

Noch in derselben Woche gestattete ich dem Jungen mit der Zeitschrift, meinen Schwanz sanft zu reiben, bis, in einem Augenblick voller Glückseligkeit, Jesus aus mir herausspritzte und sich über die Rundungen der Schönheit mit den großen Titten ergoss.

»Oh, Jesus, besorg's mir, mach's mir.«

Wenigstens dieses Rätsel war gelöst. Schlafengehen würde nie mehr dasselbe sein. Es war mein erster Orgasmus, und ich ließ Mr. Hollis mit seinem Glauben hinter mir, ich sei augenblicklich bekehrt worden. Seit jener Zeit bin ich ein Wichser.

Die Kirche hatte ich also durchschaut und gemerkt, dass Gott alles sein konnte, von einem bärtigen Herrn auf einer kuscheligen Wolke bis hin zu einer großbusigen Blondine in einem kuscheligen Mieder, aber wie war es mir mit dem anderen großen Symbol der Unterdrückung ergangen, dem Staat?

Nun, um ganz ehrlich zu sein, innerhalb der Grenzen meiner geschützten, bürgerlichen Existenz war mir praktisch völlig entgangen, dass der Staat existierte. Ich hatte gehört, wie mein Vater über die verhungernden, sterbenden Massen in Europa sprach, aber er behauptete auch, sie befreit zu haben, also nahm ich an, dass ihre Probleme gelöst seien. Und überhaupt, diejenigen, die Mangel litten, taten das doch aufgrund ihres Schicksals, das konnte ja wohl nicht die Schuld des Staates sein?

Als ich ungefähr sechs war, fiel ein Umschlag durch den Briefschlitz. Ich hob ihn aufgeregt auf und sah das Bild eines Mädchens, das zwar Schuhe trug, aber keine Socken. Ich war entsetzt. Kleine Mädchen ohne Socken? Auf der Rückseite des Umschlags las ich etwas über einen Mann, der Dr. Bernardo hieß. Ich hielt ihn für einen ekligen Ausländer und einen ganz und gar lieblosen Vater. Er wollte unser Geld, aber ich sah nicht ein, warum wir diesen Leuten helfen sollten, die ihre Kinder ohne Socken rumlaufen ließen.

An dem Abend war ich sehr froh, mich in mein bequemes Bett kuscheln zu können und meine bequemen Gebete aufsagen zu dürfen.

»Vater unser, der du bist im Himmel, schütze mich vor schrecklichen Männern wie Dr. Bernardo.«

Erst nach meiner Bekehrung in Mr. Hollis' Zeltlager begann ich zu verstehen, dass der große Raum jenseits von Mutters Küchentür auch mich etwas anging.

»Dort draußen ist die wirkliche Welt, mein Sohn«, pflegte mein Vater zu sagen. Ich habe mich oft gefragt, ob das als Warnung gemeint war.

Wenn ich mich recht erinnere, griff ich zum ersten Mal im Winter '56 in die ›wirkliche‹ Welt ein. »Junger Held bei gewagter Rettungsaktion«, betitelte die Lokalzeitung mein Erwachsenwerden. In der Tat, es war ein eiskalter Nachmittag gewesen und ich hatte am Teich vor der Mädchenschule in der Hoffnung rumgehangen, die Art von Aufmerksamkeit zu erregen, an der ich damals sehr interessiert war. Das Geräusch brechenden, knackenden Eises riss mich aus meinen Träumen. Ein Junge, der es riskiert hatte, auf dem zugefrorenen Teich zu schlittern, war durchs Eis gebrochen.

Die natürlichste Reaktion der Welt war, hinzugehen und ihn aus dem Loch herauszuziehen, was ich dann auch tat. Nachdem ich ihn am Ufer abgeladen hatte, lief ich einem der Mädchen hinterher, in der Hoffnung, sie würde mir eine andere Art von Loch anbieten, eines, in das ich gerne sinken würde.

»... nachdem er den Jungen vor dem Ertrinken gerettet hatte, lief der junge Held bescheiden vor denjenigen davon, die ihn zu seinem Mut beglückwünschen wollten. Selbstlose Taten wie diese erinnern uns daran, warum Großbritannien noch immer tonangebend in der Welt ist ...«

So war das also. Die echte Welt war ein Ort, wo man ganz normale Dinge tat, die dann andere verzerrt darstellten, um damit ihre eigenen Bedürfnisse zu befriedigen. Ich glaubte weder an mein Heldentum noch an die Größe Britanniens. Mir war inzwischen klar geworden, dass der Krieg meines Vaters nicht ganz der moralische Sieg war, den er gerne gehabt hätte. Hiroshima? Nagasaki? Diese Namen bedeuteten Schande. Ich war noch zu jung und zu schlecht informiert, um diese Fragen zu verstehen, aber ich hegte bereits den Verdacht, dass Britanniens Macht eher darin bestand, die Regeln zu verbiegen als die Wogen zu glätten.

Ja, und auch die anderen, schrecklicheren Namen wurden Teil meines Lebens: Auschwitz, Treblinka, Sobidor. Mir wurde bewusst, dass dieser ungeheuerliche Völkermord ein Erbe war, dessen Ausmaß ich weder damals noch heute wirklich erfassen konnte. Nichtsdestotrotz, ich fühlte in meiner jugendlichen Unschuld irgendwie, dass man sich, wenn sich die Sünden unserer Väter nicht wiederholen sollten, mit der Vergangenheit auseinander setzen musste. Wie aber, wenn Europas Tragödie schon jetzt verstohlen unter den Teppich gekehrt wurde? Würde man je daraus lernen?

Langsam begannen die Mauern meiner bürgerlichen Festung zu bröckeln und durch die entstandenen Risse hindurch erblickte ich eine Welt, die sich sehr von der meiner Eltern unterschied. In dunklen, verräucherten Gassen schwor die Arbeiterjugend, die Gesellschaft, so wie wir sie kannten, zu stürzen. Sie trugen Stoffjacketts, Röhrenhosen und Schuhe mit Kreppsolen. Sie rauchten fies aussehende Zigaretten und trugen noch fiesere Messer bei sich. Ihre Freundinnen waren sexy angezogen und hingen im Hintergrund rum, zu allem bereit.

Die Teddy Boys jagten mir Angst ein. Wenn sie vor dem Billardsalon standen, wechselte ich lieber die Straßenseite, als an ihnen vorbeizugehen. Wir hatten nur eines gemeinsam: den Rock'n' Roll. Seit ich zum ersten Mal Bill Haleys revolutionäres Mantra gehört hatte, wusste ich, dass irgendwie, irgendwo eine soziale Seifenblase zerplatzen würde. Sobald ich konnte, rannte ich los und kaufte mir eine Kopie von »Rock Around the Clock«, um dann beim Heimkommen mit meinem Vater aneinander zu geraten.

»Der Mist kommt mir nicht ins Haus«, befahl er, »das ist gefährlich.«

Später, als die Zeitungen voll davon waren, wie die Teddy Boys Kinos zertrümmerten, drehte er sich selbstgefällig zu mir um und sagte: »Na, was hab ich dir gesagt?«

Aber mir war das egal. In der Zwischenzeit hatte ich mir nämlich noch mehr Schallplatten gekauft und sie in meinem Zimmer versteckt, neben meiner Sammlung von *Spick & Span*, einer Pin-up-Zeitschrift im Taschenformat, die mir bei meinen allabendlichen Gebeten half. Sex und Rock'n' Roll hatten in meinem Kopf bereits ein und dieselbe Bedeutung angenommen, aber erst als ich meine erste Elvis-Scheibe hörte, verschmolzen sie zu einer mächtigen, alles verzehrenden Kraft. Zu den Klängen von »Hound Dog« versuchte ich mich an meinem ersten Koitus, den ich nicht zuletzt deswegen verbockte, weil ich mir einen Waschlappen zur Verhütung um den Schwanz gewickelt hatte.

»Das kriegen wir da nie rein«, hatte meine junge Cousine beunruhigt festgestellt.

Da ich aber sowieso nicht genau wusste, wo ich etwas reinkriegen sollte, und sie nicht besonders daran interessiert zu sein schien, mir dabei zu helfen, waren ihre Befürchtungen rein theoretischer Natur.

Nachdem sie nach unten gegangen war, zog ich das Grammophon auf, legte die B-Seite auf und holte meine *Spick & Span* heraus; vielleicht lag ja mein Versagen an den mit Spritzpistolen arbeitenden Künstlern jener Tage, die all jene Teile der weiblichen Anatomie auslöschten, welche mir einen Hinweis hätten geben können.

Meine schnell wachsende Besessenheit bezüglich Sex und Rock'n' Roll brachte mich bald in der Schule in Misskredit. Einmal wurde ich sogar nach Hause geschickt, um mir »etwas Anständiges anzuziehen«. Mir hatten meine grellpinken Socken und meine Teddy-Boy-Tolle recht gut gefallen, aber offensichtlich entsprachen sie nicht dem farblosen Image einer britischen Privatschule.

Um diese Zeit herum erstand ich mein erstes Schlagzeug von einem der älteren Jungs an der Schule. Ich bekam es sehr billig, da er es dringendst verkaufen musste; seine Freundin war schwanger, und er musste das Geld für eine Abtreibung beim Kurpfuscher zusammentrommeln. Das kam mir schrecklich erwachsen vor.

Ich wartete, bis meine Mutter das Haus verließ, dann schmuggelte ich es hinauf in mein Zimmer und baute es auf. Vor Stolz platzend ließ ich mich auf dem Hocker nieder und lieferte eine etwas affige Darbietung von »See You Later, Alligator«.

Sekunden später flog die Zimmertür auf und gab den Blick auf meinen Vater frei, im Pyjama und puterrot im Gesicht.

»Was zum Teufel ist hier los?«, schrie er.

»Ich dachte, du seist bei der Arbeit«, stammelte ich, hilflos mit den Trommelstöcken spielend.

»Hat dir deine Mutter nicht erzählt, dass ich krank bin?«

»Nein.«

»Bin ich aber. Und wenn du diesen Haufen Mist nicht innerhalb von zehn Minuten aus dem Haus schaffst, bist du's auch.«

Soweit ich mich erinnere, war das der einzige Tag im Arbeitsleben meines Vaters, den er sich je freigenommen hat.

Später, nachdem es mir gestattet worden war, das Schlagzeug in der Garage eines Freundes aufzustellen, eignete ich mir schnell die Grundlagen eines Rock-Trommlers an. Ich formierte dann meine erste Band, Les Bohemes, die in den 18 Monaten ihres Bestehens einen bescheidenen Erfolg als ortsansässige Teenager-Band genoss. Wir gewannen sogar den einen oder anderen Freund in der Teddy-Boy-Bruderschaft.

Damals eröffneten im ganzen Land Cafés, und ich erkannte schnell ihr Potenzial als Brutstätten des Lasters. Und ich war nicht der Einzige.

Ich saß mit einer Gruppe von Freunden im *El Sombrero*, als einer von ihnen selbstlos die letzte Zigarette aus einer kostbaren Packung Woodbines anbot. Da Nikotin damals die Droge in der Sex-'n'-Drugs-'n'-Rock-'n'-Roll-Gleichung war, schnappte ich sie mir schnell.

»Nimm sie dir, Jerry.«

»Danke«, strahlte ich und löffelte den Schaum von meinem schaumigen Kaffee.

Ich hatte jedoch gerade einmal daran gezogen, als die Tür aufflog und ausgerechnet unser Sportlehrer hereinmarschierte.

Es muss wohl nicht erwähnt werden, dass das Rauchen strengstens gegen die Schulordnung verstieß, und dem mehr als strengen Sportlehrer war es ein Vergnügen, dafür zu sorgen, dass diese Ordnung rigoros eingehalten wurde.

Ich wurde zu einer Audienz beim Direktor geschleift, der, obwohl er es bedauerte, mich trotzdem mit einem sehr langen Stock schlug. Seine Sorge um mein Wohlergehen hinterließ sechs sehr hässliche Striemen, aufgrund derer es mir wochenlang unmöglich war, mich hinzusetzen.

»Das tut mir viel mehr weh als Ihnen. Sehen Sie mal, Ratter, ich betrachte mich als Freund Ihrer Eltern, und wenn Sie ...«

In einem Brief an seine Freunde drückte er sein tiefes Bedauern darüber aus, mich der Schule verweisen zu müssen, »aber wenn ein Junge seine Schule im Stich lässt ...«

Der Vorfall wurde eine Woche später unter der Schlagzeile »Privatschüler in Kaffeestuben-Skandal verwickelt« publik. Der »junge Held« war in Ungnade gefallen.

Ein Jahr lang musste ich die Demütigungen einer weniger guten Privatschule im Norden von Wales ertragen. Kein einziges Mal habe ich in diesem Jahr die nebligen Hügel bestiegen, die ein Spielplatz hätten sein können, und man ermutigte mich auch nicht dazu.

»Du bist hier, um dir Bildung anzueignen«, wurde ich belehrt, als ich unbedachterweise ein Interesse an den Bergen bekundete. Also wandte ich mich, von der wilden Natur draußen abgeschirmt, meinem Inneren zu.

Bei meiner ersten Begegnung mit Dougie holte er mir ganz selbstverständlich und mit Geschick einen runter, aber er wollte nicht, dass ich ihm den Gefallen erwiderte. Ich war verletzt und fühlte mich abgewiesen, aber später wurde mir klar, dass er nur so unnahbar tat. Es war eine List, damit ich am nächsten Tag wiederkam.

Während meines Jahres in Wales traf ich mich drei- bis viermal die Woche mit Dougie im Kreuzgang, wo wir uns dann einen ruhigen Ort suchten, um unserer Beschäftigung nachzugehen. Meistens gingen wir in die Kapelle, sie war immer menschenleer, und es gab einen einigermaßen bequemen Teppich unter dem Altar.

Es dauerte nicht lange, da verschlangen wir einander mit unstillbarem Appetit, den nur diejenigen verstehen werden, die auch ein Privat-Internat besucht haben.

Mein Schwanz war viel größer als der von Dougie, aber ich war ja auch viel älter als er. Ich versuchte ihn ein- oder zweimal zu ficken, aber das tat ihm weh, also benetzte ich nur seine Furche mit meiner Zunge und fuhr dann mit meinem Schwanz darin auf und ab, bis ich kam. Er hatte nie ein Problem, mich zu ficken.

Neben meiner Verstrickung mit Dougie verbrachte ich die meiste Zeit damit, Radio Luxemburg zu hören, das einzige Radioprogramm, das damals Rock 'n' Roll und den anderen verführerischen Soundtrack für eine neue Ära, Modern Jazz, spielte. Wenn Rock 'n' Roll Sex war, dann war Jazz Liebe, aber ich bin nicht sicher, ob mir zu dem Zeitpunkt in meinem Leben der Unterschied bewusst war.

Kurz nachdem ich von der Schule in Wales geflogen war, vollzog ich endlich zu den Klängen von George Shearing den richtigen Koitus.

»War's das?«, fragte Isabelle und besah sich das Sperma-Rinnsal, das aus ihrem Körper lief.

»Ich glaub schon«, erwiderte ich keck.

»Na, dann find ich's nicht besonders.«

Um ganz ehrlich zu sein, mir ging es genauso. Es war ein bisschen unbeholfen gewesen, hatte ein bisschen wehgetan und war im Nu vorbei gewesen.

Ich war jetzt sechzehn, wir schrieben das Jahr 1959, und ich war wieder in Ungnade gefallen. Von zwei Schulen geflogen, blieb mir nichts anderes übrig, als wieder zu Hause zu wohnen. Meine Eltern setzten mich selbstverständlich unter Druck. Mein Vater wollte, dass ich mir Arbeit suchte, ich aber wollte ein eigensinniges Boheme-Leben führen. Meine Mutter wollte, dass ich ein nettes Mädchen finde, mit dem ich mich niederlassen könnte, ich aber wollte ein unanständiges Mädchen, auf dem ich mich niederlassen konnte.

Damals fiel mir auf, dass ich in meiner Rolle als Mittelschichts-Rebell nicht der einzige war. Da gab es einen Mann namens Colin Wilson, der behauptete, alle möglichen gescheit klingenden Bücher gelesen zu haben, geschrieben von Leuten, von denen ich nie gehört hatte.

Er behauptete auch, im Park in Hampstead Heath zu schlafen, um die Miete zu sparen, während er an seinem ersten Buch »Der Außenseiter« schrieb. Es war mir im Prinzip egal, worum es in dem Buch ging, obwohl ich es einige Jahre später las und es leider zu akademisch fand. Nein, Wilsons Einstellung interessierte mich. Es war eine Einstellung, die ihm und einer Gruppe gleich gesinnter Autoren den Titel ›Angry Young Men‹ eintrug. Endgültig besiegelt wurde diese Haltung zwei Jahre später, als ich ein Foto von John Osborne sah. Jedem, der so tough, launisch und intelligent aussah, würde ich meine Stimme geben. Ich ernannte mich sofort zum lebenslangen Mitglied in der AYM-Gang, was meinen Vater jedoch nicht davon abhielt, mir einen Job im Laden eines Textilgroßhändlers zu besorgen. Daraufhin fantasierte ich mir zusammen, dass ich ›malochte‹.

»Du arbeitest nicht im Lumpengeschäft, weißt du?«, versuchte er sonntags beim Mittagessen meine Zwangsarbeit zu etwas Glamouröserem zu erhöhen. »Sie stellen die Möbelstoffe für die Queen her …«

»Ja, mein Lieber«, fiel dann meine Mutter ein, »und für den Erzbischof von Canter…«

»Jajaja«, unterbrach ich und dachte daran, dass ich bereits nach meinen ersten zwei Wochen ein Stück vom Lieblingsaltarstoff des Erzbischofs mitgenommen hatte. Später hatte ich es dann Isabelle geschenkt, damit sie sich ein Kleid daraus nähte, in der Hoffnung, es ihr abstreifen zu können, nachdem ich es schon abgestaubt hatte.

Anderthalb Jahre watete ich durch die unendliche Langeweile des Verkaufsraums. Mein Geist versank in einem Zustand hilfloser Inaktivität, der Fluchtpläne undenkbar machte. Eine leidenschaftliche Affäre mit einer Empfangsdame bot kurz ein wenig Abwechslung, aber nach einiger Zeit konnten sogar unsere täglichen Zusammenkünfte im Lagerraum meine Lebensgeister nicht mehr so recht wecken.

»Oh, wir werden beide gefeuert«, kicherte sie, als ich sie über den Zuschneidetisch bog.

»Meinst du?«, erwiderte ich, hob eine Schere auf und schnitt ordentlich durch den Schritt ihrer Unterhose.

Ich begann sogar zu hoffen, dass man uns ertappen und auf die Straße setzen würde, damit wir nie wiederkommen müssten, aber leider geschah nichts dergleichen. Also gingen die Zusammenkünfte weiter.

»Oh, wir werden beide ...«

Schließlich wurde ich tatsächlich gefeuert, aber nicht wegen des Missbrauchs des Zuschneidetisches. Nein, es war schlicht die Dummheit, eine Krawatte zu tragen, die ich aus einem Damast-Rest angefertigt hatte, der ausschließlich für die Kutsche der Queen reserviert war. Ich verstand nicht, warum ich nicht schon eher daran gedacht hatte.

»Weißt du denn überhaupt nicht, was sich gehört?«, fragte der Firmenchef.

Einen Moment lang wollte ich eine abfällige Bemerkung über den Arsch der Königin machen, gab mich aber dann doch mit einem Grunzen zufrieden.

»Was war das?«, hatte der Chef geantwortet und die Ohren gespitzt.

Aber da war ich schon halb aus dem Verkaufsraum und auf der Straße.

Die nächsten paar Monate verbrachte ich damit, in meiner Heimatstadt von Café zu Café zu wandern, in der Hoffnung, mich und andere davon zu überzeugen, dass ich zur Boheme gehörte. Ich änderte sogar meinen Namen in Jeri Jean Ratre. Ich glaube nicht, dass das irgendjemanden sehr beeindruckt hat, außer vielleicht Isabelle, die, obwohl nicht restlos überzeugt, trotzdem weiter in der Hoffnung mit mir rumhing, dass ich irgendwann die in mich gesetzten Erwartungen erfüllen würde.

Seit meiner Kindheit war ich ständig mit der Frage bombardiert worden, was ich denn werden wollte, wenn ich groß sei. Ich hatte nie wirklich gewusst, was ich antworten sollte: Kaiser-König-Edelmann-Bürger-Bauer-Bettelmann? Ich war immer zufrieden mit dem gewesen, was ich war, egal, was es war. Da ich jedoch wusste, dass alles definiert werden musste, hatte ich Ambitionen in Richtung Philosophie entwikkelt.

Ich denke, also – also was? Bin ich? Lächerlich. Man könnte genauso gut sagen: »Ich denke, also bin ich nicht.« Wir könnten alle semantische Spielchen spielen. Ich nehme an, ich könnte »Ich denke, also denke ich« akzeptieren, weil es gleichbedeutend war mit »Es gibt nichts, also gibt es nichts«, was, so nahm ich an, die grundlegende Prämisse jeder wirklichen Philosophie darstellte.

Wie auch immer, nachdem ich Wales verlassen hatte, beantwortete ich Fragen nach meinen Zukunftsplänen mit der Feststellung, dass ich in die Fußstapfen Friedrich Nietzsches zu treten gedächte. Natürlich hatte ich ihn nicht gelesen, und soweit ich wusste, hatte das, mal abgesehen von Colin Wilson, auch niemand anderes getan, aber er erschien mir als das geeignete Vorbild hinsichtlich meiner philosophischen Anmaßungen. Gleichzeitig akzeptierte ich jedoch, dass ich mich ohne einen Abschluss von Oxbridge wohl kaum der Hoffnung hingeben könnte, je ein ›richtiger‹ Philosoph zu werden. Ich verstand zwar nie ganz, warum man in Europa als Philosoph geboren wurde, während man in England dafür studieren musste, aber damals war mein Bewusstsein für Klasse und deren Funktion noch unterentwickelt.

Im Bildungssystem der damaligen Zeit gab es jedoch ein Schlupfloch: die Kunstakademien.

Isabelle war gerade Kunststudentin, politisch radikalisiert, und, seit sie die Hoffnung aufgegeben hatte, dass von mir irgendetwas zu erwarten sei, mehrmals sexuell befreit worden. In mir machte sich das Gefühl breit, ich könnte irgendetwas verpassen. Auch hatte ich schon immer ein Interesse für Kunst gehabt, und da Pinselstriche nicht wirklich einen Mangel an Lateinkenntnissen verrieten, war das vielleicht ein Weg, meine Ideen rüberzubringen. Aber wie meine Eltern überzeugen?

Ich teilte ihnen mit, »entweder Kunstakademie oder überhaupt nichts« und weigerte mich drei Monate lang, mein Zimmer außer zur Nahrungsaufnahme oder für Toilettengänge zu verlassen. Ich streikte, und gleichzeitig war es der Streik, der es mir ermöglichte, eine ziemlich eindrucksvolle Mappe mit Kunstwerken zu produzieren. Es sagt viel über meine Eltern aus, dass sie nicht ein einziges Mal versucht haben, mich verhungern zu lassen, was meine Entschlossenheit schnell untergraben hätte. Damals bildete ich mir aber ein, ich hätte endlich mein Schicksal selbst in die Hand genommen. Colin Wilson hatte sein Hampstead Heath gehabt, ich hatte mein Zimmer. Zornig? Ich glaube wohl.

Im September desselben Jahres, Pinsel in der Hand und Stipendium in der Tasche, wurde ich Kunststudent.

»Sehen Sie, statt Form durch Linien definiert zu sehen, oder gar Linien durch Form definiert ...«

Meine Zeichnungen waren nicht so gut, meine Beredsamkeit dagegen unfehlbar, so unfehlbar, dass ich bald Trendsetter wurde.

Damals ging das erste Wetterleuchten der Pop-Art durch die Kunstwelt, und ich war schnell dabei, dieses noch wenig bekannte Phänomen auszunutzen.

Nichts inspiriert die Beredsamkeit so sehr wie das Unbekannte, und wenn ein hoffnungslos unbeholfenes abstraktes Gekrakel in denselben Rahmen gesetzt wird wie ein ebenso unbeholfenes Porträt eines Filmstars aus Hollywood, dann wird das Ganze zu »einem interessanten Kontrapunkt, mit dem Ratter die Dichotomie der Kultur des späten zwanzigsten Jahrhunderts bloßstellt«. Hätte ich dem widersprechen sollen?

Es wäre überflüssige Selbstverleugnung, so zu tun, als hätte ich gar kein Talent, oder abzustreiten, dass ich damals nicht schon so etwas wie ein wenig soziales Bewusstsein entwickelt hatte. Meine Arbeit war genauso viel wert und welterfahren wie die meiner Kollegen, ihr fehlte vielleicht die Ernsthaftigkeit, aber war das wirklich so schlimm? Ernsthaftigkeit ist oft lachhaft, besonders wenn die, die sie ausüben, so offenkundig unfähig sind, über einen Witz zu lachen.

Zur Ausstellung am Ende meines ersten Semesters schuf ich eine Collage aus der pilzförmigen Wolke einer atomaren Explosion, die aus dem Arsch eines verführerischen Pin-up-Girls im Bikini herausblies. Mit »Modern (f)Art« betitelt erregte das fertige Werk enorme, wenn auch unverdiente Aufmerksamkeit.

»Ein brutaler Angriff auf Sex und Gewalt, auf die dominierenden Prinzipien unserer Gesellschaft.«

»Ein von Herzen kommender Aufschrei gegen die Sinnlosigkeit unserer Existenz.«

»Ein hochironischer Kommentar auf das Schicksal des Bikini-Atolls und die hinterlistige Natur des amerikanischen Imperialismus.«

Als ich erklärte, dass es kaum mehr als ein Lausbubenstreich wäre, waren diejenigen, die am meisten dazu zu sagen gehabt hatten, auch diejenigen, die am wütendsten wurden.

In ihrer Ernsthaftigkeit herausgefordert, flüchteten sie sich in Grobheiten.

»Oberflächlicher Schwachsinn.«

»Billige Trickserei.«

»Totaler Quatsch.«

Aber ich machte unbeirrt weiter, selbstsicher in meiner sorgfältig manikürten Rolle des Obskuranten. Ich war hip und das gefiel mir. Ich rauchte Gras beim Aktmalen, vögelte in der Besenkammer und hörte abwechselnd die neusten Beatles-Platten und Aufnahmen von Gerry Mulligan und Jimmy Smith. I walked on the wild side. Ich suchte das Abenteuer.

Vier Jahre später, im Sommer '65, verließ ich die Akademie ohne Abschluss.

»Na, ich hoffe, du hast, was du willst«, tadelte mich mein Vater. »Glaub ja nicht, dass wir dich den Rest deines Lebens unterstützen.«

Das tat ich dann auch nicht, und ein paar Wochen später fing ich an, mich nach einer neuen Bleibe umzusehen.

Ich hatte bald ein großes, halb verfallenes Bauernhaus zur Miete gefunden, das mir, obwohl von London aus relativ leicht zu erreichen, eine ideale Zuflucht bot. Von der Zivilisation durch Hügel, die sich ringsum sanft erhoben, abgeschnitten und nur über einen anderthalb Kilometer langen einspurigen Weg zugänglich, schmiegte sich der rote Ziegelsteinbau wie ein umgedrehter Blumentopf in den Hintergrund aus riesigen Eichen und Ulmen, Überlebende der Vorkriegs-Waldbereinigung. Jenseits der Bäume grasten zufrieden Schafe und Rinder, vergnügten sich Kaninchen in den von Blumen übersäten Hecken, und Lerchen sangen hoch im, wie ich meinte, ewig blauen Himmel. Ich wusste, dass ich mein Shangri La gefunden hatte.

Statt jedoch am Tag meines Einzugs die erwarteten Rosen über der Tür vorzufinden, wurde ich mit einem sehr großen Loch darunter konfrontiert.

In dem Loch, Schaufel in der Hand, den von einem Tuch umwickelten Kopf auf Bodenhöhe, stand ein abgerissener, rustikal aussehender Typ, in dem ich einen der Arbeiter vom nahe gelegenen Bauernhof erkannte.

»Der Alte hat mir gesagt, ich soll das Wasser abstellen«, grunzte er als Antwort auf meine Proteste, »die Schweine kriegen nicht genug Wasser.«

»Aber ich ziehe heute ein.«

»Egal, der Meister hat gesagt, ich soll's abstellen.«

»Aber wozu das Loch?«

»Kann den Hahn nicht finden.«

»Na ja, da unten wird er wohl nicht sein, oder?«, sagte ich und linste in die dunkle Tiefe.

»Könnte aber sein«, murmelte er, offensichtlich von meiner Frage beleidigt.

»Und selbst wenn, jetzt brauchen Sie es nicht mehr abstellen, oder?«

Er hörte auf zu graben, stützte sich auf seine Schaufel und sah mich hasserfüllt an. Während ich ihn herausfordernd anblickte, hörte ich die Lerchen hoch oben singen, dort, wo sich plötzlich ein ziemlich matter Himmel spannte.

»Sie werden doch nicht da drin wohnen wollen?«, sagte er schließlich, die Niederlage spürend und die Gangart ändernd. »Das ist 'ne Bruchbude.«

»Mir gefällt's.«

»Da gibt's Ratten.«

»Dann hol ich mir eine Katze.«

»Katzen bringen aber keine Geister um, oder etwa doch?«

Ich hatte genug von diesem schmuddeligen, mürrischen Individuum und langte in meine Tasche, um den Schlüssel herauszuholen.

»Brauchen Sie nicht«, verkündete er, hievte sich aus dem Loch und trat mit einem schlammverkrusteten Stiefel gegen die Tür.

»Wussten Sie, dass die Alte Ma Reynolds hier gewohnt hat?«, fuhr er fort, während ich mich an ihm vorbei in die Diele drängte. »Ist hier auch gestorben. Lehnte sich aus dem Fenster, um Hitlers Bombern zuzugucken. Eine kam da hinten bei der Molkerei runter. Bumm. Das Schrapnell erwischte die Alte direkt am Kopp. Tötete das gesamte Vieh. Überall Kuhteile. Die ganze Woche lang Steak. Lecker. Die Alte ist verblutet. Loch im Kopp, groß wie 'n Penny. Hättste als Sparbüchse gebrauchen können. Der Meister sagte ...«

Bis ich mich umgeschaut hatte, war er wieder ins Loch zurückgeklettert und grub weiter.

Wenn Old Bill Craggett etwas wollte, fand ich bald heraus, Meister hin oder her, dann geschah das auch. Bis zu seinem Tod vor ein paar

Jahren war er eine konstante, wenn auch etwas widersprüchliche Quelle der Volksweisheit, des ungebetenen Ratschlags, dringend benötigter Hilfe und absoluter Nerverei. Vielleicht stimmt es ja, dass jeder den Guru findet, den er verdient; ich jedenfalls hatte meinen gefunden.

Nur wenige Tage nach meinem Einzug kamen mir die ersten Zweifel, ob ich mich nicht vielleicht übernommen hatte. Ganz abgesehen von den unzähligen Reparaturarbeiten außen am Haus mussten auch alle vierzehn Räume von Grund auf renoviert werden. Das Haus hatte sein Leben im sechzehnten Jahrhundert als zweigeschossige Hütte begonnen, wackelige Fachwerkerweiterungen waren über die Jahrhunderte hinweg irgendwie drangebaut worden, organische Wucherungen, die dann endlich von den Viktorianern gezähmt worden waren, indem sie es mit Ziegelsteinen zumauerten. Kein Teil des Fußbodens befand sich auf gleichem Niveau mit einem anderen, keines der Fenster war rechteckig und keine der Türen schloss. Ich wusste nicht, wo anfangen.

»Ich hab's Ihnen ja gleich gesagt, das ist 'ne Bruchbude«, stichelte Old Bill, offensichtlich schadenfroh, dass ich schon so bald Probleme hatte.

Bei Tage flitzte ich von einer Arbeit zur anderen, verputzte Wände oder ersetzte Fußböden, nachts hingegen, erschöpft von der Anstrengung, musste ich die Rattenkolonie im Haus bekämpfen. Bald wurde mir klar, dass ich Hilfe benötigte, also suchte ich als erstes eine Katze und sah mich dann nach Menschen um, die das Haus mit mir teilen könnten.

Ich hatte bald zwei Mitbewohner, Kollegen von der nahe gelegenen Kunstschule, wo ich mir eine Teilzeitbeschäftigung ergaunert hatte. Den Job hatte ich mir auf Umwegen gesichert, und zwar auf Grund des Verdienstes, zwei Jahre zuvor als Kunststudent der persönliche Porträtist der Beatles gewesen zu sein.

Mit der Behauptung »Hier beginnt das Wochenende« war die Freitagabend-Rocksendung *Ready Steady Go* die Stimme einer Generation geworden, die die Klassenkonzepte ihrer Eltern satt hatte.

In den späten fünfziger Jahren hatten Filme und Bücher zornige junge Männer inspiriert, neue, wenn auch romantische Vorstellungen von der Arbeiterklasse zu entwickeln, und damit den Boden für einen gesellschaftlichen Austausch zwischen den Schichten geebnet. Nur für den Moment zu leben, war zwar noch nie ein sehr attraktiver Vorschlag gewesen, aber welcher nette Junge aus der Mittelschicht hätte wohl seinen Kopf in einem Café voller Teddy Boys riskiert? Es waren schließlich die Beatles, die die verschiedenen desillusionierten Gruppen unter dem Banner einer einzigen Jugendbewegung zusammenbrachten.

1963 hatte *Ready Steady Go* zur Feier des Siegeszuges der ›Fab Four‹ durch Amerika zu einem Malwettbewerb aufgerufen: »Schickt uns ein Porträt der Jungs, und der glückliche Gewinner kann sie vor der Kamera treffen.«

Obwohl ich bereits das Interesse an Pop-Art verloren hatte, war ich mir sicher, meine alten Fähigkeiten gewinnbringend einsetzen zu können. Ich überredete daher einen Kommilitonen, mir seine Gitarre zu borgen, zersägte sie in der Mitte und befestigte die beiden Hälften an gegenüberliegenden Enden eines Brettes, das mit Beatles-Graffiti vollgeschmiert war. Auf diesen Hintergrund malte ich die Porträts der vier Jungs, indem ich sie als mit allen Wassern gewaschene Desperados darstellte. Das i-Tüpfelchen war schließlich der Plastikarm einer Schaufensterpuppe, den ich auf einer Müllhalde gefunden hatte. Ich befestigte den Arm so, dass es schien, als strecke er sich nach der einen Hälfte der Gitarre. Mit dem Zusatz »I Wanna Hold Your Hand«, der damals aktuellen Beatles-Single, war das Werk komplett und ich schickte es an *Ready Steady Go*. Eine Woche später erhielt ich einen Telefonanruf, der mich in die Studios zu einer Audienz mit den Fab Four berief.

»Ey Mann, Jerry, alter Junge«, sagte John und legte mir den Arm um die Schultern, »was haben wir denn da?«

»›Mingus‹ von Mingus und Schostakowitschs erstes Violinkonzert«, erwiderte ich hochnäsig und hielt die beiden Platten hoch, die er mir gerade überreicht hatte. Ich hatte mir Mingus ausgesucht, weil mir Mingus gefiel, und Schostakowitsch, weil ich dachte, das höre sich klug an. Die wahre Belohnung würde später kommen, wenn all die Mädels, die zuschauten ...

»Zum Teufel, Junge«, reagierte John in meinen Tagtraum hinein und las mit viel Tamtam den Text auf der Hülle, »du bist wohl einer von diesen Rockern«, wobei er sich zur Kamera umdrehte und eine Grimasse zog, ganz so, wie man es von ihm erwartete.

Die Kamera schwang daraufhin zu der dicht gedrängten Menge von Bewunderern herum, und John machte einen schnellen Abgang in die Garderobe.

»Aus dem Weg, mein Sohn«, schrie der für den Kranausleger zuständige Bühnenmann und schob mich unzeremoniell zur Seite.

Meine fünfzehn Sekunden Berühmtheit waren vorbei. Warhol war zu großzügig mit seinen Schätzungen gewesen.

»Ein Haufen Halbstarker«, murmelte mein Vater bei meiner Heimkehr, »können ja nicht mal richtig reden.«

Zwei Jahre später, im Jahr 1965, wurde den Beatles der Orden *Members of the British Empire* verliehen.

»Eine Unverschämtheit«, wetterte mein Vater, »ich habe verdammte Lust, meinen CBE zurückzuschicken.«

Aber letztendlich machte er sich klar, dass er den seinen verdient hatte und behielt ihn also ›nichtsdestotrotz‹.

»Ich habe hart dafür gearbeitet. Ihr jungen Leute wisst ja gar nicht, was Arbeit ist.«

Das stimmte zwar, aber ich war deswegen nicht bereit, auf die Arbeit an der Kunstakademie zu verzichten, die mir gerade angeboten worden war.

»Was haben Sie denn so alles für die Jungs gemacht?«, fragte der Fachbereichsleiter bei meinem Vorstellungsgespräch.

»Die Jungs?«, antwortete ich.

»Die Beatles?«

»Oh, die Beatles. Ja, wissen Sie«, ich zuckte mit den Schultern, in der Hoffnung, meine Unbestimmtheit würde als Bescheidenheit interpretiert werden, »hier und da mal was«.

Ein kurzer Fernsehauftritt zwei Jahre zuvor hatte aus mir für alle Ewigkeiten den persönlichen Porträtisten der Beatles gemacht. Aber wer bin ich denn, um dem zu widersprechen?

Mein neuer Job beinhaltete, Erstsemestern rudimentäre Zeichentechniken beizubringen und die weniger rudimentären Annäherungsversuche der älteren Semester abzuwimmeln. Es hatte den Anschein, dass die meisten der männlichen Kollegen Opfer dieser pubertären Raubtiere geworden waren, und im Lehrerzimmer ging eine Menge Zeit dabei drauf, deren unterschiedliche Körpermerkmale zu diskutieren.

»Sehen Sie, statt die Form durch die Linie definiert zu sehen oder gar die Linie durch die Form definiert …«

Zur allgemeinen wie zu meiner eigenen Überraschung, bewahrte ich Abstand und konzentrierte mich lieber auf das, wofür ich meinte, eingestellt worden zu sein.

Dafür, dass sie den Zwängen der Schule frisch entronnen waren, wo unzulängliche Lehrer, die verzweifelt einen Ausweg für unzulängliche Kinder suchten, sie zur Kunst gedrängt hatten, schienen die meisten meiner Studenten beängstigend wohlerzogen, und nur die wenigsten zeigten auch nur den kleinsten Funken kreativen Talents.

»Sir, macht man das so?«, fragten sie.

»Was macht man wie?«, antwortete ich.

»Sie wissen schon«, murmelten sie, als ob der kreative Akt irgendwie ein Tabu darstellte, »Kunst, Sir«.

»Es gibt nur eine Art und Weise, Kunst zu machen«, dozierte ich, »nämlich selbstständig. Solange ihr euch an irgendwelche Werte außer euren eigenen klammert, seid ihr keine Künstler. Und, um einen Anfang zu machen, wie wär's, wenn ihr mich Jerry nennt, statt Sir?«

»Ja, Sir.«

Meine Kollegen verübelten mir jedoch in zunehmendem Maße meine Unterrichtsmethoden.

»Schauen Sie, Jerry«, beschwerte sich der Fachbereichsleiter, »meine Studenten scheren sich einen Dreck um das, was ich sage, und das ist Ihre Schuld. Sie untergraben unsere Autorität.«

»Unsere Autorität?«, antwortete ich. »Ich habe immer gedacht, Autorität sei eine persönliche Eigenschaft und keine kommunale Einrichtung.«

Und da nahm er seine gesamte Autorität zusammen und teilte mir mit, ich solle es mir doch noch einmal überlegen. Bevor wir jedoch in eine langwierige philosophische Diskussion verwickelt wurden, klopfte es an die Tür.

»Kann ich dich mal einen Moment sprechen, Lewis?«, fragte eine der attraktiveren Studentinnen des dritten Jahrganges.

»Klar«, erwiderte er, unfähig, das liederliche Grinsen zu verbergen, das sich auf seinem Gesicht ausbreitete, »komm rein. Wir sprechen uns später, Jerry.«

Als ich den Korridor hinunterging, konnte ich sie kichern hören.

In einer Anwandlung, die Autorität ad absurdum zu führen, an der Lewis und seine Mitarbeiter so resolut hingen, informierte ich eine Gruppe von Studenten, dass ich fliegen könnte.

»Per Flugzeug?«, fragte einer von ihnen.

»Nein«, antwortete ich, »indem ich mit den Armen rudere.«

»Oh«, war die gemurmelte Antwort, als ob sie den Glauben noch nicht ganz verloren hätten.

Ich wiederholte die Behauptung jede Woche fast drei Monate lang, und, statt mich als völligen Idioten abzustempeln, schien mir ein Teil der Gruppe fast zu glauben. Sie begannen, mich über meine Technik auszufragen. Wie ging das mit der Lenkung? Machte ich mir die Thermik zu nutze? Wie lang hatte mein längster Flug gedauert?

Ich konnte nicht glauben, dass sie mich nicht einfach auslachten. Waren sie wirklich alle so gutgläubig, oder lag es am Vakuum der modernen Gesellschaft, dass sie inständig alles glauben wollten? Ich wusste keine Antworten, aber sie auch nicht, solange sie sich nicht aus den Fesseln der Autorität befreit hatten.

Irgendwann beschloss ich, dass der einzige Weg aus der Sackgasse eine praktische Vorführung des Unmöglichen war.

»Nun«, fragte ich, als ich von meinen Studenten begleitet die Spitze eines steilen, bewaldeten Hügels erreichte, der einen Ausblick auf die Kunstakademie bot. »Wer hilft mir beim Abstoßen?«

Anfangs schwiegen sie alle, dann traten zwei der größeren Jungs vor.

»Das einzige, was ihr machen müsst, ist, mich an den Ellbogen hochzuheben und mich über die Kante zu werfen«, unterwies ich sie mit soviel Selbstvertrauen, wie ich es eben aufbringen konnte.

»Sind Sie sicher?«, fragte einer der beiden und sah sich das beachtliche Gefälle an.

»Entweder kann ich fliegen oder nicht«, antwortete ich, in der Hoffnung, dass sie mir eine Rückzugsmöglichkeit anbieten würden.

»In Ordnung«, sagten sie und packten mich bei den Ellbogen, »eins, zwei, drei ...«

Ich verbrachte die nächsten zwei Monate im Krankenhaus, erholte mich von einer Operation, bei der mir eine gerissene Milz entfernt worden war und fragte mich, wie ich wohl je wieder meinen Studenten gegenübertreten sollte. Aber ich hätte mir keine Sorgen machen müssen, denn nach meiner Rückkehr behandelten sie mich sogar mit noch mehr Achtung als vor dem Unfall. Bei dem Versuch, Autorität ad absurdum zu führen, war ich zur Autorität des Absurden geworden, was mir, in der verwursteten Denkweise, die an Kunstakademien vorherrschte, Bewunderung eintrug. Ich konnte nicht gewinnen.

Ein paar weitere Jahre wob ich mich durch die politischen und sexuellen Intrigen des Bildungssystems, und versuchte dabei, in meinen Studenten einen Sinn für ihre eigene Autorität zu wecken.

»Kunst ist wie eine Tür zum inneren Selbst«, wiederholte ich Jahr für Jahr mit schwindender Begeisterung, »ich bin nicht hier, um euch zu erzählen, was dieses Selbst ist, aber ich kann euch ein paar Schlüssel anbieten, die diese Tür vielleicht öffnen könnten. Erstens müsst ihr trotz aller Dinge, die sich euch in den Weg stellen, härtnäckig am Ball bleiben. Zweitens müsst ihr neugierig genug sein, um nichts unversucht zu lassen. Außerdem gibt es einen Sinn fürs Abenteuer, der uns auf unbekannte Wege leitet, uns lockt, die Welt zu bereisen, das ist eine Form von Freiheit, die unverzichtbar ist, um ein wahrer Künstler zu werden.«

»Ja«, murmelte einer meiner gescheiteren Studenten, »das schließt dich doch wohl aus, oder?«

»Warum denn?«, fragte ich aggressiv, in der Hoffnung, ihn einzuschüchtern, damit er schwieg.

»Weil du nicht praktizierst, was du predigst, deswegen.«

»Was sollte ich also machen?«

»In der echten Welt leben. Es ist alles schön und gut, wenn du dich über Freiheit auslässt, solange du eine sichere Arbeit und ein schönes, kleines Haus auf dem Land hast, aber die meisten von uns werden arbeiten müssen, wenn sie hier fertig sind.«

»Und genau dabei versuche ich euch behilflich zu sein.«

»Mit all dem geschwollenen Zeugs über unbekannte Wege? Das soll wohl ein Witz sein. Ich will einen Job, keinen dämlichen Psychologen. Ich hatte zwei Möglichkeiten, als ich von der Schule abging. Das Fließband oder höhere Bildung. Ich bin hierher gekommen, weil ich etwas aus meinem Leben machen will, und ich brauche keine feinen Pinkel wie dich, die mir eine Freiheit predigen, mit der ich stempeln gehen werde.«

Ich wusste, dass er Recht hatte, aber andererseits wusste ich auch, dass er im Unrecht war. Am Ende jedoch, nachdem ich vom Fachbereichsleiter als eine Art kommunistischer, schwarzer Magier denunziert worden war, gab ich auf.

»Geh nicht, Jerry«, flehte mich ein Student an. »Wir halten zu dir. Wir würden sogar streiken, wenn das hilft.«

»Nein«, antwortete ich, »das bringt nichts. Holt hier raus, was rauszuholen ist. Vergesst die Politik.«

Das war im Frühling 1968, und einen Monat später, arbeitslos und nicht wissend, was ich als nächstes anfangen sollte, erfuhr ich, dass sich die Kunstakademien und Universitäten in London im Aufstand befanden und dass es in Paris sogar brannte. Sergeant Peppers Armee rückte aus, aber ich hatte gerade einen Fahrschein in die Untätigkeit erstanden. Schöner Rebell, zu dem ich mich da entwickelte.

Den größten Teil jenes Sommers verbrachte ich damit, meine letzten Pennys zusammenzukratzen, um zu überleben. Meine zwei Mitbewohner schienen nicht gewillt, mich zu bemitleiden.

»Du bist ein Arsch, Jerry. Du weißt genauso gut wie ich, was für 'ne ruhige Nummer du geschoben hast. Regelmäßiges Einkommen, Zugang zu allen Einrichtungen und alles, was du dafür opfern musstest, waren zwei Tage Arbeit.«

»Ja gut, aber was ist mit den Studenten?«

»Den Kids? Zum Teufel mit den Kids!«

Es wurde Zeit, dass sie auszogen.

Einen Monat später schwor ich meiner Bildung und der aller anderen ab, fand eine Arbeit als Kohlenausträger, erklärte das Haus zur Kommune und öffnete die Tür für alle, die Lust hatten vorbeizuschneien. Ich war mir nicht sicher, ob ich endlich Teil der echten Welt geworden war, von der mir alle so eifrig erzählten, aber egal wie, mir kam es definitiv wie ein radikaler Bruch mit der Vergangenheit vor.

»Er ist doch keiner von uns, oder, Rory?«, bemerkte sie beim Anzünden einer Zigarette und blinzelte mich dabei durch bittere Rauchwolken an, »warum macht er dann diese Arbeit?«

Wir hatten ihr Kohlen geliefert, und Rory und ich waren zu einer Tasse Tee eingeladen worden. Die, die mich verhörte, war eine drahtige Frau mittleren Alters in einem geblümten Kittel, Kopftuch und Lockenwicklern. Sie sah aus wie eine Figur aus dem Roman eines ›Angry Young Man‹.

»Keine Ahnung«, Rory zuckte mit den Schultern, »frag ihn.«

»Weil ich das Geld brauche«, mischte ich mich ein.

»Nö«, antwortete sie und hustete fürchterlich, die Zigarette fest zwischen ihre gemeinen Lippen geklemmt.

»Ich wollte zur Abwechslung mal richtig arbeiten. Ich habe früher unterrichtet, aber eigentlich eigne ich mich gar nicht dazu.«

»Richtige Arbeit?«, explodierte sie, wobei ihr die Zigarette auf die Plastik-Tischdecke flog. »Sehen Sie, was Sie angerichtet haben«, sie benetzte einen Finger und rieb damit über das Loch, dass sie gerade reingebrannt hatte. »Sie sind gebildet, das hört man an Ihrer Art zu sprechen. Sie sind intelligent und jetzt verschwenden Sie alles auf einer gottverdammten Kohlentour. Schämen Sie sich. Was sagen denn Ihre Eltern dazu? Richtig arbeiten? Rory und ich haben keine andere Wahl, wir müssen den ganzen Tag schuften, um irgendeinen Typen reich zu machen, aber Sie? Lieber Gott, was wissen Sie schon von richtiger Arbeit?«

»Was hat sie denn gemeint?«, fragte ich Rory, als wir zum Lastwagen zurückgingen.

»Da fragst du mich zuviel, Kumpel, aber ich sag dir was. Ich hab einmal mit ihr gevögelt, in der Besenkammer, während ihr Alter nebenan vor der Glotze hockte. Schöne Titten, schade ...«

Man gewöhnte sich schließlich an diese Art zu leben, wie an alles andere auch. Ein paar Jahre lang lieferte ich im Winter Kohlen aus und arbeitete im Sommer gelegentlich auf dem Nachbarhof, half bei der Ernte, bei der Kartoffellese, und ertrug die Beleidigungen von Old Bill Craggett.

»Schaut euch bloß diese Hände an«, sagte er, »die haben noch nie in ihrem Leben gearbeitet.«

Ich überlegte noch, was ich gegen den Missstand tun könnte, in einer Ein-Personen-Kommune zu leben, als die Leute anfingen, aus dem Nichts aufzutauchen.

»Bist du Jerry?«, fragte ein langhaariger Typ, woraufhin ich von meinem Kartoffelsack hochsah.

»Nee«, mischte sich Craggett ein, »er's 'ne Fotze.«

»Beachte Old Bill einfach nicht«, ich lächelte und schmiss eine Handvoll Erde in seine Richtung. Er wurde am Hinterkopf getroffen.

»Schwein.«

»Ja«, sagte ich, stand auf und schüttelte dem jungen Typen die Hand, »ich bin Jerry. Kann ich dir irgendwie helfen?«

»Ja, ich heiße Wilf. Ich würd mir gerne die Kommune anschauen.«

»In Ordnung«, antwortete ich und wunderte mich, wie ein völlig Fremder von mir gehört haben konnte, von der Kommune ganz zu schweigen.

Noch am gleichen Abend kam er mit seiner Freundin zurück; langhaarig, im langen Rock, lang-gesichtig und nach Patchouli riechend.

»Hi, ich bin Moon. Wie bist du drauf?«

Wilf und Moon hatten einen kleinen Sohn namens Saskatchewan.

»Wir haben ihn so genannt, weil dort Weizen angebaut wird«, erklärte Moon.

»Oh«, antwortete ich, so klug wie zuvor.

Moon und Wilf erzählten, dass sie obdachlos seien, und fragten, ob sie eine Weile bleiben könnten.

»Warum nicht?«, antwortete ich, froh, dass endlich überhaupt was passierte.

Ich bemerkte jedoch bald meinen Fehler.

»Wir erziehen Saskatchewan so, dass er sich frei entfalten kann«, erklärte Moon, nachdem ich am Fuß der Treppe auf einem Scheißhaufen ausgerutscht war, »wir halten nichts vom Töpfchen-Zwang, das führt zu einem analen Charakter.«

»Oh«, antwortete ich und dachte mir, dass der vielleicht gar nicht so übel wäre.

Als sich die Kommune schließlich zusehends mit den unterschiedlichsten jugendlichen Landstreichern füllte, beschlossen Moon und Wilf, weiterzuziehen.

»Um ehrlich zu sein«, erklärte Moon, »wir finden die Szene hier ein bisschen repressiv.«

»Wirklich?«, ich nickte und sah mich dabei nach weiteren Spuren von Saskatchewans Freiheit um, erleichtert, dass ich mir nicht mehr länger die umständlichen Erklärungen von Moon würde anhören müssen.

Sie zogen am nächsten Tag aus und vergaßen darüber, die Miete für das letzte Vierteljahr zu zahlen.

Im Großen und Ganzen war ich allerdings zufrieden mit meinem Los, ganz besonders, nachdem Gee eingezogen war. Gee und ich hatten eine Beziehung seit unseren Tagen an der Kunstakademie, wo unser gemeinsames Interesse für Post-Pop-Art uns einerseits zu Kollegen, andererseits aber auch zu Konkurrenten gemacht hatte. Und diese Spannung würde ein Leben lang anhalten. Gee, die aus einer bodenständigen Arbeiterfamilie stammte, brachte nie viel Geduld für meine intellektuellen Ansprüche auf, eine Einstellung, die dazu beitrug, mich wenigstens teilweise von diesen Ansprüchen zu befreien.

»Wenn du es nicht ohne großartige Worte ausdrücken kannst, dann versuch's erst gar nicht«, ermahnte sie mich.

»Aber sicherlich ist doch ein großer Wortschatz ein sine qua non?«, gab ich zurück.

»Bestimmt, wenn ich nur wüsste, wovon du redest.«

Die Kommune bot uns nicht nur die Möglichkeit, zusammenzuleben, sondern ermöglichte Gee auch, ein Atelier einzurichten, in dem sie sich ihrer Malerei widmen konnte. Damals, vielleicht weil sie viel mehr Talent hatte als ich, begann ich, meine kreativen Interessen wieder auf das Schreiben zu verlagern.

»Aber Bilder sind so viel mächtiger als Worte«, argumentierte Gee.

»Nicht unbedingt«, erwiderte ich, »solange wir Worte verwenden, um Bilder zu beschreiben, werden die Bilder in den Wortfesseln verharren. Nur wenn wir transzendieren ...«

»Oh, ich weiß nicht«, murmelte sie dann immer und ging zurück ins Atelier, »ich muss weitermachen.«

Wenn ich nicht gerade unterwegs war, um unser täglich Brot zu verdienen, habe ich es zu Hause in der Kommune selber gebacken, oder erledigte eine der anderen schier endlosen Arbeiten, die anstanden. Das Haus war zu diesem Zeitpunkt bereits durchrenoviert worden, aber es erging ihm wie der Forth Bridge in Schottland: Wenn man an einem Ende fertig war, musste man am anderen Ende wieder anfangen. Balken wurden freigelegt, Böden und Türen abgezogen, Regale und Bänke aus Bohlen gezimmert, die ich auf dem Kohlenplatz gefunden hatte. Das Haus besaß sowohl innerlich als auch äußerlich eine magische Ausstrahlung. Diesem Zauber konnten sich nur wenige Besucher entziehen. Der Garten, den wir mit der Ausdauer früher Entdeckungsreisender gebändigt hatten, schien sich in das Innere des Hauses hinein auszudehnen, wo Zimmerpflanzen, Steine und Schwemmholz die Illusion einer sich fortsetzenden Landschaft erzeugten, einer Landschaft, in der sich immer ein Exemplar aus unserer ständig wachsenden Katzenkolonie aufhielt.

Draußen hatten wir einen blühenden ökologischen Gemüsegarten angelegt und befanden uns auf dem Weg zur Selbstversorgung, ein Ziel, das von dem unersättlichen Appetit unserer beiden Ziegen, die wir auf dem Brachland hinter dem Haus untergebracht hatten, in Frage gestellt wurde. Wir fanden bald heraus, dass zwei Ziegen in zehn Minuten die Menge an Gemüse fressen konnten, die eine durchschnittliche Familie wochenlang ernährt hätte. Wir mussten also permanent Wache halten, um zu verhindern, dass sie ihre Leinen abstreiften, aber natürlich siegten sie meistens, und so waren noch immer Besuche im Supermarkt des Dorfes nötig.

Außer mit Ziegen experimentierten wir auch noch im Bereich Hühnerhaltung und mussten feststellen, dass sich die Vögel mit beängstigender Geschwindigkeit vermehrten. Am Anfang standen ein Hahn und zwei Hennen, die sich natürlich nicht dazu herabließen, die Legeboxen zu benutzen, die wir extra für sie gebaut hatten, und prompt wurden wir mit dem Problem der Brut konfrontiert, als fast ein Dutzend Küken durch den Garten wanderte, dabei Samen ausgrub und Salat verspeiste. Eine schnelle Überschlagsrechnung erbrachte, dass wir in drei Jahren über vierundfünfzigtausend Hühner am Halse hätten. Ich begann also, die Tragweite des Problems zu begreifen. Es würde gar nicht lange dauern und wir würden in einem Krater leben. Doch die Natur griff ein, die Katzen entdeckten die Küken als Delikatesse und die Füchse ließen sich die alten Hennen schmecken. Wir hingegen lernten schnell, besser auf die uns verbliebene Brut aufzupassen.

Währenddessen wuchs auch die menschliche Bevölkerung ständig an und ich musste mich immer häufiger um die Aufrechterhaltung der zwischenmenschlichen Harmonie bemühen. Da ich dummerweise Dinge aussprach, vor denen sich die anderen scheuten, wurde ich bald als eine Art Guru behandelt, eine Rolle, die meiner Meinung nach allen Prinzipien des kommunalen Wohnens zu widersprechen schien. Ideologisch waren bei diesem menschlichen Experiment kaum Probleme zu erwarten; auf der intellektuellen Ebene stimmten wir immer überein. Die wahren Probleme fielen in der Praxis an, niemand übernahm die Verantwortung für das schmutzige Bad oder dafür, dass die Sägen in die Werkstatt zurück mussten. Solche Kleinigkeiten, wurde mir schnell klar, konnten auch das stärkste Credo zunichte machen.

Autonomie würde ein Traum bleiben, solange die Einwohner des Planeten Erde noch lernen mussten, sich die eigenen Schuhe zuzubinden. Bis dahin wäre ein anderer verpflichtet, ihnen die Arbeit abzunehmen.

Nichtsdestotrotz, Guru hin oder her, ich war zufrieden, meine Freizeit mit dieser neuen Brut von Gören zu verbringen.

»Dann sag mal, Mann, wenn eine Tasse Tee nur eine Tee-Tasse ist, weil wir sie Tee-Tasse nennen, was ist dann eine Teetasse?«

»Ein leeres Gefäß, aber wenn wir es mit Ideen füllen, wird es zur Ahnung der Realität.«

»Aber letzte Woche hast du gesagt, dass Realität nur ein Schleier sei.«

»Das ist das Problem mit Metaphern, ihre Anwendung ist zu einfach.«

»Das ist keine Antwort.«

»Na gut«, antwortete ich, etwas irritiert über ihre Hartnäckigkeit. »Realität ist alles, was du daraus machen willst. Welche Idee auch immer du darauf anwendest, es wird immer passen. Sie ist so sehr leeres Gefäß wie sie auch ein Schleier oder Hasenscheiße ist.«

»Klar, Mann, das ist logisch.«

Ich war sehr erleichtert, dass Gee sich lieber nicht in diese Dialoge einmischte. Sie hätte sie kritisiert und als prätentiös erklärt, und ich wusste auch, dass sie das waren.

»Wenn Du also eine Teetasse mit Hasenscheiße füllst ...«

»Quatsch keinen Blödsinn.«

Pete war zurück, so abrupt wie immer. Wahrscheinlich, weil er immer im Kommen und Gehen begriffen war, kann ich mich nicht daran erinnern, wie ich ihn kennen gelernt hatte. Es kommt mir so vor, als wäre er eines Tages einfach da gewesen, wäre in die Küche geschlüpft, hätte an den Kräutertöpfen geschnüffelt und den blühenden Ritterstern beleidigt.

»Hey, Blume, du bist grässlich.«

Er blieb nie lange, bevor er wieder loszog, um in London ein Haus zu besetzen, ein Café in Wales zu betreiben oder sich in ein anderes Projekt zu stürzen, das seinen Hang zu Knochenarbeit gut gebrauchen konnte. Diesmal blieb er ein Jahr oder so, bevor er weiter zog, um ein Folk-Duo mit einem der Studenten zu gründen, der mich während meiner Lehrzeit auf meinen ersten und letzten Soloflug geschickt hatte. Ich weiß nicht, ob Pete je einen Song mit dem Titel »Fool on the Hill« geschrieben hat. Ich bin sicher, dass er es gern getan hätte, aber vielleicht waren die Beatles ja einfach schneller gewesen.

Gut fünf Jahre lang gedieh die Kommune, indem sie sich ziemlich abkapselte. Das meiste, was wir brauchten, fanden wir in unserer unmittelbaren Umgebung. Was wir nicht finden konnten, hatten wir nicht. Es war ein einfaches, doch glückliches Leben; kein Fernseher, kein Radio, keine Zeitungen, keine Uhren und keine Spiegel. Hätte es nicht Old Bill Craggett gegeben, der seinem ramponierten alten Fernseher Nachrichtenschnipsel entnahm und an uns, durch seinen ramponierten alten Kopf gefiltert, weitergab, hätte die Welt draußen überhaupt nicht existiert.

»Die behaupten, dass irgend so'n Kerl heute auf dem Mond spazieren gegangen ist, Jerry«, erzählte er mir, nachdem er von dem Mondflug der Apollo erfahren hatte. »Vollidioten, sogar ich kann sehen, dass der Mond nicht größer ist als eine Sixpence-Münze.«

»Ja, Bill«, erwiderte ich, »könnte durchaus sein, vor allem in Anbetracht all der Vorteile, die wir davon haben werden. Wie wär's mit 'ner Tasse Tee?«

»Warum nicht? Und was ist mit dem Krieg in Vitnum?«

»Vitnum? Ein oder zwei Löffel?«

Aber am Ende kann sich auch das Paradies gegen einen selbst wenden.

»Für uns ist alles schön und gut, Jerry«, platzte es eines Morgens aus Pete heraus, »aber was ist mit all den Menschen auf der Welt, die verhungern?«

»Na, für die ist hier wohl nicht genug Platz, oder?«

»Nein, aber wir könnten zu ihnen gehen und etwas von dem, was wir haben, mit ihnen teilen.«

»Was denn?«

»Tee?«

Wir lachten, aber trotzdem war die Saat gesät worden. Ein paar Wochen später kaufte ich mir mein zweites Schlagzeug und, unter Ausnutzung unseres reichlich vorhandenen natürlichen Menschenvorrats, gründeten wir eine Kunst-Happening-Gruppe. Nur wenig später fingen wir an - hoffnungslos unerprobt - zu touren. Es tat nichts zur Sache, dass unsere Performances kaum mehr bewirkten, als unser Inseldasein zu festigen, und egal wie sehr wir auch weiterhin unsere Abgeschiedenheit verteidigten, wir waren ausgebrochen, und das reichte fürs Erste.

Wir reisten in einer Flotte ramponierter Autos und Kleinbusse, besuchten Universitäten und Kunstclubs in ganz Britannien und bestärkten gern jeden, der bereitwillig unsere Auslagen übernahm, in seinen überzogenen Ansprüchen.

Unsere Auftritte waren völlig unstrukturiert, was tatsächlich unsere Art zu leben widergespiegelte, dauerten drei Stunden und, wenn man Pech hatte, auch länger.

Auf dem Höhepunkt unserer eifersüchtig gehüteten Kommunikationsunfähigkeit gaben wir im Londoner Roundhouse eine Vorstellung mit einem Ensemble von dreißig Leuten.

Während sich eine kleine Gruppe von Möchtegern-Musikern durch ein Repertoire von Avantgarde-Klischees wurstelte, wanderte das Publikum zwischen willkürlich aufgestellten Bildern herum und versuchte dabei zu ergründen, worum es ging und wer wir eigentlich waren.

Frei, so ziemlich alles zu tun, wozu sie Lust hatte, beschloss ein Mitglied der Truppe, den Abend damit zu verbringen, ihren nackten und sehr attraktiven Körper in Tesafilm zu wickeln. Ich war nicht wirklich überrascht, dass die meisten Männer im Publikum den größten Teil des Abends damit zubrachten, sie dabei zu beobachten. Eine andere junge

Frau saß da und starrte ausdruckslos in eine Video-Kamera, ihr Bild starrte genauso ausdruckslos vom Bildschirm, der neben ihr stand. Und das Publikum starrte ausdruckslos auf die beiden.

Währenddessen vergnügte sich Pete damit, zunächst Plastikbeutel mit Innereien vollzustopfen, sie dann mit einem Hackmesser zu zerfetzen, das Gemetzelte wieder aufzuklauben und das Ritual zu wiederholen. Ein weiteres Mitglied des Ensembles hatte an der sehr hohen Decke ein Seil angebracht und Blechdosen darauf aufgefädelt. Je länger der Abend dauerte, desto mehr ging das dissonante Geklimper des riesigen Windspiels allen auf die Nerven. Obwohl es in Anbetracht der gleichfalls dissonanten Band schwer zu verstehen war, warum eigentlich.

Irgendwann trat ein junger Mann, den ich noch nie zuvor gesehen hatte, auf einen Balkon. Nackt, bis auf einen Zylinder, las er einen Text aus Ginsbergs »Howl«.

»I saw the best minds ...«

> »Gestern Abend gab Exit, eine bisher unbekannte Happening-Gruppe, im Roundhouse eine verblüffende Vorstellung. Durch witzige und manchmal schockierende Interaktionen entblößten sie die vielschichtigen Dimensionen gesellschaftlicher Gewalt ...«

So stand es im *Guardian*. Hätten wir da widersprechen sollen? Es war allerdings die Totenglocke für jeglichen Ehrgeiz, auch wenn wir eigentlich nie welchen gehabt hatten. Wir lösten uns kurz darauf auf.

Unsere Reisen hatten allerdings unerwartete, heimtückische Folgen für das Leben in der Kommune. Niemand ist eine Insel, weder Mann noch Frau. Verglichen mit dem, was jenseits unseres Zauns abging, war unser Leben fast klösterlich, unseren puritanischen Ahnen ähnlicher als dem, was unsere Hippie-Brüder und -Schwestern machten. Sex'n' Drugs'n' Rock'n' Roll? Wir kannten nicht mal die Hälfte davon.

Als wir schließlich mitbekamen, dass sich die große sexuelle Revolution ausbreitete, fingen Gee und ich aus Angst, etwas zu verpassen, damit an, über Sinn und Unsinn einer ›offenen Beziehung‹ zu diskutieren. Nachdem wir uns aus den Kernfamilien unserer Eltern befreit hatten, war das doch sicherlich der nächste logische Schritt, den es zu unternehmen galt, oder?

Natürlich dauerte es nicht lange, bis ich die Vorteile dieses frischen Windes zu nutzen begann und meinen ersten vorsichtigen Ausflug in das beängstigende neue Gefilde unternahm. Doch genauso schnell zog ich mich wieder mit verbrannten Fingern in die Kommune zurück. Gee hatte gnädig meine kurze Beziehung zu einer gemeinsamen Freundin toleriert. Unsere Freundin hatte es jedoch unterlassen, ihren Partner von diesem neuen Arrangement in Kenntnis zu setzen. Mit dem Verdacht, dass etwas nicht in Ordnung war, hatte er ihr Schlafzimmer gestürmt, uns auf frischer Tat ertappt und mich in keinerlei Zweifel darüber gelassen, was er von der sexuellen Revolution hielt.

»Verpiss dich, du Drecksau.«

Ich ging und überließ es ihr, ihre Kernfamilie zu flicken, fuhr mit eingezogenem Schwanz heim, um herauszufinden, was von meiner übrig war.

Mit ihrer Botschaft von der ›freien Liebe‹ ruinierte die sexuelle Revolution in den späten sechziger und frühen siebziger Jahren zahlreiche Beziehungen, die sonst zu etwas weit tieferem als fleischlicher Befriedigung hätten erblühen können. Freie Liebe war fein, solange man sie von seinen Gefühlen trennte. Sicherlich waren viele dieser Gefühle einfach nur gesellschaftlich bedingte Reflexe, aber wir fühlten sie trotzdem. Wir verliebten uns in ein Individuum, taten aber so, als sei es universal. Wir waren eifersüchtig, versteckten das aber hinter intellektueller Rhetorik. Wir waren besitzergreifend, tarnten das aber mit der Behauptung, wir wüssten es besser als unsere Eltern.

Ja, natürlich war freie Liebe möglich, aber nicht auf dem damaligen Stand unserer emotionalen Entwicklung. Die meisten von uns, die damals mit der freien Liebe experimentierten, lecken sich heute noch die ihnen damals zugefügten Wunden.

Zum Teil durch meine Erfahrungen gebändigt und in der Hoffnung, irgendwie daraus zu lernen, verbrachte ich den größten Teil der frühen 1970er damit, meinen ersten Roman zu schreiben: »The Diamond Signature«. Vielleicht würde aus mir ja doch noch ein Philosoph.

Ich erwache. Ich sehe ihre Umrisse vor den Fenstern der Stadt, die Konturen ihres Körpers heben sich vor den turmartigen Machtblöcken der Stadt ab, ihr weißes Gewand achtlos auf den Boden geworfen, wo sie mich zum ersten

Mal nahm. Wie war ich hierher gekommen? Nach den Blumen, waren das nicht Anemonen? Nachdem das Messer das Ei geschnitten, das Gehirn durchbohrt hatte. Mir wurde klar, dass dies erst der Anfang war. Hoffnung, die in den Eiern schmerzte. Verworrene Vermutungen. Wie stolz war ich auf meinen neu entdeckten Körper, willens, ihn dir zu widmen, aber nein, du wolltest mich nicht. Das hilflose Ich für dich für mich.

»Aber warum weiß?«, frage ich.

»Weil«, antwortet sie mit einem scharlachfarbenen Lächeln, »ich die Hure deines Bewusstseins bin.«

Momente. Sie zieht an einer Zigarette.

»Du kannst jetzt gehen«, sagt sie, »du hast mich für den Preis eines Taxis gevögelt, und dann noch mal für den Preis einer Mahlzeit. Du hast bekommen, was du wolltest. Jetzt kannst du gehen.«

Der Rauch ihrer Zigarette schwebt durch das Zimmer hin zu meinem Lager aus Decken. Der Raum zwischen uns ist reell.

»Dann öffne bitte die verdammte Tür«, flehe ich.

Ich reiche über meinen Körper hinweg zum Teppich. Ich streichle den grünen Haufen. Ich wische mir mit der Hand über die heiße Braue, Schweiß bildet sich, ich kann es fühlen. Sie singt elektrische Melodien am Fenster. Sie kann nicht hören, wie ich meinen allmorgendlichen Wahnsinn skandiere. Ich rolle auf dem Teppich herum und hinterlasse dabei die Decken als unordentlichen Haufen auf dem Fußboden. Mein Körper ist kalt. Ich reiche hinauf auf die Tischoberfläche und bringe dabei eine Vase mit Plastikblumen aus dem Gleichgewicht. Zwei ungeöffnete Briefe rutschen vom Tisch. Notizen, Kontakte und Schlupflöcher. Ich streichle den Kaminsims aus falschem Marmor, beiße auf Holzscheite, die unverbrannt in der unbenutzten Feuerstelle liegen. Ich schiebe den Messingaschenbecher über meinen Bauch, ziehe an der Vorhaut meines schlappen Schwanzes, reibe meine klebrigen Augen mit meinen klebrigen Fingern. Die Bartstoppeln stehen dicht auf meinem Kinn.

»Wie lang bin ich schon hier?«, frage ich.

»Viel zu lange.«

Ich verschlucke mich fast an der Abgestandenheit meines eigenen Atems. Ich stochere und stöbere herum. Nichts, was ich wiedererkenne.

Wildes Fleisch. Finger, die würgen. Ein Schlachtfeldkörper, von Fäusten zerschlagen. Zunge, wild, die Zahnabdrücke auf der Haut sucht. Der Knebel sitzt fest, die Maske ist ausdruckslos. Mundgemaltes Bild und vergessene

Weichheit beherrscht vom unverschämten Schmerz. Der gerammte Fleischschlegel, der brennt, wenn sie mich wieder und wieder penetriert. Gebrandmarkt vom Kratzen der Nägel oder vom Schwingen der Peitsche, die die giftige Luft zerteilt. Gebunden wie ein bratfertiger Truthahn, meine Handgelenke wund von den Fesseln. Fell begegnet Fell beim heftigen Schieben, verrenkte Hälse, Lippen im Wirrwarr. Arsch begegnet Bauch, Lippen begegnen Sperma, den Alptraum durch das Tal ihrer gummi-bekleideten Brüste pumpend. Die Gerüche übertönen die Düfte. Beißen löst Küssen ab. Fragende Distanz löst sich in dieser zufälligen Begegnung auf. Was ich gefunden hatte, habe ich verloren.

Sie sitzt an den Fenstern der Stadt, ihre Körperkonturen vor den turmartigen Machtblöcken. Sie summt elektrische Melodien, und währenddessen saugt die Stadt meinen Wahnsinn auf. Stille Lobotomie. Ich werde von der Zeit geschnitten. Die Hässlichkeit ist total. Die Muster wiederholen sich immer und immer wieder. Ich bin aufgelöst, liederlich. Mein Kopf zieht sich um Idee und Form zusammen. Ich klammere mich an Konzepte, weiß aber gleichzeitig, dass es nur Konzepte sind. Die Geburtswehen beim Erkennen dieser Gewissheit strahlen keinen Zauber aus. Es ist alles bereits endgültig entschieden, bevor ich meine Augen öffne, bevor ich ein Wort davon hauchen kann.

Vielleicht von meinem Schreiben und von Gees Malerei inspiriert, hatte sich die Kommune ab 1972 in einen Bienenstock kreativer Energie verwandelt. Maler, Filmemacher, Schriftsteller und Musiker nutzten jeden nur erdenklichen Fleck und es kamen immer mehr.

Mick besuchte uns zum ersten Mal, nachdem er eine Zeit lang mit Acid experimentiert hatte. Angeregt durch das kreative Potenzial, das das Haus und seine Insassen zu bieten hatten, sammelte er genügend Geräte, um ein sehr primitives 8-mm-Filmstudio aufzubauen. Seine ersten Arbeiten, Schwarzweiß-Filme, die mühsam per Hand koloriert wurden, waren so komplex und faszinierend wie der junge Mann selbst. Noch nie war ich jemandem begegnet, der ein solches Talent besaß, sich Informationen einzuverleiben. Scheinbar ohne die Augen vom Schnittgerät zu nehmen, konnte er mehrere Bücher auf einmal lesen und später ihren Inhalt in allen Einzelheiten diskutieren. Micks ständiges Nachhaken und Nachforschen grenzte manchmal an Besessenheit.

Einmal aß er zwei Wochen lang nichts als Naturreis, um die Wirkung von Zucker auf sein System beurteilen zu können. Am vierzehnten Tag gab er den Reis auf und aß sechs Marsriegel und genauso viele KitKats. Die nächsten drei Tage lag er mit einem ernst zu nehmenden Fieber darnieder, so dass wir schon fürchteten, seine Tage könnten gezählt sein.

»Puh, das werde ich nicht noch einmal machen«, sagte er bei seiner Genesung.

»Nein, aber zweifellos wirst du dir etwas ähnlich Irres einfallen lassen«, lachte ich.

Mick drehte zunehmend kompliziertere Filme und entwickelte dabei einen Stil, der wegbereitend für die *Scratch*-Bewegung der frühen 80er war.

Um diesen Kern kreativer Typen hatte sich eine wachsende Zahl junger Aussteiger aus umliegenden Dörfern geschart. Gelangweilt von der Kleinheit ihres ländlichen Daseins, in dem das Häuschen an der Bushaltestelle den einzigen Treffpunkt bot, und eingeengt von einer Welt aus Klatsch, in der jeder jeden kennt, nur nicht sich selbst, war es unumgänglich, dass sie in unsere Richtung getrieben wurden.

»Also, sag mal, Alter, wenn Realität nichts weiter ist als ...«

»Ein Sturm im Wasserglas?«

Ich stand eines Morgens am Küchenfenster und schaute hinaus, als ein braungebrannter, hellhaariger, bärtiger junger Mann geschmeidig in den Garten tanzte und dabei durch Mark und Bein gehende Freudenschreie von sich gab.

»Was zum Teufel ist denn da los«, rief ich aus, fasziniert von seinen seltsamen Posen.

Dann, als er mich erblickte, winkte er freundlich und verschwand hinter dem Geräteschuppen. Sekunden später tauchte er rückwärts hüpfend wieder auf, hinter ihm ein Schneesturm. Bis zu dem Moment war der Tag warm und sonnig gewesen, jetzt aber rieselte der Schnee nieder und hinterließ dabei feine weiße Konturen auf den Sommerblumen, die die Wege säumten.

Dann schlug er ein Rad auf dem Rasen und bewegte sich zurück in Richtung Schuppen, wobei er den Schnee vor sich herschob, bis er damit außer Sichtweite war und die Sonne wieder zum Vorschein kam.

»Abgefahren«, rief er, und tauchte plötzlich vor dem Fenster auf, hinter dem ich noch immer starr vor Staunen stand und mich über seinen seltsamen Charakter und seine persönliche Wetterfront wunderte.

»Komm lieber rein«, brüllte ich.

Er ging ums Haus zur Tür und stellte sich vor, indem er die Faust in die Luft warf und »Wally« schrie, was eine verblüffende Reaktion bei den Dorf-Aussteigern hervorrief, die bis dahin friedlich auf dem Boden im Wohnzimmer gedöst hatten.

»Mensch, Phil«, riefen sie unisono, »wie kommst du denn hierher?«

»Im kosmisch gepanzerten Wagen. Klasse Flecken Erde hier, was?«

»Tee?«, schlug ich vor, »und übrigens, heißt du Phil oder Wally?«

»Sowohl als auch und weder noch. Der Name ist Hope und ich nehme meinen ohne Milch und Zucker. Abgefahren.«

Während ich darauf wartete, dass das Wasser kochte, konnte ich hören, wie Phil seine große Vision der neuen Gesellschaftsordnung darlegte.

»Wir sind die neue Kriegerklasse, die Kinder von morgen, hier, um den Raub des Regenbogens zu rächen, um das Gesicht des grauen Konformismus bunt anzumalen, die todgeweihten Gardinen der bürgerlichen Mittelmäßigkeit zu entfernen, um die Sonne zurückzufordern.«

»Wow«, riefen die Dorf-Aussteiger unisono.

»Der Tee ist serviert«, sagte ich mit dem Tablett in den Händen.

»Ich habe einen Traum«, fuhr Phil fort und betrachtete dabei das komplizierte Muster des Orientteppichs, »dass eines Tages die Kinder von Albion wieder zusammen im Schatten der großen Steine spielen werden.«

Ich zog mich in das geistig gesündere Klima der Küche zurück und überließ es unseren Gästen, sich um die Reste von König Artus' Tafelrunde zu zanken. Stunden später saßen sie immer noch da und unterhielten sich angeregt über die nachteiligen Effekte von Autobahnen, die auf uralten Kraftlinien gebaut waren.

Ich frage mich manchmal, ob ich Wally Hope ernster genommen hätte, wenn ich gewusst hätte, dass er nicht mehr lange zu leben hatte. Ich fand seine Monologe ungehobelt; für meinen Geschmack war er zu fantastisch.

In ihm vereinte sich eine berauschende Mischung von Kulturen, vom Kibbuz bis hin zum nordamerikanischen Indianer. Herr und Diener. Tänzer und Tanz. Der Sohn und der Vater. Der Suchende und der Gesuchte. Der Peyoten-Kriegsherr, der jiddische Attentäter, der Rothaut-Krieger mit goldenem Bart. Er synthetisierte Erfahrung, Jäger des großen weißen Wals, Bhoddissatva mit der gebrochenen Nase, Schreiber des großen Buches, Prophet des Korans, Mether Babas Zunge, Quelle des Ganges, Bhikku, Guru, Schamane, Priester. Er war der Yogi des großen violetten Berges, Träger des heiligen Lingam, New Age Medizinmann, Yin und Yang, hell und dunkel, zumindest hat er mir das so erklärt.

»Ja, schau mal, Jerry, unsere Generation ist die beste Massengeneration der Geschichte, wir können die Religionen begreifen, egal ob Hindu oder Pan, mit allem experimentieren, ob das nun mit Opium oder Süßstoff in Coca-Cola ist, alles auf unserer Suche nach Liebe und Frieden.«

»Oh«, sagte ich und wünschte mir, er würde mich in Ruhe lassen, damit ich an meinem Text weiterarbeiten konnte.

»Unser Tempel ist Musik, die jedes nur mögliche Klanginstrument einschließt. Die Band läuft buchstäblich über vor Genie. Trommeln wie Donner, Becken wie Blitze, lange Reihen elektronischer Geräte wie Wasserstoffraketen des Sounds. Gitarren wie Maschinengewehre. Liebe, Frieden, Wissen, Kicks, Eden, Leben, Wahrheit. Sogar Tod.«

Drei Jahre später, am 3. September 1975, war Phil Russell alias Phil Hope alias Wally Hope alias Wally tot. Er starb als verängstigter, schwacher, müder Mann, an seinem eigenen Erbrochenen erstickt. Eine gelbe puddingartige Substanz rann ihm aus dem offen stehenden Mund auf das zarte Muster des Orientteppichs. Dieser eine tragische Fleck.

Sechs Monate zuvor war er entschlossen gewesen, glücklich und strotzend vor Gesundheit. Die staatliche Gesundheitsbehörde hatte nur wenig Zeit gebraucht, um ihn auf eine vollgekotzte Leiche zu reduzieren.

Ein Jahr vor seinem Tod erzählte er mir einen Traum:

»Der erste Traum, an den ich mich erinnere, handelt davon, wie ich die Hand eines älteren Mannes halte und über ein schönes und friedliches Tal hinwegschaue. Plötzlich bricht ein Fuchs aus dem Unterholz, verfolgt von einer Meute Hunde und kräftigen Pferden, die von Jägern in roten Röcken geritten werden. Der Mann zeigt ins Tal und sagt: ›Dorthin, mein Sohn, wirst du gehen‹. Und mir wird plötzlich klar: Ich bin der Fuchs!«

Für mich markierte Phils Tod das Ende einer Epoche und zerstörte den letzten Funken Vertrauen, den ich noch für die Gesellschaft hegte, in der ich lebte. Als Teenager hatte ich die Haltung eines ›Angry Young Man‹ angenommen. Mit Anfang Zwanzig war ich ein zurückhaltender Hippie geworden. Trotz alledem, trotz meiner selbst zugewiesenen Rolle als Außenseiter, hatte ich weiterhin naiverweise geglaubt, ein ordentliches Leben führen zu können. Ein Leben, das auf Respekt statt auf Missbrauch aufbaute, ein Leben, das von den Machthabern respektiert werden würde. Natürlich war das ein Traum, aber die Wirklichkeit basierte doch auf tausend Träumen der Vergangenheit. War es denn wirklich so albern, ihr auch meinen hinzufügen zu wollen? Ironischerweise war es ein Hippie, der mich aus dem Utopia der Kommune und zurück in die ›wirkliche‹ Welt meines Vaters führen sollte.

Ich war mir schon lange darüber bewusst, dass die Herrscher dieser Welt einer verworrenen Logik folgten. Sie konnten behaupten, es sei nötig, eine Stadt zu zerstören, um sie zu retten. Durch Phils Tod machte ich mir diese Logik für mein Leben zueigen und übernahm seinen Schlachtruf. Ich schloss mich einer neuen Bewegung von Dissidenten an. Die Punks waren unter uns, und ich war unter ihnen.

Crass by Name, Crass by Nature

Wir schrieben das Jahr 1977. Wally war schon zwei Jahre tot, und ich fühlte mich beraubt. Der Clown und sein Schneesturm waren verweht. Wenn ich aus dem Küchenfenster starrte, schienen die Blumen im Garten ihre Köpfe beschämt hängenzulassen, während die Bäume dahinter ihre knochigen Finger ins Nichts des Himmels reckten. Keine Lerche flog auf, um diese Leere mit Poesie zu füllen, keine schwarze Krähe, keine weiße Möwe durchbrach am Himmel das eintönige Grau, in das alles getaucht schien, was mir ins Auge fiel. Die Zukunft erschien mir genauso leer wie die Vergangenheit.

In den ersten drei Jahren meines Lebens war ich namenlos geblieben. Wir warteten darauf, dass mein Vater aus dem Krieg heimkehrte, um den Namenswunsch meiner Mutter, Jeremy John, zusammen mit dem Familiennamen Ratter, zu bestätigen. Und in den nächsten dreißig Jahren, abgesehen von einem kurzen Zwischenspiel als Jeri Jean, fand ich mich ohne zu murren mit meinem Schicksal ab. Ich schien in guter körperlicher und geistiger Verfassung, es war mir egal, wie diese Verfassung hieß. Nach Wallys Tod wurde mir jedoch bewusst, dass die Welt, in der ich früher gelebt hatte, aufgehört hatte zu existieren. Ich hatte all die Privilegien genossen, die sich ein Junge aus der Mittelschicht nur erträumen kann, aber sogar das hatte mich nicht gegen die schrecklichen Ungerechtigkeiten immun gemacht, von denen ich mich jetzt umgeben sah. Da ich merkte, dass es wohl sehr viel länger dauern würde, die Welt so zu verändern, dass sie mir gefiel, griff ich zu einem einfacheren Mittel – und änderte meinen Namen.

In einem seiner pointierten Angriffe auf das, was er für meinen Mangel an Intellekt hielt, warf mir mein Vater vor, Schmalspur-Philosophie zu betreiben. Ich reagierte darauf mit dem Entschluss, mich fortan Penny zu nennen. Penny, das war die Summe, die man zu meines Vaters Zeiten für meine Art von Weisheit bezahlt hatte, und 10-Pence hätte sicher kein gutes Pseudonym abgegeben. Der Name – auch eine Abkürzung für Penelope – ließ außerdem die Geschlechtergrenzen verschwimmen, und wenn er auch nicht die Absichten der Amtsschimmel durchkreuzte, so verwirrte er sie zumindest; diskrete visuelle Überprüfungen, die sich meist auf meinen Oberkörper konzentrierten, gehörten für mich bald zum Alltag. Da ich mich offen zu meiner Teesucht bekannte, spielte ich mit dem Gedanken, mir den Titel Earl Grey zu verleihen, beschloss dann aber doch, mich mit Lapsang als Mittelnamen zufrieden zu geben. Blieb nur noch das Problem des Nachnamens. Ich bin mir nicht mehr ganz sicher, warum meine Wahl auf Rimbaud fiel. Mir gefiel der Stil des französischen Dichters, aber ich hätte mich genauso gut Hemingway oder Kerouac nennen können. Vielleicht war es der sinnliche, Gauloise-durchtränkte Gallizismus, der mich anzog, aber wie auch immer, hätte ich gewusst, dass sich Rambo in Kürze seinen Weg über den Atlantik muskeln würde, ich hätte mich mit Freuden Blyton genannt. Das war's also: Penny Lapsang Rimbaud. Alles in allem ein ziemlich albernen Name, aber nicht annähernd so albern oder so traurig, wie ich die Welt um mich herum empfand.

Wallys Geist stand noch immer zwischen mir und einer Vergangenheit, in der ich Glück empfunden hatte. Ich hatte das Gefühl, dass mir nichts als seine verstümmelten Träume geblieben waren, doch die Begeisterung für sie war verpufft und von eisigen Nordwinden aufgesogen worden. Er versuchte mit mir durch die Nebelschwaden der Erinnerung in Kontakt zu treten, aber ich wollte nicht zuhören. Er erhob seine Stimme, wurde lauter und lauter, bis er mich, wie entfernter Donnerhall, aus meiner Melancholie rüttelte.

»Deine Zukunft«, heulte er, »liegt in meinen Armen.«

»Es gibt keine Zukunft«, schrie ich wütend zurück.

Ein Lichtblitz tanzte unruhig über das dumpfe Mattschwarz meines Baumwollhemdes und zerbarst auf dem kurzlebigen Punkschmuck, der es zierte, in tausend blitzende Klingen. Sicherheitsnadeln, Hundeketten und Reißverschlüsse bissen nach der Dunkelheit, schnappten nach den Fersen der Nacht. »Wenn es keine Zukunft gibt«, flüsterte eine Stimme, sanft wie Atem auf Glas, »warum lebst du sie dann?«

Ich drehte mich um, um den zu konfrontieren, der mich da verhörte, aber geschwind wie die tanzenden Klingen war er entflohen.

Diskussion? Es gab keine Diskussion. Ich hatte mich ein paar Tage ausgeruht, meine neue Lebenseinstellung begutachtet, und zweifelte alles an mir an, was mich in Richtung Selbstzerstörung zu treiben schien. Warum nur, wenn mich jetzt die Leidenschaft gepackt hatte, sollte ich ihr gestatten, mich zu vernichten? Warum geschlagen und gekränkt über meine eigenen Sehnsüchte stürzen? Es gab keine Diskussion, weil es nichts zu diskutieren gab. In dieser albernen, traurigen Welt war das Nichts die einzige Vision, die sich zu verfolgen lohnte, und als Antwort auf die Fragen, die nie gestellt wurden, war Nichts die einzige Erwiderung. Ich wusste das, aber vielleicht wusste ich nicht, dass ich es wusste.

Alternative values were a fucking con.
They never really meant it when they said »get it on«.
They really meant »Mine, that's mine«. Don't you see,
they stamped on our heads so that they could be free.
They formed little groups like rich mans' ghettos
tending their goats and organic tomatoes.
While the world was being fucked by fascist regimes,
they talked of windmills and psychedelic dreams.
I've heard it all before,
revolution at my back door,
but who's to say it won't happen all again?
The generals sip Barcardi while the privates feel the pain.

Alternative Werte waren nur Beschiss.
Sie hatten es nie ernst gemeint, wenn sie sagten: »Macht was!«
Was sie meinten, war »Meins, das ist meins«. Seht ihr's nicht,
sie trampelten auf unseren Köpfen herum, um frei zu sein.
Sie bildeten Gruppen, wie die Ghettos reicher Leute,
hüteten Ziegen und zogen Bio-Tomaten.
Während die Welt von faschistischen Regimen unterjocht wurde,
sprachen sie über Windmühlen und psychedelische Träume.
Ich habe das alles schon mal gehört,
Revolution an meiner Hintertür,
aber wer sagt denn, dass das alles nicht noch mal passiert?
Die Generäle schlürfen Bacardi, während die Gefreiten Schmerz kosten.

Steve schwang sich zu mir herum, offensichtlich zufrieden damit, dass es ihm gelungen war, den ganzen Song durchzustehen.

»Siehste, ich hab's geschafft«, lachte er und krachte ins Schlagzeug.

»Meine Damen und Herren«, verkündete ich, während ich mich zittrig vom Schlagzeugschemel erhob und auf Steves niedergestreckten Körper zeigte, »Steve Ignorant, Sänger, Agent Provocateur und ...«

Das Publikum starrte einfach durch mich hindurch, als ob ich nicht da sei.

Ich wusste, dass ich nicht wahnsinnig war, aber wussten sie es auch? Und natürlich war ich besoffen, sehr besoffen sogar, aber ich entblößte mich vor ihnen, warf meinen Panzer weg. Dafür hätte ich doch sicherlich so etwas wie Anerkennung verdient? Ich war nackt, erregt, ohne Scham. Reichte das nicht?

Ich überließ Steve dem Kampf mit dem zusammengebrochenen Schlagzeug, glitt von der Bühne und taumelte über den von Bier verklebten Boden.

»Barkeeper, ich hätte gern einen Brandy.«

»Verpiss dich.«

Rock'n' Roll war Revolution. Als ich zum ersten Mal sah, wie Elvis die Hüften schwang, stand mein Schwanz stramm. Als er in die Armee eintrat, hatte ich mich beinahe in die Bewußtlosigkeit gewichst. 'Ne ziemliche Revolution.

Trotzdem: Rock'n' Roll war Revolution. Ein ums andere Mal hatte er das Leichenschauhaus des guten Geschmacks demoliert und das Schlachthaus gesellschaftlicher Umgangsformen zerschmettert. Jetzt war ich dran. Ich sah es als Aufgabe, als Kampf gegen jenen erstarrten Zustand, der mich glauben machen wollte, das Leben sei tot. Ich war ein Mitglied der neuen Fünften Kolonne *[im Englischen steht* fifth columnist *für einen, der den Feind von Innen heraus zersetzt, kommt aber ursprünglich von Francos 5. Kolonne, Anm. d. Ü.]*, Widerstandskämpfer, Konter-Kulturist, Selbst-Konfrontalist. Wir schlüpften aus unserem Untertanen-Dasein und demontierten die Kontrollinstanzen, die unsere instinktive Wahrnehmung zu lange verschleiert hatten. Jetzt waren wir dran.

In den ersten Monaten des Jahres 1977 zog der *Roxy Club*, das schwarze Loch in den nassen Londoner Straßen, bunt bemalte Kanalratten an. Aus der Hippie-Leiche von Haight Ashbury, aus dem ländlichen Unterschlupf, wo sich jahrelang die Anarchie versteckt hatte, erhob sich in den Straßen wieder die Stimme der Zukunft, die in dem vollgedröhnten Mist, den die sechziger Jahre hinterlassen hatten, begraben gewesen war. Punk kam hervor, um seine schmutzigen Flügel zu lüften, auferstanden aus dem abgestandenem Sumpf, den das Sperma der Beach Boys in Malibu hinterlassen hat, aus der Leichenfledderei der Beatles im Central Park. Es ging hoch her auf den Hauptstraßen. Sex Pistols, The Damned, The Clash: ein neuer Sound, ein neues Vokabular. Das schmutzige kleine *Roxy* hüpfte zu dieser frischen Energie, und der Londoner Finanzbezirk horchte auf beim Klingeln der Kassen.

Schon innerhalb von sechs Monaten war die Bewegung aufgekauft worden. Die kapitalistischen Konter-Revolutionäre hatten sie mit Geld erstickt. Punk war von einer innovativen Kraft zu lediglich einem weiteren Element im großen Medienzirkus verkommen. Ausverkauft, desinfiziert und erdrosselt, war Punk rasend schnell zu einem bloßen Gebrauchsgegenstand geworden, zu einer ausgebrannten Erinnerung an das, was hätte sein können.

Und dann, durch etwas, das im Nachhinein nur als kulturelles Missgeschick betrachtet werden kann, öffnete das *Roxy* mir und meinen neuen Freunden die Pforten.

Ekel stieg in mir auf, der Alkohol rauschte durch meinen Körper. Alles in mir versuchte, einen Fluchtweg zu finden, die dünne Schicht Fleisch zu durchbrechen. Das Soundsystem pulsierte zu dissonanten Gitarren, die jeden Nerv einzeln malträtierten. Ich fühlte mich in einen Abgrund fallen, sah den Boden auf mich zustürzen. Ich rappelte mich wieder hoch, von meiner eigenen Lebensgier gezogen. Auf den Krücken meiner Trostlosigkeit taumelte ich zurück an mein Schlagzeug, während Steve zurück zum Mikrophon kroch.

»Wir heißen Crass und dieser Song heißt ›Owe Us a Living‹. Eins, zwei, drei ...«, doch er schaffte es nicht, und nach wenigen traurigen, gemurmelten Worten und über seine eigene Zunge stolpernd gab er auf. »F-f-f-fuck it«, er versuchte gegen die Zeitsprünge zu kämpfen, zitterte, während Halluzinationen durch sein Hirn schossen und seine linkische Ausgelassenheit durch den Rausch gelähmt wurde.

Mich überkam das Verlangen, die Bühne irgendwie zu verlassen, aber ich war unfähig dazu, daher beschränkte ich mich auf den Alkohol und startete einen wilden Angriff auf mein Schlagzeug. Steve drehte sich zu mir um, seine Augen blitzten vor unterdrückter Wut.

»Z-z-z-zu schnell, du Arsch. Verdammt noch mal, zu ...«

»Oder vielleicht viel zu langsam?«, lallte ich, »was denn nu?«

Mit ihrer unerschöpflichen Fähigkeit, alles kaputt zu machen, hatte die Mainstream-Kultur Punk schnell in ihre nette, geldorientierte Übersichtlichkeit eingereiht. Einer nach dem anderen fielen die jungen Revolutionäre, die Protagonisten der Bewegung, um. Sie schöpften die neuen kommerziellen Möglichkeiten aus, die politischen und sozialen Wurzeln wurden verwischt. »Spiel, wie du verdienst« war die neue Botschaft, und wenn die Pistols, Damned, Clash und all die anderen neureichen Punks dachten, sie könnten ihre Message trotz des Kommerzrummels rüberbringen, waren sie auf dem falschen Dampfer. Punk hatte anfangs eine Alternative zu den Glamrockern der frühen Siebziger geboten. Doch Johnny Rottens Visage auf den Titelseiten der Hochglanzmagazine war Verrat an allem, wofür Punk stand. Die Beatles waren tot. Bowie war tot. Die Stones waren schon immer tot gewesen und jetzt hatte es auch noch die erste Welle der Punks erwischt. Zerrissene Sweatshirts waren der letzte Schrei. Sicherheitsnadeln als Schmuck waren radikaler Chic. Es wurde noch immer über Revolution geredet, aber auf den Sitzen von Limousinen und aus sicher gepanzerten Hirnen heraus prallte die leere Rhetorik von den Stahl- und Glasbüros der neuen Glitterati ab. Bacardi und Bockmist. Gut, wir hatten den Beschiss durchschaut. Jetzt war eine neue Generation von Andersdenkenden auf den Straßen, und hatten wir auf die Befehle von General Rotten gewartet, bemerkten wir jetzt unseren Fehler. Diesmal waren wir auf uns selbst gestellt.

Wie ein krankes Faultier hatte Steve es schließlich doch irgendwie geschafft, sich durch ein weiteres Lied zu nuscheln. »Gut so?«, leierte er ins Publikum, der Mikro-Ständer bog sich dabei unter seinem Mundgeruch, »gut so?«

Nichts war gut so. Die Gitarren waren hoffnungslos verstimmt, und mein Getrommel unbeholfen und aus dem Takt. Der ganze Song, normalerweise einer unserer besten, hörte sich an wie ein Klagelied und das Publikum bestätigte diese Ansicht durch resolutes Schweigen. Aber was wollten sie? »The sound of music«? Punk war doch nicht nur Musik, er war doch eine Art zu denken. Und bestimmt war er doch nicht nur eine Modeerscheinung, sondern eine Art zu leben! Ging es nicht um Anarchie im Vereinigten Königreich, in den USA oder wo auch immer? Wenn aus den Punks der ersten Punkwelle schmissige Samttypen geworden waren, dann waren wir jetzt dran, die Sache in Ordnung zu bringen. Wir würden uns nicht in Marktwirtschaftsopfer verwandeln lassen. Diesmal würden wir dafür sorgen, dass es klappte!

Ich fragte mich, ob wir so mies aussahen, wie wir uns anhörten, ob wir so schlecht waren, wie wir uns fühlten. Ich konnte mich nicht entscheiden, ob ich die letzte Flasche Wein auskotzen oder lieber eine weitere versenken sollte. Steve sah hoffnungslos zerbrechlich aus, flatterte herum wie eine hängengebliebene Feder im Wind und klammerte sich am Mikro-Ständer fest, als ob er der einzige feste Gegenstand in einem fließenden Universum sei. Plötzlich schien der Ständer zu schmelzen und beförderte ihn auf den Boden, wo er herumzuckte wie ein frisch gehäuteter Hund. Andy, der normalerweise einen so wilden, aggressiven Rhythmus aus der Gitarre herauspumpte, der dem ebenso aggressiven Rhythmus seines Körpers gleichkam, war gegen einen Lautsprecher gefallen und gab eine schlechte Imitation von Elvis' letztem öffentlichem Auftritt ab, tot in Memphis.

Natürlich gab es gewisse Standards, aber an jenem Abend gingen meine bis an die äußerste Grenze. Normalerweise spielten wir schnell, einfach, hart und direkt. An dem Abend aber war nichts davon zu spüren: es war einfach Mist, und tief in mir drinnen, unter dem Meer von Alkohol, war mir das auch klar.

»Nein« sagte etwas in mir, oder vielleicht sagte ich es auch laut. Ich war zu verwirrt, um sicher zu sein, aber egal wie, ich hatte die absolute Freiheit ausgedrückt, nein zu sagen.

Steve, nachdem er sowohl sich als auch den Mikro-Ständer wieder zusammengeschraubt hatte, beschloss, den nächsten Song nicht singen zu wollen.

»Scheiße, mach einfach weiter«, winselte ich.

»Nein!«

Die absolute Freiheit.

Ich trommelte das Intro zu einem weiteren Song, begnügte mich damit, Steves Macken zu begleiten, als ich merkte, dass er doch den anderen Song haben wollte. Ich versuchte, das Tempo zu ändern, spielte zu schnell, dann zu langsam und trat schließlich in einem Anfall von Verzweiflung gegen das Schlagzeug. Das Becken schmetterte in einer fantastischen Klangexplosion zu Boden, schockte Steve aus seinem Koma und mich von meinem Hocker. Mein Verstand, erschöpft nach den Wirrungen des Tages, schien mir zu entschlüpfen. Ich konnte nichts mehr erkennen, wusste nicht, was ich tat, und konnte mich nicht daran erinnern, was ich getan hatte, ganz zu schweigen davon, wer das eigentlich war, der es getan haben könnte. Wo war ich?

Wenn die Plattenfirmen, die Clubbesitzer und die Presse gedacht hatten, sie könnten die rohe Energie der Punks zähmen, dann hatte ich Neuigkeiten für sie, auch wenn ich nicht so genau wusste, worin die bestanden. Ja, sie hatten die Punk-Ahnentafel aufgekauft, aber sie hatten vergessen, dass auf solchen Stammbäumen Inzucht getrieben wird; die Neuen kamen heraus mit verdrehten Köpfen und weichen Knien.

Punk hatte mit einer Aussage begonnen: Do it yourself, mach's selber - deine eigene Band, deinen eigenen Sound, deine eigenen Worte, deine eigene Einstellung und deine eigene Zukunft. Wenigstens glaubte ich das naiverweise.

Die Gelehrten, die jetzt behaupten, Punk sei aus Bands wie den New York Dolls entstanden und habe dann seinen wahren Ausdruck in den Sex Pistols gefunden, gehen völlig in die Irre. Die Pistols waren zufällig, es hätte irgendwer sein können. Die Band war nebensächlich neben der Einstellung, eine Einstellung, die auf der Straße statt in der kommerziellen Tin Pan Alley entstanden war. Musik konnte sich nicht wie Punk anhören; entweder war es Punk oder es war kein Punk. Punk enthielt eine Aussage über Authentizität, die nicht vom Geschmack des Monats adaptiert werden konnte. Wie der Blues war Punk die Musik der Menschen, von Menschen für Menschen gemacht. Leadbelly hatte aus dem Gefängnis heraus gesungen, aber wer hat von seinem Tellerchen gegessen? Wie Jazz war auch Punk ein Ausdruck der Seele, das Lebensgefühl einer Person, das sie anderen mitteilte. Bird wurde gegen den Mülleimer gelehnt und sich selbst überlassen, aber wer hat von seinem Tellerchen gegessen? Wie alle wahre Poesie, hat sich Punk in den Rhythmus des Lebens eingestöpselt, den Herzschlag der Sehnsucht auf die Träume einer Generation übertragen. Kerouac war hinter einer Flasche gestorben, aber wer hatte von seinem Tellerchen gegessen?

Was auch immer wir tun, wir müssen akzeptieren, dass unsere Hoffnungen und Ängste gnadenlos von denjenigen ausgenutzt werden, die nichts besseres anzubieten haben als Geld. Wie Vampire lauern die Medienexperten darauf, dass das Blut wieder durch unsere Venen fließt; wie sonst können sie überleben? Kasse oder Kreuzigung, egal wie, sie sind da, um uns zu holen.

Nach unseren ersten paar Songs war mir klar, dass fünf Liter billigen Rotweins meinen Schädel gespalten hatten. Ich hatte das Gefühl, dass ich brannte und wusste nicht, wie ich mich löschen sollte. Trotzdem, durch die verschiedenen Schichten chemischer Substanzen hindurch, war die Band noch immer auf der Bühne, zusammengehalten von einem überdehnten, aber bisher ungerissenen Faden. Während wir diese laue Zone passierten, hätte es uns allen auffallen müssen, dass die Kapsel sich nicht bewegte. Dann, mit einer übermäßigen Kraftanstrengung, für die ich mich eigentlich nicht rühmen darf, stolperte ich rüber zum Mikro und stieß Steve beiseite.

»Kommt schon, ihr Scheißtypen, ich weiß, wir sind beschissen, aber ich weiß, dass ihr auch beschissen seid. Können wir nicht einfach alle zusammen scheiße sein?«

Dann, nachdem es mir irgendwie gelungen war, zum Schlagzeug zurückzukommen, trommelte ich so energisch, wie es nur irgendwie ging. Der Wein lähmte meine Arme. Die Reaktion des Publikums war negativ, aber wenigstens strengte ich mich an.

Steve hing da wie ein ertrinkender Goldfisch, der in seiner Kugel herumschwimmt und nach Luft japst.

»Mach weiter, Ignorant«, kreischte ich, aber er konnte nicht. Das Dope erstickte ihn.

Drei Stunden zuvor hatte ich Steve und Andy, in der Wohnung eines Freundes versteckt, dabei ertappt, wie sie ihren dritten riesigen Joint niedermachten. Da war mir klar geworden, dass der Auftritt in der Nacht hart werden würde.

»Verpiss dich, Rimbaud, du hast deine Art, wir unsere.«

Durch unsere blockierten Hirne hindurch hatten wir uns gestritten, waren in den Unsinn abgedriftet und am anderen Ende wieder herausgekommen.

»Scheiß Anarchie und Frieden«, schrie Andy, »ich dachte, wir würden frei sein«, tadelte mich mit dem Finger und brach über dem Sofa zusammen.

Dann kam Pete, um uns zum Soundcheck ins *Roxy* zu schleppen. Nachdem er gemerkt hatte, dass Folkmusic ein wenig zu sanft für seinen Geschmack war, war er in die Kommune zurückgekehrt und als Bassist Mitglied der Band geworden.

»Los, auf, ihr Arschlöcher«, kommandierte er.

»Ich komme erst, wenn mir danach ist«, lallte ich, zweifelte jedoch etwas daran, ob das wohl je der Fall sein würde.

»Tu, was du nicht lassen kannst«, antwortete er, »aber beschwer dich dann nicht, wenn dein Schlagzeug verkehrt rum steht.«

In dem Augenblick wäre es mir völlig egal gewesen, wenn es so gekommen wäre. Ich war sauer und hatte Angst. Mich verwirrte die Andersartigkeit meines neuen Lebensstils und ich fragte mich, ob aus mir je ein richtiger Punk werden würde. Ich wollte auf keinen Fall ein Mitläufertyp im Medienzirkus werden. Alles schien so angreifbar. Manchmal war ich überzeugt, dass es einen Ausweg aus all den Jahren kultureller Repression und der widerwärtigen gesellschaftlichen Nettigkeit gäbe, nur um dann im nächsten Augenblick unter schmerzhaftem, nagendem Selbstzweifel zusammenzuklappen. Dann wandte ich mich nach innen, wo ich schon einmal gewesen war, doch dabei fiel mir auf, dass ich doch noch nirgendwo gewesen war.

Ich fühlte mich ausgebrannt. Der Wein vergiftete mich und ich war nicht vernünftig genug, ihn auszukotzen. Der Rest der Band schwankte davon zum Soundcheck. Es regnete und ich wollte nicht raus auf die Straße. Ich hasste es, wenn sich das Neon auf dem glänzenden Asphalt spiegelte, hasste vorbeizischende Reifen, hasste den klammen Wind, der durch die Täler der aufgetürmten Häuserblöcke blies, hasste die zusammenrückenden Gruppen von Menschen, hasste die Unsicherheit und hasste die Einsamkeit. Hatte Rotten etwa Recht? Vielleicht gab es wirklich keine Zukunft.

Großbritannien litt unter den Folgen einer schweren Rezession, einer wirtschaftlichen Flaute, aber der Aufschwung lauerte um die Ecke. Wenigstens erzählte man uns das. Gleichzeitig forderte man uns auf, selber einen Beitrag zu leisten: »Stärkt Großbritannien den Rücken.« Aber warum? Wie oft hatte man die arbeitende Bevölkerung schon aufgefordert, für die Führer zu schuften, die doch nur an sich selbst interessiert waren? Nach jahrelangem Leid unter einer gleichgültigen Regierung ging das Land in die Knie. Die Leute waren mit einer heuchlerischen, selbstgefälligen und gefährlichen Lüge namens Demokratie gefüttert worden – und sie wussten es.

Arbeitsplätze? Welche Arbeitsplätze? Es gab keine Arbeitsplätze, das waren alles unterbezahlte, geisttötende Beschäftigungen, die kaum für die Miete reichten.

Ein Zuhause? Was für ein Zuhause? Wenn es ein Zuhause gab, dann war das im zwanzigsten Stock, wo die Verzweiflung einen schneller umbringt als die aufsteigende Feuchtigkeit.

Zukunft? Welche Zukunft? Es gab keine Zukunft im grünen, lieblichen England, zumindest hatte die Regierung keine anzubieten. Diesmal mussten wir die Dinge selbst in die Hand nehmen.

Nach fünfundzwanzig Minuten verdrehten Lärms beschloss das Management des *Roxy*, uns abzuschalten. Reggae plärrte über die Tanzfläche. Ich hatte den Eindruck, dass den Schwarzen die Krawalle Spaß gemacht hatten, die kurz zuvor in Notting Hill stattgefunden hatten, und wenn jetzt ein Blindgänger von DJ dachte, er könnte meine Wut mit der ihren ertränken, dann irrte er sich. Das würde Randale geben. Ich befand mich auf meinem eigenen kleinen Vergnügungsdampfer und niemand würde mich abhalten können.

Von den Zwängen unserer Song-Liste für den Auftritt befreit, verfiel ich in einen Offbeat-Rhythmus, genoss die Freiheit, flog mit den

Vögelchen. Zu diesem Zeitpunkt war der Rest der Band bereits von der Bühne geklettert, aber als sie das Schlagzeug hörten, kletterten sie wieder rauf.

Phil, unser Leadgitarrist, nicht gerade bekannt für offene Aggression, gestikulierte wild in Richtung Toningenieur, der ganz klar nicht vorhatte, uns wieder einzuschalten. Doch dann, als Phil anfing, die PA mit seinem Stiefel zu zerstören, war der Ton plötzlich wieder da, wenn auch nur auf halber Lautstärke und kaum wahrnehmbar über dem pumpenden Bass des Reggae. Wir standen dort oben und kämpften. Wen zum Teufel scherte es, wenn niemand uns hören konnte? Sie konnten uns doch sehen, oder? Jetzt war es ganz egal, dass der Sound grässlich war, denn wir fühlten uns wie auf dem Schlachtfeld, und hatte das etwa mit gutem Geschmack zu tun?

Dann fing ich an zu schreien, wilde Freudenschreie, während ich im Publikum nach Leuten Ausschau hielt, die vielleicht kapierten, was wir anzetteln wollten.

Langsam gab es hier und dort erste Reaktionen unter dem Zuschauern, und ein paar Leute bewegten sich auf die Bühne zu, hoben die Fäuste in die lärmgeschwängerte Luft.

Solange wir es körperlich durchhielten, bauten wir soviel Energie wie irgend möglich auf. Die Gruppe der Fäuste-Schwenker wurde immer größer. Das waren ihre Randale, das wussten sie, aber ich war am Ende. Ich fiel vom Hocker und kroch von der Bühne, aber es reichte aus, um diese verrückten Türen zu öffnen und eine Luftveränderung zu bewirken; sie war zwar nicht frisch, hatte aber eine reinigende Wirkung.

Den Rest des Abends veranstaltete das *Roxy* seine eigenen, ganz privaten Randale. Gischt spritzte aus fliegenden Bierdosen und hinterließ Schaumspuren. Körper surften auf Wellen von Trauben und Hopfen vorbei. Wilde Tänzer zogen einen Körper nach dem anderen runter, runter auf den schmutzigen Boden. Es sah aus wie eine Parodie auf die Gewalttaten unserer Väter. Berührung folgte auf Berührung, eine Parodie auf die entsetzliche Kälte, die uns den Körpern unserer Mütter entrissen hatte. Wir zerrten an der selbstgewählten Nabelschnur, teilten diesen Moment unserer Wiedergeburt, bereit, uns gegenseitig die Wunden zu lecken, denn inmitten dieser Parodie der Gewalt bemerkten wir, dass wir uns alle liebten.

Das Publikum war das Volk, und das Volk hatte eine Stimme, die ihm ein einfacher Entertainer nicht entreißen konnte. Das Volk wollte etwas, was keine Band ihm geben konnte und das keine Regierung ihm je gegeben hatte. Das Volk wollte sich selbst.

Wir verlangten das Recht auf Selbstbestimmung, für ein Selbst, das sich aus tieferen Quellen speiste als aus diesen Tönen, diesen Bewegungen und diesen zwischenmenschlichen Momenten. Wir suchten das eigentliche Selbst, welches das Leben verkörpert, bedingungslos und frei. Wir würden es uns selber erschaffen, kannten keine Angst, keine Scham, keine falsche Würde. Wir konnten gehen, nackt, leer und zügellos. Das war der Ausgangspunkt, an dem wir möglicherweise anfingen zu existieren. Wir brauchten nur die Stärke, Zweifel abschütteln zu können.

Draußen vor dem *Roxy*, auf dem nassen Londoner Pflaster, machten wir unserer Unzufriedenheit Luft. Wir schworen, das nächste Mal die Veranstaltung zu stürmen. Das war unsere Musik, warum sollten wir dafür bezahlen? Wir kritzelten ein Graffiti an die Mauer:

»Punk ist tot. Es lebe Punk!«

Und dann machten wir uns auf den Heimweg.

Die nächsten vier Tage konnte ich mich kaum bewegen, ich litt sowohl an meinen körperlichen als auch an meinen geistigen Prellungen. Ich hatte mich selber völlig ausgebrannt. Wie lange würde ich das durchhalten? Wie konnte ich einem Körper, den ich derart unbedacht missbrauchte, immer mehr Energie abverlangen? Wie konnte ich nach einer saubereren Vision suchen, wenn mein Hirn im Alkohol ertrank? Aber trotz alledem, ich lernte, lernte kämpfen und fand heraus, wofür ich kämpfen sollte. Mir missfiel, was mir angeboten wurde, und mir gefiel auch nicht, was ich selber anzubieten hatte. Ich wollte mir zurückholen, was man mir geraubt hatte; meine Unschuld, meine Liebe und meine Hoffnung, und nur so konnte ich es tun.

Anfang des Jahres 1977 waren wir dazu verdammt, den nationalistischen Hurrapatriotismus des Silbernen Krönungsjubiläums der Queen zu durchleiden, und nie wäre ich auf die Idee gekommen, dass ich bald Mitglied einer Rock 'n' Roll Band sein würde. Im Gegenteil, damals hatte ich eine Abneigung gegen Rockmusik entwickelt; diese

Musik kam mir so wichtigtuerisch und primadonnenmäßig vor. Wenn das alles war, was die Revolution zu bieten hatte, überließ ich sie gerne anderen.

Meine Fähigkeit, den Guru zu spielen, und mein Humor hatten seit Wallys Tod im gleichen Maße nachgelassen. Einst hatte ich mir geduldig die Träume der anderen angehört, jetzt reagierte ich darauf mit gelangweiltem Pokergesicht. Soweit ich es absehen konnte, würden die Kinder von Albion nicht um die großen Steine tanzen, und so war's dann auch. Ich hatte zuviel Lebenszeit damit verbracht, mir vorzustellen, dass ich mir einfach das, was ich wollte, nehmen könnte, ohne für die Folgen geradestehen zu müssen. Wally hatte mich eines anderen belehrt, es gab aber noch immer viel zu lernen.

Dass ich mich immer weiter in meine eigene Gedankenwelt zurückzog, verstimmte die anderen Bewohner des Hauses und langsam drifteten sie ab und überließen mich der zweifelhaften Fürsorge von Old Bill Craggett.

»Du vermisst die doch nich', oder?«, fragte er, »diese Faulenzer.«

Und so, da mir menschlicher Trost versagt blieb, hatte ich ihn in der Flasche gesucht.

Der Frühling jenen Jahres war ungewöhnlich warm gewesen, warm genug, dass man die Tage schreibend im Garten verbringen konnte. Auch Gee hatte das Haus verlassen, um in New York zu leben, und ich hatte jetzt eine Beziehung mit Eve, die nur ein paar Meilen entfernt wohnte, aber damals ein oder zwei Monate in Amsterdam verbrachte. Daher war ich, mal abgesehen von Old Bill Craggett, auf mich selbst gestellt.

Gegen zehn Uhr morgens kletterte ich gewöhnlich aus dem Bett und deckte das Frühstück auf dem Gartentisch: eine Flasche billigen Rotwein, eine Packung Gauloises, eine Schreibmaschine und einen Haufen Matrizen. Zur Mittagszeit genehmigte ich mir dann die zweite Flasche und hatte vielleicht zwei Seiten vollgetippt. Die unumgängliche Folge war, dass ich den Nachmittag in einem komatösen Zustand verbrachte, und wenn nicht gar unter dem Tisch, so doch irgendwo in dessen Nähe. Zum Abend hin war ich dann wieder nüchtern genug, um eine Mahlzeit bestehend aus Reis, Knoblauch und Parmesan zusammenzuschmeißen, ein Gericht, das sich Pete ausgedacht hatte.

Nach dem Abendessen warf ich dann die recht mitgenommene Matrizennudel an und machte mich daran, das Tagwerk zu vervielfältigen. Drei Wochen später war ich dann im Besitz von einhundert abstoßend schlecht gedruckten Kopien eines dreißigseitigen Dokumentes, dem ich den Titel »Christ's Reality Asylum and Les Pommes de Printemps« verlieh:

Gestern Nacht träumte mir, ich stünde an der Mauer Gethsemanes: grüne Nacht. Die Oliven waren geerntet, das schwere Öl duftete bereits nach den kostbaren Essenzen von Olibanum, Sandelholz und Myrrhe. Ich stand an der Mauer und wusste nicht, wohin ich mich wenden sollte. Die Meute wütete.

»Lauf, Meister, lauf.«

Aber statt sich zurückzuziehen, fiel er auf die Knie und schnüffelte an den Blumengaben: glockengleiche Blumen, weiß und schwül duftend.

Ich träume oft von der Mauer, und meist beschließt er zu sterben. Christkind, schon tot. Er stirbt für das Selbst, also lasst niemanden sagen, ich schmiedete ein Komplott. Ich wische mir die Lippen mit den Lumpen seines Glaubens ab.

Nimm es allein auf dich, Jesus. Es ist deine Schuld, trag sie allein. Ich bin kein schwacher Christ.

Ein Fluch, durch sinnliche Lippen gewispert, sprudelt aus dem Speichel.

»Wessen Schuld?«

Er hängt mit wortgewandtem Entzücken über unseren nackten Körpern, nagelt unser Fleisch an sein krummes Kreuz.

»Vergib ihnen, Vater ...«

Aber wem vergeben? Es gibt nichts zu vergeben, niemandem.

Herunter von den frommen Höhen, du päpstliches Maskottchen, königlicher Fahnenträger, Ziege, Bock. Ich kotze für dich, Jesus. Vergeben? Nein, ich kann nicht vergeben.

Er hängt dort so selbstgefällig, an sein schäbiges Kreuz genagelt. Selbstmord-Visionär, Todes-Schwärmer, Wüstling, Vergewaltiger, Jesus, Weltbeweger. Du hast die Gräber in Auschwitz gegraben. Die Erde ist voll mit deiner Schuld.

Die Nägel sind deine einzige Drei-Einigkeit, aber wenn sie dich kränken, reiß' ich sie dir raus. Ich fühle keinen Schmerz.

Aber komm jetzt, das Kreuz ist der jungfräuliche Körper der Weiblichkeit. Wendest du ihm deswegen den Rücken zu?

Allmächtiger Herr, ich sehe Geschichten von Hass, weil du, unnachgiebig in deiner heiligen Schuld, dich nicht dem Körper zuwenden konntest.

Statt jenes andere Geschlecht zu zeugen, Mutter, Jungfer, Frau, hängt er dort, schlaff, entstellt, und doch sind wir es, die weiterhin leiden müssen. Jede Frau ist ein Kreuz in seiner schmutzigen Theologie, jede Frau ein Kreuz seines hochmütigen Entzückens.

Wir wollen deinen Körper, Jesus, nicht dein Blut, das kannst du für schwierigere Opfer als dieses aufsparen. Ich aber habe eine feurige Idee für dich. Höre! Sie halten sie am Boden fest, siehst du? Siehst du ihr jetzt ins Gesicht? Kannst du's? Schau, sie läuft nicht vor dir davon. Umarme diese Form. Umarmen. Reiben. Reibe diese Form. Reiben. Entzücken. Verdammt, Entzücken.

Aber nein, er liebt sein Kreuz zu sehr. Lahm durch das Kreuz. Schlaff durch das Kreuz. Ich stehe an der Mauer, besiegt.

Aber schau, seine Augen öffnen sich. Die hölzerne Säule reagiert auf das Streicheln seiner Fingerspitzen. Es ist wirklich ein Wunder. Die Säule öffnet sich, ein kleiner, nasser Spalt, fleischfarben, wie Fleisch, wie Lippen. Spritzer von Flüssigkeit rinnen zur Erde. Oh, der Geruch, die Wärme. Gibt es köstlichere Flüssigkeiten als diese, frommer Jesus? Er erstarkt, öffnet sein Gewand und dringt in den Spalt ein.

Oh Gott, oh Gott, langsam jetzt, langsam.

Die Säule verwandelt sich in eine Gestalt, eine wohlgeformte Gestalt, wie eine Flasche, ein Cello. Der Kreuzbalken verwandelt sich in Arme, die sich ausstrecken, zur Umarmung, zum Wärmen, zur Zärtlichkeit. Der Rücken biegt sich entzückt. Über das Rückgrat verlaufen Wellen von Fleischeslust; winzige Funken, die die zerebralen Flüssigkeiten aktivieren. Ein Kopf formt sich, klassisch in seiner Anmut. Traurige Augen schimmern mitleidig, ein lächelnder Mund mit einem Hauch von Leidenschaft. Sanfte Klänge, primitive Reden, Glucksen der Sehnsucht.

Aber leider, nein. Träume verschwören sich, um zu verwirren. Er hängt noch immer da, stirbt in Schande, in der Lüge von der Jungfräulichkeit seiner Mutter. Blind, gebunden, zusammengeschnürt wie ein Truthahn. Kalt, sinnlos, Selbstmord.

Stirb an deinem Kreuz, Märtyrer. Ersticke an deinen Vorstellungen vom

Selbst. Teile nichts, du steriler, impotenter, fuck-love Prophet des Todes. Du bist die äußerste Form von Pornographie. Die Pornographie der Angst. Schwanz-Angst, Fotzen-Angst, Mann-Angst, Frau-Angst. Die Pornographie der Angst.

Ja, Jesus ist für seine eigenen Sünden gestorben, nicht für meine.

Und ziemlich genau so ging es weiter.

Im zweiten Teil zu »Christ's Reality Asylum« hatte ich vor, eine Gedichtreihe von Eve zu verwenden, betitelt »Les Pommes de Printemps«, aber sie kam nie dazu, sie zu schreiben. Als ich jedoch den Einband für das Buch druckte, hoffte ich noch, dass sie liefern würde, daher trug das fertige Produkt beide Titel.

»Na ja«, zog sie mich auf, »du kannst es ja einfach als existenzialistische Aussage betrachten.«

»Kann ich das?«, antwortete ich.

»Ich weiß nicht«, lachte sie.

Auf dem Titelbild hatte ich ein von Dave King entworfenes Symbol verwendet. Wir waren seit den Kunstakademietagen befreundet und außerdem war er Exkommunarde. Das Symbol repräsentierte die verschiedenen Formen der Unterdrückung, die ich in dem Buch besprochen hatte: Familie, Kirche und Staat. In der Manier eines Wappenbildes, teils nationale Flagge, teils Kreuz, teils Hakenkreuz, brach der zirkuläre Entwurf an den Seiten in zwei Schlangenköpfe auf, was den Eindruck erweckte, als sei die Macht, die sie repräsentierten, dabei, sich selbst aufzufressen. Es war ein außergewöhnlich aussagekräftiges Werk, das später von Crass übernommen und ein Synonym für die Anarcho-Punk-Bewegung wurde, die wir hervorbrachten.

Die folgenden Wochen verbrachte ich damit, von Buchhandlung zu Buchhandlung zu schlendern, um mein Buch zu verkaufen. Schließlich willigten *Pooles* in der Charing Cross Road ein, ein Bündel von zwanzig Kopien in Kommission zu nehmen. Als ich eine Woche später wieder bei der Buchhandlung vorbeischaute, waren zu meiner großen Überraschung alle Kopien verkauft und man bat mich, noch einmal zwanzig da zu lassen. Gleichzeitig überließ ich Marion Boyars ein Exemplar, in der Hoffnung, dass sie mich für würdig befand, mich auf ihre Liste der Avantgarde-Erleuchteten zu setzen. Sie war wenigstens anständig genug, das Buch zu lesen, gab es mir aber mit der Frage zurück, ob ich es in der Absicht geschrieben hätte, angezeigt zu werden. Ich antwortete, dass dem nicht so wäre; und bis dahin hatte ich tatsächlich nicht daran gedacht.

Old Bill war von meinem neu errungenen literarischen Erfolg nicht beeindruckt und schien meine häufigen Abstecher nach London regelrecht abzulehnen.

»Ist nich' gut, dass du da immer allein hinfährst«, sagte er.

»Warum, willst du mitkommen?«, gab ich zurück, in der verzweifelten Hoffnung, dass er nein sagen würde, was er natürlich auch immer tat.

»Viel zu viele Leute. Dir geht's hier bei mir besser.«

»Wirklich, Bill?«

»Natürlich, wir sind Kumpel.«

»Ja, Bill.«

Vielleicht war das der Grund dafür, dass er alle Freundschaften missbilligte, die ich außerhalb des Hauses suchte.

»Dieses Mädel Eve ist nicht gut für dich«, sagte er, als sie aus Amsterdam zurückkam. »Du verausgabst dich völlig mit all dem Grrrr, du weißt schon, was ich meine.«

»Nein.«

»Mmm, natürlich weißt du's«, er ballte die Faust und rammte sie in etwas, das ich für einen fiktiven Schafsarsch halten musste.

»Oh, das«, antwortete ich, »na ja, manche von uns glauben an Zuneigung, sogar an Liebe.«

»Nö. Was hat denn Liebe mit Fotze zu tun? Magst du zum Abendessen bei mir vorbeischaun?«

Aber Bills Geschirr war genauso schmutzig wie sein Gerede, also lehnte ich das Angebot ab.

Statt mich dauernd von Old Bill beleidigen zu lassen und die Leere des Hauses zu fühlen, begann ich, mehr Zeit bei Eve zu verbringen, und kam nur zweimal am Tag vorbei, um die Tiere zu füttern und die Pflanzen zu gießen.

Dann eines Tages, als ich gerade einen besonders bösartigen Angriff von Clarence, unserem Ziegenbock, abwehrte, tauchte Steve auf.

»Brauchst du Hilfe?«, lächelte er, als sich Clarence auf seine Hinterläufe stellte und drohte, sofort zuzuschlagen.

»Ja«, schrie ich, »halt die Kette fest, bevor er mich erwischt.«

Aber er griff daneben und Clarence stürzte auf mich zu, nahm mich auf die Hörner und warf mich quer übers Gemüsebeet. Glücklicherweise wurde ich durch Old Bill, der gerade um die Ecke des Gartenschuppens bog, vor weiteren Demütigungen verschont.

»Dämlicher Kerl«, grummelte er, Clarences Präsenz ignorierend, »warum rollst du im ...«

Bevor er den Satz beenden konnte, gewahrte er Clarence, der jetzt auf dem Boden herumtrampelte und sich auf die nächste Attacke vorbereitete.

»Das Ding anner Leine?«, aber bevor ich Zeit zum Antworten hatte, nahm er die Beine in die Hände und rannte davon, Clarence war ihm dicht auf den Fersen.

»Sollen wir versuchen, ihn zu retten?«, fragte Steve.

»Nein«, antwortete ich, »so haben wir Gelegenheit, in Ruhe eine Tasse Tee zu trinken.«

Steve war noch ein Teenager und der kleine Bruder eines früheren Bewohners der Kommune. Er war schon öfter da gewesen, aber ich hatte nie wirklich Zeit mit ihm verbracht. Als er jetzt wieder auftauchte, merkte ich, dass ich ihn mochte, und bat ihn zu bleiben.

Er brachte eine neue Art Energie ins Haus. Er war desillusioniert, respektlos und durch und durch angepisst, und ich merkte, dass ich all diese Gefühle teilte. Und obwohl ich zwanzig Jahre älter war, verstanden wir uns auf Anhieb, was eine berauschende Mischung aus seiner Arbeiterklassen-Wut und meinem Mittelschichts-Nihilismus ergab.

Kurz nachdem er eingezogen war, zeigte ich ihm ein Exemplar meines neuen Buches. Er saß eifrig darüber gebeugt am Küchentisch und dann, ohne ein Wort zu sagen, verschwand er im Garten. Ich fragte mich, ob ihn irgendetwas, das er gelesen hatte, derart erschüttert hatte, dass ich ihm nachging, aber er war nirgends zu finden. Ich verbrachte den Rest des Nachmittags äußerst besorgt, ich könnte meinen neu gefundenen Weggefährten verloren haben.

Ein paar Stunden später kam er wieder und übereichte mir nervös ein Stück Papier.

»Hier, lies das!«
»Was ist es denn?«
»Ein Song.«
Jetzt war ich an der Reihe mit Hinsetzen und Lesen. Der Song hieß »So what«.

They ask me why I'm hateful, why I'm bad.
They tell me I've got things they never had.
They tell me »go to church and see the light
cos the Good Lord is always right.«
So what? So what?
So what if Jesus died on the cross?
What about the fucker? I don't give a toss.
So what if the Master walked on the water?
I don't see him try to stop the slaughter.
They say I wouldn't have to live from bins
if I would go along, confess my sins.
They say I shouldn't commit no crime
cos Jesus Christ is watching all the time.
So what? So what?
So what if he's always over my shoulder,
I realise the truth as I get older.
I get to see what a con he is
because it's my life, mine, not his.
They say they're gonna send me away.
Say they're gonna make me pay.
»We're sorry, but you've got to go
cos you were naughty and you said ›no‹.«
So what? So what?
So what if I see through the lies?
So what if the people I despise
twist my arm, make me work?
I'm no deaf, dumb fucking jerk.
I'm no spastic lying in the street.
I'm no super-star elite.
I'm just a person, a human being.

»No you're not, you're a part of our machine,
a part of our machine cos we want you to be.
We've got you now and you'll never be free.
We can even have your body after you're dead.
We can take your eyes out your fucking head.
Yeah, we'll take them out and use them again.
We can do it, you know, cos we've got your brain.
We'll crucify you like we crucified him.
We'll make you obey our every whim.
We got the power, the power and the glory.«
But I've heard that before in a different story,
and the story I heard covered up the truth,
didn't touch on the actual, factual proof,
didn't tell about bodies in concentration camps,
didn't tell about knives under the lamps,
don't say that the ovens are still warm,
don't say this wretched little form
is a human being who wants to live,
but not in the snot and shit they give.
They say I'd better keep quiet
or they're gonna douse my light.
Jesus Christ can save my life,
but I can always use the knife.
So what? So what?

Sie fragen mich, warum ich hasserfüllt bin, warum böse.
Sie sagen mir, ich hätte Sachen, die sie nie gehabt hatten.
Sie sagen mir: »Geh in die Kirche und erblicke das Licht,
weil Gott der Herr es immer richt'.«
Und wenn schon? Na und?
Und wenn Jesus am Kreuz gestorben ist?
Was ist mit dem Sack? Er ist mir egal.
Und wenn Er auf dem Wasser gewandelt ist?
Ich sehe nicht, dass Er versucht, das Abschlachten zu stoppen.
Sie sagen, ich müsse mich nicht vom Müll ernähren,
wenn ich mitmache, meine Sünden beichte.

Sie sagen, ich solle keine Verbrechen begehen,
weil Jesus Christus die ganze Zeit zusieht.
Und wenn schon? Na und?
Soll Er mir doch dauernd über die Schulter sehen,
ich erkenne die Wahrheit während ich älter werde.
Ich sehe, dass Er fauler Zauber ist,
denn es ist mein Leben, meins, nicht seins.
Sie sagen, sie werden mich wegschicken.
Sagen, dass sie mich zahlen lassen werden.
»Tut uns leid, aber du musst gehen,
weil du unartig warst und ›nein‹ gesagt hast.«
Und wenn schon? Na und?
Was soll's, wenn ich die Lügen durchschaue.
Was soll's, wenn die Leute, die ich verachte,
mir den Arm umdrehn, mich zur Arbeit zwingen?
Ich bin kein tauber, dämlicher, verdammter Trottel.
Ich bin kein Spastiker, der auf der Straße liegt.
Ich bin keine Superstar-Elite.
Ich bin nur eine Person, ein Mensch.
»Nein, bist du nicht, du bist ein Teil unserer Maschine,
ein Teil unsrer Maschine, weil wir das so wollen.
Wir haben dich jetzt und niemals wirst du frei sein.
Wir haben deinen Körper auch dann noch, wenn du schon tot bist.
Wir können dir die Augen aus deinem verdammten Kopf nehmen.
Wir nehmen sie raus und verwenden sie wieder.
Das können wir, weißt du, weil wir dein Hirn besitzen.
Wir kreuzigen dich, wie wir ihn gekreuzigt haben.
Wir sorgen dafür, dass du jede unserer Launen befolgst.
Wir haben die Macht, die Macht und die Glorie.«
Aber ich hatte das schon in einer anderen Geschichte gehört
und diese Geschichte hatte die Wahrheit verdeckt,
behandelte nicht die tatsächlichen, wirklichen Beweise,
erzählte nichts von Leichen in den Konzentrationslagern,
erzählte nichts von den Messern unter den Lampen,
sagt nicht, dass die Öfen noch warm sind.
sagt nicht, dass diese jämmerliche kleine Gestalt

ein Mensch ist, der leben möchte,
aber nicht in dem Rotz und der Scheiße, die sie bieten.
Sie sagen, ich solle schweigen,
sonst würden sie mir das Licht ausblasen.
Jesus Christus kann mir zwar das Leben retten,
aber ich kann noch immer mein Messer benutzen.
Und wenn schon? Na und?

Es war ein einfacher, aus dem Herzen geschriebener Song. Steve hatte es fertiggebracht, fast alles zu sagen, wozu ich drei Wochen besoffene Stumpfheit benötigt hatte, um es aus mir herauszuzerren. Es war die Unmittelbarkeit seines Werkes, die es einem größeren Publikum als dem intellektuellen Klientel bei *Pooles* zugänglich machen würde, das wusste ich. Und wirklich wurde die Kraft seiner Botschaft zwei Jahre später dadurch illustriert, dass ein junger Punk zu einer dreimonatigen Gefängnisstrafe verurteilt wurde, weil er das Lied einem Vikar im Bahnhof von York vorgesungen hatte. Überschrittene Grenzen oder was? Ja, das war moderne Folk-Musik, die sich ans Herz statt an den Verstand wandte. Ich lernte Demut.

»Ich bin sprachlos, Steve«, sagte ich, als ich ihm das Manuskript zurückgab.

»So schlimm ist es doch nicht, oder?«

»Es ist großartig.«

»Ja, na ja, dein Buch hat mich inspiriert«, antwortete er bescheiden.

Da wir merkten, dass wir gerade dabei waren, einen Verein zur gegenseitigen Bewunderung zu gründen, bündelten wir unsere Energien und ein paar Tage später hatten wir weitere Lieder geschrieben und sie in Exits altem Proberaum aufgenommen. Während ich rostig auf meinem verstaubten Schlagzeug spielte, schmetterte Steve den Text ohne Zuhilfenahme eines Verstärkers, aber wir fanden es klasse, so gut, dass wir uns sogar einen Namen gaben: Stormtrooper.

»Klingt ein bisschen faschistisch, findet ihr nicht?«, meinte Eve.

»Ja«, antwortete Steve, »aber niemand wird uns je hören, deswegen ist's doch egal, oder?«

»Ach, komm Steve«, warf ich ein, »wir könnten doch zur Abwechslung mal Rockstars werden!«

»Ja«, lachte Eve, »und der Papst könnte dem Katholizismus abschwören!«

Irgendwie schien sich die Kunde von unseren Aktivitäten wie ein Lauffeuer zu verbreiten, denn plötzlich tauchten Leute bei uns auf, die der ›Band‹ ihre Dienste anboten.

Erst kam Rab Herman, der zunächst ein paar Monate Gitarre spielte, bevor er durch Phil Free ersetzt wurde. Rab war teilweise für die Windsor Free Festivals zuständig gewesen und war als Zeuge bei der Untersuchung zu Wallys Tod aufgerufen worden. Seine organisatorischen Fähigkeiten waren hervorragend, während sie uns bislang völlig abgingen. Schließlich gelang es ihm sogar, uns in ein richtiges Studio zu bekommen, das wir, teils aus Mangel an Erfahrung und teils aus totaler Verantwortungslosigkeit, demolierten.

»Na, ist doch alles nur Rock'n'Roll«, höhnte ich und überließ es dem Toningenieur, das Chaos zu beseitigen.

Nachdem er die Band verlassen hatte, reiste Rab nach Nicaragua, wo er im Bildungssektor arbeitete bis er 1982 starb.

Der nächste, der bei der Band einstieg, war Pete. Streitlustig wie er war, verbrachte er Stunden im Proberaum und diskutierte mit mir über formale rhythmische Strukturen, die, soweit ich sehen konnte, nichts mit dem zu tun hatten, was wir spielen wollten.

»Ich setze mit dem dritten Takt ein«, sagte er beispielsweise.

»Ich weiß, Pete, aber ich weiß nicht, welchen dritten Takt du meinst.«

»Diesen hier«, knurrte er und ließ eine Salve von Noten ab.

»Aha«, antwortete ich und kratzte mich mit einem Trommelstock am Kopf, »den.«

Schließlich kam Andy, begleitet von Joy, die später als Joy de Vivre die dritte Sängerin der Band wurde.

»Ich möchte bei der Band mitmachen«, sagte er, ein bisschen zu affektiert für meinen Geschmack.

»Kannst du irgendwas spielen?«, fragte ich ziemlich herablassend.

»Nein, aber so, wie ihr euch anhört, könnt ihr das auch nicht.«

»Das mag sein, wie es will«, gab ich zurück, »aber was hättest du denn zur Verbesserung beizusteuern?«

»Ich weiß, wo ich eine Gitarre organisieren kann.«

Er wurde in der gleichen Woche Mitglied der Band, und hat, um fair zu sein, in den sieben Jahren, die er bei uns spielte, keinen einzigen Akkord gelernt, das Problem löste er damit, dass er seine Gitarre frei stimmte. Er wurde jedoch ein außerordentlich effektiver Rhythmusgitarrist, indem er mit eingeübter Geschicklichkeit die Hand auf und ab gleiten ließ, und so verlieh er der Band die Stärke im Sound, für die sie später bekannt wurde.

Nachdem wir also die für ein PA-System nötigen Geräte erbettelt, geborgt und gestohlen hatten, übten wir fünf Songs ein und waren nun bereit, auf Tour zu gehen.

»Nicht als Stormtrooper«, meckerte Eve, »da ich euer einzig garantiertes Publikum sein werde, müsst ihr schon den Namen ändern«.

Aber wie?

»Wie wär's mit Les Enfants Terribles?«, schlug ich vor.

»Scheiße Alter«, rief Steve, »das klingt wie eins deiner 50er Jahre Cafés.«

»Stimmt«, antwortete ich »und es war wirklich sehr schön. Ich weiß noch, wie ich dort dieses französische Mädchen kennengelernt habe ...«

»Halt die Klappe, Penny«, unterbrach Andy, »die guten, alten Zeiten sind vorbei, schon gemerkt?«

»Krass«, murmelte Steve.

»Ich wollte euch eigentlich nur von diesem französischen Mädchen erzählen, das ...«

»Krass«, wiederholte Steve, meine Versuche, die Geschichte fertig zu erzählen, überhörte er einfach, »wie wär's, wenn wir die Band Crass nennen? Ihr wisst schon, nach der Bowie-Zeile ›the kids was just crass‹«.

Das erste Konzert von Crass war eine Benefizveranstaltung für Hausbesetzer auf einem Kinderspielplatz in Nord-London. Wir waren gerade beim vierten unserer fünf Lieder, als uns der Stecker rausgezogen wurde.

»Ungeheuerlich«, spuckte ein älterer Herr, der aussah, als wäre er aus einem Kriegsfilm-Studio in Ealing entkommen.

»Schau her, Kumpel«, keifte Andy, »steck den verdammten Stecker wieder rein, bevor ich ihn dir in den Arsch ramme.«

Davon fühlte sich das Publikum besser unterhalten als von unserer bisherigen Vorstellung, und im anschließenden Durcheinander lernten wir die erste goldene Regel in Rock-'n'-Roll-Bühnenkunst: besser ein kontroverses Chaos als ein gut gespielter, aber langweiliger Auftritt.

In den folgenden Monaten konnten wir unsere Existenz nicht etwa durch Erfolg rechtfertigen, sondern durch sein Ausbleiben. Diese ersten Vorstellungen waren eine chaotische Mischung aus Unzulänglichkeit und Unabhängigkeit, und wenn Stecker gezogen wurden und Klubs sich leerten, wen kümmerte das? Uns jedenfalls nicht, zumindest nicht am Anfang, aber als wir nach sechs Monaten noch immer nirgendwo angekommen waren, merkten wir, dass es uns doch etwas ausmachte. Es hatte Spaß gemacht, aber das Lachen blieb uns so langsam im Halse stecken.

Durch den Nebel von Alkohol und Drogen hindurch wurde mir bewusst, dass wir uns, wollten wir in der harten Rock-'n'-Roll-Welt bestehen, zusammenreißen müssten. Phil Free hatte vor kurzem Rab Herman ersetzt und Eve bekundete Interesse am Singen – der Augenblick war so gut wie jeder andere, die Veränderungen in Angriff zu nehmen.

Mein erster Vorschlag war, die Aufputschmittel zu streichen, was derart schlecht ankam, dass ich für einen Abend aus der Band flog. Während ich in der Küche schmollte, versuchten die anderen, einen neuen Drummer aus ihren Reihen zu rekrutieren. Ich war nie besonders stolz auf meine rhythmischen Fähigkeiten gewesen, aber das grauenhafte Klagelied, das aus dem Proberaum drang, überzeugte mich, dass es nicht lange dauern könnte, bis ich wieder in den Schoß der Band aufgenommen würde.

Am folgenden Nachmittag einigten wir uns darauf, dass wir uns bemühen würden, an jenen Tagen von berauschenden Substanzen Abstand zu nehmen, an denen wir auftraten.

»Was ist mit einem gelegentlichen Bier?«, stöhnte Steve.

»Oder einem Joint?«, funkte Andy dazwischen.

Wir wussten alle, dass es nicht wirklich klappen würde, aber wenigstens würden wir den Versuch machen. Auf diese Art und Weise hofften wir, uns selbst ein wenig ernster nehmen zu können. Anschließend diskutierten wir darüber, wie man echte Alternativen zur zugenähten, ausverkauften Welt des Rock 'n' Roll schaffen könnte. Zu viele

Versprechungen waren von der Bühne herunter gemacht worden, nur um dann auf der Straße wieder gebrochen zu werden. Wir wollten den Leuten etwas geben, statt von ihnen zu nehmen, etwas von Wert, das die kurzlebigen Modeerscheinungen überleben würde. Aber wie?

Allgemein gesprochen verband die Bandmitglieder ein gemeinsames Interesse an libertärem Gedankengut, jedoch aus ganz verschiedenen Perspektiven heraus. Wir einigten uns auf ein System, in dem eine Gegenstimme genügen würde, um gegen jede Idee oder Richtung, die die Band einzuschlagen gedachte, ein Veto einzulegen. Auf diese Weise und innerhalb dieses Rahmens hatten wir die individuelle Freiheit, zu tun oder zu sagen, was wir wollten.

»Ja, aber was ist mit dem Bier?«, beharrte Steve.

»Ist welches im Kühlschrank«, antwortete ich.

Er kam mit allen sechs Dosen zurück.

Als Reaktion auf den Personenkult, der so viele Bands zu verfolgen schien, einigten wir uns darauf, dass wir alle unsere Werke unter dem gemeinsamen Titel Crass präsentieren würden. Außerdem, um die Anonymität zu erhöhen, beschlossen wir, schwarz angezogen zu erscheinen. Um uns noch weiter von der Rock-'n'-Roll-Pantomime abzusetzen, vereinbarten wir, unsere Auftritte nur mit einfacher Hausbeleuchtung auszustatten.

Ungefähr an diesem Punkt tauchte Mick wieder auf. Er hatte einige Jahre zuvor die Kommune verlassen, um ein Haus mit ähnlichen Richtlinien zu gründen, hatte weiter Filme gemacht und wollte jetzt wissen, ob er sie in unsere Vorstellungen einbringen könnte. Der Vorschlag wurde von uns begeistert aufgenommen, da uns klar war, dass unsere Botschaft besser rüberkäme, wenn wir Bilder in unser Programm einbezögen. Soweit so gut, allerdings verstanden die Leute nie so richtig, worum es uns eigentlich ging, und die Texte unserer Lieder wurden so schnell vorgetragen, dass sie praktisch unverständlich waren. Wie also unsere Botschaft vermitteln? Die uralte Matrizennudel würde das Problem lösen. Seitdem reisten wir zu Konzerten nur noch mit Kisten von Flugblättern, die unsere Ideen und Überzeugungen erklärten. Von Industriesabotage bis hin zum Brotbacken gaben unsere Flugblätter nicht nur Anweisungen, wie die Revolution zu erkämpfen war, sondern auch, wie man das alles mit vollem Bauch überleben würde.

Crass waren noch umständlich damit beschäftigt, ihr Image aufzupolieren, als Gee aus New York zurückkam. Während ihres Aufenthaltes dort war sie schnell zur gefragten Illustratorin geworden, ihre Arbeiten zierten die Seiten solch unterschiedlicher Publikationen wie der *New York Times* und des *Rolling Stone*. Sie hatte ihre beachtlichen Profite in die Produktion ihres eigenen Boulevard-Blattes gesteckt: »International Anthem, a nihilstic newspaper for the living«. Bei ihrer Ankunft am Flughafen Heathrow war sie von Zollbeamten zur Seite genommen worden, die die Kopien der ersten Ausgabe und die Druckvorlagen der zweiten beschlagnahmten, mit der Behauptung, es handele sich um ›subversives Material‹.

»Verdammte Arschlöcher«, schimpfte sie später, »sie haben es nur konfisziert, weil sie die Zeichnung, auf der Callaghan einen geblasen bekommt, als Wichsvorlage brauchten.«

In wenigen Wochen waren die verloren gegangenen Druckvorlagen wiederhergestellt worden, und auch Premierminister Callaghan lag neu gedruckt vor, zusammen mit einer fülligen Nackten, die das Wenige aufschlabberte, das ihr da von ihm – oder von irgendeinem von uns – geboten wurde.

»International Anthem 2« lag bald zusammen mit unseren Flugblättern zur Verteilung bereit, und außerdem zeichnete sich Gee jetzt für die künstlerische Ausgestaltung verantwortlich, die wir bald benötigen würden. Sie hatte sich auch einverstanden erklärt, die Koordination für die Band hinter den Kulissen zu übernehmen. Alles, was uns jetzt noch fehlte, war ein Publikum.

Das Haus brummte wieder vor lauter Aktivität. Ich war erfreut. Die Kommune, die als Vorzeigeobjekt für das Aufzeigen von Möglichkeiten immer einen zentralen Platz in meiner Philosophie eingenommen hatte, war zu neuem Leben erwacht. Leute, die Mitglieder der Band wurden, zogen ein, mit Kindern, Katzen, Sack und Pack. Außerdem gesellte sich Annie Anxiety zu uns, eine New Yorker Dichterin, die zu uns gereist war, weil ihr gefiel, was sie über uns gehört hatte. Sie hoffte, etwas zu unserer Arbeit beitragen zu können. Und da wir meinten, Dichterlesungen würden unsere Auftritte auf interessante Weise ergänzen, wurde sie sofort zum Ehrenmitglied der Band ernannt und blieb die nächsten paar Jahre bei uns.

Nach einer vorübergehenden Periode der Leere platzte das Haus wieder aus allen Nähten, beherbergte zwölf Vollzeit-Bewohner und eine Kolonie von über zwanzig Katzen.

Es erscheint paradox, dass wir als Vegetarier alle drei Tage den Schlachter aufsuchen mussten, um einen Sack voller Futterhack zu kaufen, das später dann im Gartenschuppen zubereitet wurde. Ich schätze, die Katzen vertilgten alle zwei Wochen fast eine ganze Kuh. Eine Zeit lang versuchte Pete die Katzen dazu zubringen, sich vegetarisch zu ernähren, aber sie waren nicht beeindruckt. Nachdem er ein Gebräu aus Hafer, Karotten und Hefeextrakt zusammen gemischt hatte und die Katzen herbeirief, war es traurig mit anzusehen, wie sie reagierten. Sie kamen von überall her gerannt, stürzten sich begeistert auf ihre Tellerchen, nur um sich dann mit offensichtlicher Abscheu abzuwenden. Trotzdem beharrte Pete darauf, dass sie sich nach ein paar Wochen daran gewöhnen würden. Als eine nach der anderen anfing, kahle Stellen zu zeigen, nahm ich mich ihrer an und, wenn Pete nicht da war, schlich ich mich weg, um ein paar Dosen ›richtiges‹ Katzenfutter zu holen. Ein paar Wochen später bekamen sie wieder Hackfleisch. Sie waren sehr dankbar, aber ich glaube kaum, dass es die Kühe ebenso empfanden.

Im Sommer 1978, nachdem wir von Small Wonder, einem etwas schrulligen, radikal unabhängigen Plattenlabel unter Vertrag genommen worden waren, nahmen wir unser erstes Album »The Feeding of the Five Thousand« auf, das diesen Titel erhielt, weil 5.000 das Minimum war, das wir pressen lassen mussten, also ungefähr 4.900 mehr, als wir meinten, absetzen zu können. Einen Tag Aufnahme, einen Tag zum Mixen, wir bannten unser gesamtes Repertoire auf diese Platte.

Der erste Track dieses Albums, »Reality Asylum«, war ein gesprochenes Stück, von Eve vorgetragen, die damals den Nachnamen Libertine angenommen hatte. Das Stück war meinem Buch »Christ's Reality Asylum« entnommen und ein leidenschaftlicher Angriff auf das etablierte Christentum, und, Marion Boyars hatte uns ja gewarnt, es zog sofort Komplikationen nach sich. Es konnte kein Presswerk gefunden werden, das bereit war, die Platte zu pressen, und kein Drucker ließ sich darauf ein, das Plattencover zu drucken. Wir machten einen Rückzieher, beschlossen, das Stück rauszulassen und ersetzten es mit einer Schweigeminute, die wir »The Sound of Free Speech« nannten.

Die Veröffentlichung des Albums läutete den Anfang von dem ein, was zu einer andauernden gegenseitigen Abneigung zwischen uns und der Musikpresse führen sollte. Keiner hatte das Haus besucht, aber *Sounds* zum Beispiel hatte eine ganz genaue Vorstellung davon, was dort abging: »... während die Männer auf die Gitarre eindreschen oder das Gemüsebeet umgraben, sitzen die Mädchen herum, schreiben Gedichte und stricken.«

Ich erinnere mich nicht, je eine der Frauen in der Band bei solchen Tätigkeiten gesehen zu haben, aber jetzt kann ich ja zugeben, dass es mir schon immer gefallen hat, ein wenig vor dem Kamin zu stricken, aber damals hätte ein öffentliches Bekenntnis nicht mit dem Image eines harten Mannes harmoniert.

So also verunglimpfte uns die Presse als Hippies im Punkgewand, wir wiederum lehnten die Presse als lügende Kapitalisten-Fußabtreter ab. Aber in Wahrheit verhielt es sich viel einfacher: Weil wir ihr Spiel nicht mitspielten, unterstützten sie unsere Platten nicht. Trotzdem dominierte »Feeding of the Five Thousand« bald die Independent Charts, und auch die ersten Angebote aus der Tin Pan Alley trafen ein. Revolution, sagte man uns, war eine vermarktbare Ware, eine Beobachtung, der dadurch Gewicht verliehen wurde, dass ein immer größer werdendes Publikum zu unseren Konzerten kam.

Der Anblick der ernsthaften, ganz in Schwarz gekleideten jungen Männer, die bereit waren, beim Wedeln eines Trommelstocks die Bastille zu stürmen, warf die Frage auf, ob wir ein Publikum oder eine Armee geschaffen hatten. Worauf hatte ich mich denn jetzt eingelassen?

Gleichzeitig, allerdings in weit geringerer Stückzahl, begannen wir auch, so etwas wie potenzielle Groupies anzuziehen. Mich hatte diese vielgerühmte Attraktion des Rock 'n' Roll schon immer fasziniert. Daher war ich, als ich mich bei einer Londoner Veranstaltung von zwei verführerischen Punketten in eine Ecke gedrängt sah, recht zufrieden mit mir.

In meiner Vorstellung musste ich ziemlich scharf in meiner feschen schwarzen Uniform aussehen, und mir machte das doppeldeutige Spiel

Spaß, dass sie offensichtlich spielen wollten. Ob ich den Dialog zu seinem einmaligen, allerdings auf Beischlaf ausgerichteten Abschluss gebracht hätte, werde ich nie erfahren, denn wir hatten uns noch nicht lange unterhalten, als ich ein Tröpfchen Scheiße auf meinem Schuh bemerkte.

Kaum ein Veranstaltungsort, den wir bespielten, bot mehr als die primitivste WC-Ausstattung. Keiner, wenn ich mich recht erinnere, führte Toilettenpapier. Wie so vielen Künstlern gingen mir vor der Vorstellung die Nerven durch, was sich unweigerlich in Durchfallattacken niederschlug. In dieser Hinsicht war jener Abend keine Ausnahme.

Nachdem ich mein Geschäft erledigt und mich gesäubert hatte, so gut das halt mit ein paar Blatt sorgsam zusammengeklebter Rizlas ging, verließ ich den Ort und atmete gerade erleichtert durch, als mich die Punketten umzingelten.

»Schlägst du gerne auf Häute?«, fragte die eine, während sie langsam mit einem schwarz lackierten Fingernagel am Rande ihrer bloß gelegten Strumpfhalter entlangfuhr.

»Wenn ich in der richtigen Stimmung bin«, erwiderte ich und besah dabei die Titten ihrer Freundin.

»Ja«, sabberte sie, »aber hart muss es auch sein.«

»Das war noch nie ein Problem«, grinste ich blöde und sah dabei hinunter auf meine bescheidene Wölbung, »ich bin sicher, du und deine Freundin ...«

Da bemerkte ich, dass meine Bemühungen mit den Rizlas vergeblich gewesen waren. Das Herz sank mir in die mit Scheiße bespritzten Stiefel, und jegliches Selbstvertrauen, das ich vielleicht gehabt hatte, wich aus mir wie der Quatsch, den ich von mir gegeben hatte.

»Ich glaub, es ist Zeit für den Soundcheck«, stammelte ich und flüchtete schnell.

Von da an schwor ich mir, immer eine Rolle Klopapier in meinen Trommeln mitzunehmen und gewissenhaft alle Avancen attraktiver Punketten zu ignorieren. Letzteres hätte ich mir sparen können, denn der wachsende Ruf von Crass als einer ernsthaften Band beugte jeder Chance einer Groupie-Gefolgschaft vor.

Jetzt, da wir ein recht großes Publikum anzogen, wurden wir zunehmend unter Druck gesetzt, unsere politischen Neigungen zu klären.

Die Linke, in Gestalt von Liberalen aus der Mittelschicht, verlangte, dass wir die Arbeiter unterstützten, während die Arbeiter, meist in Gestalt von Skinheads, verlangten, dass wir die Rechte unterstützten. Obwohl wir froh waren, dass beide Seiten an uns Gefallen fanden, beschlossen wir, von beiden Abstand zu nehmen, indem wir ein anarchistisches Transparent bei unseren Auftritten aufhängten.

Schon bei unseren ersten Konzerten hatten wir ein Transparent verwendet, auf dem das Symbol abgebildet war, das für »Christ's Reality Asylum« entworfen worden war. Vom graphischen Gesichtspunkt aus ist es eine Stärke, dass es allen alles bedeuten konnte, aber das war andererseits politisch seine größte Schwäche: faschistische Ikone oder sozialistische Metapher? Die Einbeziehung des anarchistischen Banners reinigte die Luft, beide Lager schienen zufrieden, dass wir nicht die ›Opposition‹ unterstützten. Natürlich waren wir uns der Gefahr bewusst, die diese Gratwanderung mit sich brachte, aber sie schien das kleinere Übel gegen den Stillstand von polarisierten politischen Standpunkten zu sein. Solange es uns möglich war, beide Lager schulterzuckend abzuweisen, waren wir frei, beide Seiten mit unserer Botschaft von anarchistischer Selbstbestimmung zu konfrontieren.

Damals sah man das A im Kreis kaum außerhalb etablierter und normalerweise ziemlich nervtötender anarchistischer Literatur. Es dauerte jedoch nicht lange, bis sowohl das anarchistische, als auch das Crass-Symbol Buttons, Lederjacken und Wände im ganzen Land dekorierten. Innerhalb von wenigen Jahren hatten sie sich weltweit verbreitet. Es mag sich selstsam anhören, aber wenn damals jemand Bakunin erwähnt hätte, hätten wir ihn wahrscheinlich für eine Wodka-Marke gehalten. Aber das geschah nicht, und außerdem hatte die Musikpresse, schnell wie immer in ihrer Reaktion, ihren Lesern bereits erklärt, das große A stünde für Arschlöcher, für die sie uns hielten.

Gleichzeitig hatten wir entdeckt, dass die Kampagne für atomare Abrüstung, die CND, tatsächlich noch existierte, obschon verschlissen und abgenutzt, also beschlossen wir, sie zu fördern. Von da an wurde auch das Peace-Symbol bei unseren Auftritten ausgestellt, wodurch wir unseren Freunden in der Presse die Gott gesandte Gelegenheit gaben, zu ihren früheren Behauptungen zurückzukehren, ohne ihre erst kürzlich gemachten zurücknehmen zu müssen. Sie hatten ja schon immer gewusst: Wir waren nicht nur Arschlöcher, sondern obendrein sogar noch Hippie-Arschlöcher.

Trotzdem verhalfen unsere Bemühungen auf Tour der CND ins Leben zurück. Wir waren diejenigen, die sie Tausenden von Leuten nahebrachten, die später das Rückgrat der Wiederbelebung bildeten. Einem neuen und bis dato uninformierten Teil der Bevölkerung wurde eine Form radikalen Denkens nahegebracht, die dann in den großartigen Sternfahrten der frühen Achtziger kulminierte, Sternfahrten, bei denen wir nicht eingeladen waren zu spielen, wie die CND nicht müde wurde zu betonen. Zufrieden und gar ein wenig selbstgefällig aufgrund des Zulaufs an Unterstützern, dachte die CND, dass unsere Anwesenheit schlicht nur Ärger bringen würde. Da war zwar was dran, trotzdem fanden wir das ätzend.

Ich denke, es ist nicht zu überheblich zu behaupten, dass Crass später eine der einflussreichsten Bands in der Geschichte britischer Rockmusik wurde. Zugegeben, abgesehen von einem gelegentlichen Vorstoß in die nationalen Charts hatte die Band nie einen großen musikalischen Einfluss, aber die Wirkung ihrer Texte auf weitergehende soziale Themen war enorm. Ganz am Anfang, als alles für uns neu war und es uns noch Spaß machte, konnten wir uns weder vorstellen, worauf wir uns da einließen, noch hätten wir das widerwärtige politische Schicksal, das Großbritannien bevorstand, voraussagen können.

Ich fragte mich, ob Napoleon mit der Einsicht, dass es sich bei der britischen Nation um eine Nation von Krämern handelt, sich wohl hätte vorstellen können, dass eines Tages die Tochter eines Krämers Premierministerin wird?

Im Sommer 1979 kam die konservative Partei Margaret Thatchers an die Macht, womit das repressivste Regime eingeläutet wurde, das das Land in seiner jüngeren Geschichte gekannt hat. Von ihren neureichen Wurzeln getrieben, wo Eigeninteresse als Vorzug und die Gemeinschaft als überholt galt, holte Thatcher zu einem sofortigen, grausamen Angriff auf diejenigen Institutionen und Individuen aus, von denen sie annahm, sie könnten ihren Aufstieg zur absoluten Macht behindern. Besessen von ihrem Kreuzzug sowohl gegen den Sozialismus als auch gegen den Liberalismus, und mit den Scheuklappen ihrer unbeschreiblichen Unwissenheit und ihrer intellektuellen Unfähigkeit ging sie daran, alles auseinanderzunehmen, was an diesem Sozialsystem lohnenswert war. In der neuen ›Unternehmenskultur‹ war Mitgefühl ein Schimpfwort; während sich die Unternehmer gleichzeitig die Lippen und Thatchers Arsch leckten, stürzten sie sich auf die Güter dieses Landes und kauften sie auf. Genauso, wie man die Arbeiterklasse ins Lächerliche zog, genauso beschuldigte man die Armen, ihr Schicksal selbst verschuldet zu haben, schließlich lebten sie doch in einer freien Marktwirtschaft, warum nutzten sie sie nicht? Und diejenigen, die es vorzogen, außerhalb des Mainstream zu leben, diejenigen, die versuchten, einen alternativen Lebensstil zu schaffen? Für Thatcher und ihre Spießgesellen waren sie Verschwender, Gammler, Taugenichtse, die höchstens einen Schlag ihrer eisernen Faust oder den Tritt eines Polizistenstiefels verdienten, und sie sorgte auch dafür, dass diese Schläge im folgenden reichlich verabreicht wurden. Damals vor der Wahl jedoch war Thatcher einfach nur ein weiteres Gesicht des alten Monsters, der Regierung. Thatcher? Callaghan? Gab es da einen Unterschied? Wenn wir es bloß geahnt hätten.

Mit Einkünften aus unseren eigenen Unternehmungen, mit den Tantiemen unseres ersten Albums und mit dem Zuschuss aus einer Erbschaft, die Andy von seiner Großmutter bekommen hatte, war es uns endlich gelungen, eine Presswerk dazu zu bewegen, »Reality Asylum« herzustellen.

Da wir mit der ursprünglichen Aufnahme nicht zufrieden waren, hatten wir noch eine gemacht und dann, statt nach einem Drucker zu suchen, die ersten 5.000 Cover selber gedruckt. Weil wir Small Wonder nicht mit hineinziehen wollten, wurde die Platte bei Crass Records herausgebracht, ein Label, an dessen Erweiterung wir damals noch nicht dachten.

Die Veröffentlichung von »Reality Asylum« bescherte uns einen Besuch von Scotland Yards Sittenabteilung. Als sie alleine im Wohnzimmer saßen, nahmen wir zu unserem künftigen Amüsement ihr Gespräch heimlich auf.

»Ich wette, ihre Plattensammlung sagt alles.«

Geräusche, wie sie durch die Regale blättern.

»Brahms? Beethoven? Britten? Zum Teufel, glaubt ihr, wir haben uns im Haus geirrt?«

Aber was hatten sie erwartet? Aufnahmen von Satanischen Messen? Die Klänge von Monroes letztem Orgasmus? Die Geschichte, wie Big Ears von Noddy *[beliebte Kinderbuchfiguren, Anm. d. Ü.]* verführt wird?

Nach einem Verhör, aus dem weder sie noch wir klug wurden, und offensichtlich irritiert von unseren milden Manieren, verließen sie uns mit der Drohung, wir würden wegen »krimineller Blasphemie« angezeigt werden.

»Gott weiß, warum«, murmelte einer der Kriminalbeamten und ließ uns nicht im Zweifel, auf wessen Seite er stand.

Am Ende erhielten wir eine Nachricht von der Oberstaatsanwaltschaft, die uns informierte, dass das Verfahren gegen uns eingestellt würde, warnte uns aber gleichzeitig, dass im Falle weiterer Indiskretionen uns diese sehr zum Nachteil gereichen würden.

Es wurde jedoch sehr schnell klar, dass die Entscheidung, das Verfahren einzustellen, Ermessenssache gewesen war. Nur Tage, nachdem wir begnadigt worden waren, hörten wir, dass Plattenhändler im ganzen Land von der Polizei die Warnung erhielten, dass sie mit einer Strafanzeige zu rechnen hatten, falls sie unser Material führten, eine totale Lüge, aber eine, die natürlich den gewünschten Effekt hatte. Offensichtlich war den Behörden klar, dass sie, wenn sie ein Verfahren gegen uns einleiteten, wahrscheinlich dafür sorgen würden, den Bekanntheitsgrad von Crass zu erhöhen. Die Plattenhändler waren deswegen ein besserer Angriffspunkt; genau wie später diejenigen, die Auftritte für uns organisieren wollten. Es wurde eingeheizt, aber wir standen draußen und froren.

Kurz bevor sich die Band formierte, hatten Eve und ich eine Graffiti-Kampagne auf der Central Line des Londoner U-Bahnsystems initiiert. Wir kopierten Techniken, die wir im Urlaub in Paris gesehen hatten, und versprühten mittels Schablonen unsere Botschaften von »Fight war not wars« bis »Stuff your sexist shit«. Es waren die ersten dieser Art, die in Großbritannien auftauchten, und sie inspirierten eine ganz neue Welle von Graffiti-Künstlern. Unsere Ziele waren immer sehr sorgfältig ausgewählt, denn es gab nie einen Mangel an sexistischen und militaristischen Plakaten, die verunstaltet werden konnten.

»Endlich haben wir euch«, bellte ein uniformierter Beamter, als sie uns auf frischer Tat ertappten.

Da wir schon vorab beschlossen hatten, dass wir gerne vor Gericht erscheinen würden, um die Gelegenheit zu nutzen, unsere Ansichten zu verbreiten, versuchten wir erst gar nicht zu fliehen.

»Ich habe mich oft gefragt, was für Leute so etwas tun«, fuhr der Beamte fort, und dann lehnte er sich zu uns rüber und flüsterte, »macht weiter, aber fürs Erste, verdrückt euch lieber!«

Leider wurden später unsere Bemühungen von ›Hip-Hop-Künstlern‹ überschattet, deren radikalster Beitrag das Schreiben ihres eigenen Namens zu sein schien. Trotzdem gelang es uns, während der ersten Crass-Jahre Zeit zu finden, unsere Kampagne fortzuführen, da wir überzeugt waren, dass ohne Straßenaktionen unsere Worte auf der Bühne hohl waren.

Im Sommer '79 nahmen wir unser zweites Album auf, »Stations of the Crass«, das wir im Winter veröffentlichten. Der Titel wurde gewählt, um unser Treiben mit der Spraydose zu feiern. Das Cover zierte das Foto einer Wand im U-Bahnhof Bond Street mit den Ergebnissen unserer Bemühungen. Je mehr allerdings der Arbeitsdruck innerhalb der Band wuchs, desto mehr vernachlässigten wir die Untergrundarbeit.

»Stations« war fertig aufgenommen, als uns Small Wonder höflich vorschlug – sie hatten die Nase voll von dem Polizeiinteresse, das wir erregten –, dass wir uns lieber nach anderen Veröffentlichungsmöglichkeiten umschauen sollten.

»Reality Asylum« war bereits auf Crass Records veröffentlicht worden, aber als ich meinte, dass wir das Label als ordentliche Firma eintragen lassen sollten, widersprachen die meisten der Band.

»Ich will kein Scheiß-Kapitalist werden«, explodierte Pete.

»Guter Gott, warum sollte jemand anderes das Geld einsacken, wenn wir es dazu nutzen könnten, unseren eigenen Operationsradius zu erweitern?«, gab ich zurück.

»Weil das dem System in die Hände spielt«, warf Phil ein.

Trotzdem argumentierte ich, Crass Records sei für uns der einzige Weg nach vorn, und schließlich, als klar wurde, dass es keine andere machbare Alternative gab, stimmte der Rest der Band widerwillig zu.

Nachdem wir uns genug Geld zusammengeborgt hatten, um die Kosten für 5.000 Stück zu decken, gingen wir in Produktion. Innerhalb einer Woche war »Stations« ausverkauft, also bestellten wir weitere

20.000 Stück. Da das Budget so kalkuliert worden war, dass nur die erste Pressung verkauft werden müsste, um kostendeckend zu sein, und obwohl die Platte nur die Hälfte des Preises anderer Platten kostete, stellten wir bald fest, dass wir recht wohlhabend geworden waren. Zur Feier ersetzte ich mein altes Schlagzeug durch eines, das auch den Härten der Tourneen standhalten würde, und jeder von uns bekam ein Paar neue Doc Martens. Wir sahen ziemlich schick aus.

Von Anfang an hatten wir beschlossen, unsere Platten so billig wie möglich zu vermarkten. Die Lebenshaltungskosten im Haus waren niedrig, warum also nicht den Vorteil an den Käufer weitergeben? Nun hatten wir uns jedoch bei dem Prozentsatz, den der Händler nahm, verkalkuliert. »Reality Asylum« war für fünfundvierzig Pence rausgegangen. Mit jeder Platte, die wir verkauften, machten wir einen halben Penny minus, und mit der Inflation wuchsen unsere Verluste.

Um sicher zu gehen, dass wir den gleichen Fehler nicht ein zweites Mal machten, baten wir John Loder, den Eigentümer des Studios, in dem wir all unsere Aufnahmen gemacht hatten, als Geschäftsführer Mitglied der Band zu werden. John und ich waren seit den Tagen von Exit befreundet, als er unser Toningenieur gewesen war. In der Zwischenzeit hatte er sich ein Tonstudio aufgebaut, in dem er, als wir ihn das erste Mal besuchten, Werbespots aufnahm.

»Ich würde mich glücklich schätzen, von dieser Scheiße wegzukommen«, lachte er und wir besiegelten das Geschäft per Handschlag.

Von da an, trotz der unmöglichen Forderung, den Preis einzufrieren und gleichzeitig die gestiegenen Produktionskosten zu decken, brachte John es fertig, Crass Records aus dem finanziellen Fiasko herauszuhalten, das während der gesamten Zeit am Horizont drohte.

Es war unumgänglich, dass mit der Veröffentlichung von »Stations« eine weitere Runde von Artikeln der Schiedsrichter populärer Kultur erschien, die sich in die insulären Festungen des Kapitals verkrochen hatten:

> »Das Crass-Phänomen hat den selbstbetrügerischen, allein seligmachenden Anspruch des libertären Hippie-Gedankenguts und die dunkle, missgünstige Einfältigkeit des Faschistischen ...

... Dieser vermeintliche Untergrund ist rührend, eine Art Sandkasten, in dem latente Punks herumsauen und so tun dürfen, als seien sie ›anders‹ und ›aktiv‹, die Wahrheit ist jedoch, dass sie weder den Mut noch die Energie haben, etwas wirklich Nie-Dagewesenes, Überraschendes, Neues oder Reales zu machen ...

... Das tatsächliche Problem wird deutlich, wenn wir uns unvoreingenommen die Musikszene des Januars 1980 ansehen und uns fragen, warum so etwas Zweifelhaftes wie Crass dabei ist, den Durchbruch zu schaffen. Darüber sollte man nachdenken.«

Das wenigstens meinte *Sounds*.

Trotzdem wurden wir aufgefordert, politisch Farbe zu bekennen, als wir während der Aufnahmen zu »Stations« einen mysteriösen Anruf von einer Gruppe erhielten, die sich »Persons Unknown« nannte. Sie wollten wissen, ob wir als Anarchisten sie unterstützen würden.

»Was für 'ne Art von Band ist denn das?«, fragte ich Andy, der die undankbare Aufgabe übernommen hatte, Auftritte zu organisieren.

»Haben sie nicht gesagt«, antwortete er irritiert, »aber ich habe ein Treffen mit ihnen im Laufe dieser Woche ausgemacht. Es scheint ihnen schrecklich ernst zu sein«.

»Wahrscheinlich ist es eine Gruppe Wichser, die bei uns gerne auf den fahrenden Zug aufspringen möchten.«

Wir hatten keine Ahnung, dass unsere scheinbar harmlose Entscheidung, das Anarchisten-Symbol zu übernehmen, solche Folgen haben würde.

Es stellte sich heraus, dass Persons Unknown eine Unterstützer-Gruppe für fünf im Juli 1978 verhaftete Anarchisten war, denen vorgeworfen wurde, Bombenattentate geplant zu haben. Diese Vorwürfe wurden zwar später fallen gelassen, jedoch durch solche ersetzt, wie Verschwörung zum Raub, Besitz von Sprengstoff, unerlaubter Waffenbesitz und Hehlerei. Alle fünf Angeklagten waren seit ihrer Verhaftung im Gefängnis. Persons Unknown hatten sich aus Unterstützern gebildet, die zum einen ihre Unschuld zu beweisen suchten und zum anderen Geld für die bevorstehende Verhandlung sammelten. Würde Crass helfen?

»Das klingt alles ziemlich heavy, oder?«, grübelte Andy nach unserer Rückkehr von dem Treffen.

»Kommt ganz darauf an, ob die Anklagepunkte einfach aufgebauscht wurden«, antwortete ich, mir voll bewusst, dass wir hier Farbe bekennen mussten. »Was für einen Eindruck hattest du?«

»Na ja, offensichtlich werden sie sich nicht zu den Vorwürfen bekennen. Sie schienen ganz nett zu sein, aber wenn wir uns mit ihnen einlassen, kannst du Gift drauf nehmen, dass die Presse das gegen uns verwenden wird.«

»Crass, die Terroristen?«, kicherte ich.

»Hört sich an wie ein guter Witz«, gab Andy zurück.

Einen Monat später war der Teufel los, als wir versuchten, ein Benefizkonzert für die Persons Unknown in der Conway Hall in London zu spielen. Mit auf dem Programm standen die Rondos, eine holländische Gruppe, von denen wir annahmen, sie seien Anarchisten. Wie sich aber herausstellte, handelte es sich um linientreue Maoisten, so dass es beim Auftritt von Anfang an Spannungen gab.

»Wir halten überhaupt nichts davon, für die Rechten zu spielen«, erklärten sie, als sie von Skinheads unter unseren Anhängern hörten. »Wenn es Ärger gibt, üben wir Vergeltung.«

Da war ich mir bereits ziemlich sicher, dass, selbst wenn es keinen Ärger im Publikum gäbe, die Rondos Ärger machen würden. Aber ich hätte mir keine Sorgen machen müssen, es gab reichlich Ärger, auch ohne ihre Mithilfe.

Den ganzen Abend kursierten Gerüchte, dass aus einem Publikum von über 700 Leuten, um die fünfzig Skinheads vorhätten, die Bühne beim Auftritt von Crass zu stürmen. Das war ein Gerücht, das wir schon oft gehört hatten, eines, das meiner Meinung nach nichts mit der Wirklichkeit zu tun hatte, sondern auf dem traurigen Bedürfnis nach Ersatz-Erlebnissen beruhte. Natürlich behaupteten manche Skinheads, die Neonazi-Organisation British Movement zu unterstützen, aber genauso gab die Queen an, für den Egalitarismus zu sein. Nur wenige Skinheads waren überzeugte Faschisten, und selbst wenn, na und? Dann waren sie doch diejenigen, die am meisten profitieren konnten von dem, was wir zu sagen hatten.

Kurz bevor wir dran waren, brach ein Gerangel am Eingang aus.

Wir wurden angegriffen, nicht von den Skinheads, sondern von der Roten Brigade, Trotzkisten, die, auf ihrem Kreuzzug für ›Alle Macht dem Volke‹, es auf sich genommen hatten, ›Nazischweine‹ aus der Halle zu schmeißen. Alle, deren Haare kürzer als ein Zentimeter waren plus einige von denen, die dummerweise eine Kopfbedeckung trugen, die ihre Loyalität verdeckte, wurden als Freiwild betrachtet. Das daraus resultierende Gemetzel war hässlich, unnötig und ganz und gar nicht zu rechtfertigen. Die Rondos waren die ganze Zeit nicht zu sehen.

Zwei Tage später stand im *Guardian* ein Bericht über den Abend, in dem behauptet wurde, der Auftritt sei vom British Movement vereitelt worden, die mit zerbrochenen Flaschen und »Rote Schweine« schreiend den Eingang gestürmt hätten. Ein Bericht, der unseren Ruf mit Gewalt in Verbindung brachte, ein Fluch, der uns ein Leben lang auf Tournee begleitete.

Trotz mehrerer Briefe an den Herausgeber des *Guardian*, in denen ich verlangte, dass die Wahrheit geschrieben werde, wurde nie eine Richtigstellung veröffentlicht. Das zarte Gleichgewicht, das wir versucht hatten, zwischen den gegensätzlichen politischen Lagern aufzubauen, war unwiderruflich zerstört. Von da an, im Glauben, wir hätten sie absichtlich einer Schlägerei ausgesetzt, wurden Crass und ihre Anhänger wiederholt die Zielscheibe für Angriffe des British Movement. Mit einem undurchdachten Bericht hatte die ›Zeitung der Denkenden‹ die Möglichkeit zum offenen Dialog zunichte gemacht.

Kurz nach dem Auftritt wurden die Angeklagten der Persons Unknown für nicht schuldig im Sinne der Anklage befunden und auf freien Fuß gesetzt. Einer aus ihren Reihen, Ronan Bennett, nahm Kontakt mit uns auf und schlug die Errichtung eines Anarchisten-Zentrums vor, mit dem bisschen Geld, das aus dem Verteidigungsfond übrig war.

»Klingt nach noch mehr Ärger«, warnte ich.

»Nein, das könnte auch bedeuten, dass etwas Positives entsteht aus dem Mist, in dem wir stecken«, antwortete Andy und nahm eine optimistischere Haltung ein.

Ein paar Tage später rief Ronan an und verabredete ein Treffen, bei dem wir seine Pläne besprechen würden. Wir sollten ihn mittags am Bahnhof abholen.

»Der Arsch ist nicht gekommen«, beschwerte sich Andy, nachdem er eine Stunde auf dem Bahnsteig gewartet hatte.

Zwei Stunden später erhielten wir einen Anruf von der örtlichen Polizeidienststelle. Ronan war verhaftet worden, als er durch die Fahrkartenkontrolle am Ausgang ging, und wurde jetzt verhört. Er käme vielleicht später.

»Ich wusste doch, dass es Ärger geben würde«, grummelte ich. »Wir spielen ein idiotisches Benefizkonzert für einen Haufen Anarchisten, die wir nicht mal kennen, und was bekommen wir dafür? Der Geheimdienst zapft unser Telefon an!«

»Mach mal einen Punkt, Pen, so wichtig sind wir nicht«, versuchte Eve mich zur Vernunft zu bringen.

»Ach nee? Und woher wussten sie dann, mit welchem Zug er kommt?« Wir wussten nun, dass die Behörden, wenn wir unvorsichtig wären, uns immer einen Schritt voraus sein würden.

Als Ronan schließlich kam, offensichtlich hatte sein Abstecher bei der Polizei ihm nicht zu sehr zugesetzt, war ich beeindruckt von seiner kühlen Intelligenz. Ja, natürlich brauchten wir als Anarchisten einen Ort, an dem wir uns treffen und unsere Ideen austauschen könnten. Und ja, natürlich brauchten wir eine Bibliothek, ein Café und einen Konferenzraum. Wir könnten dort sogar gelegentlich auftreten. In drei Stunden hatte er uns die Idee eines Anarchie-Zentrums verkauft, und wir hatten nicht nur zugestimmt, dass die Reste vom Verteidigungsfond dafür verwendet werden dürften, wir hatten auch angeboten, eine Benefiz-Single aufzunehmen.

Im Frühling 1980 brachten wir zusammen mit den Poison Girls, einer Band, mit der wir viel getourt waren, eine Single heraus. Sie teilten unsere libertären – oder waren es jetzt gutgläubig anarchistische – Ansichten. Überraschenderweise unterstützte unser Plattenvertrieb das Projekt und spendete die übliche Kommission ebenfalls dem vorgeschlagenen Anarchie-Zentrum.

»Bloody Revolutions«, so der Titel des Songs, den ich für die Single geschrieben hatte, drückte viele der zwiespältigen Gefühle aus, die ich während und nach dem Benefiz-Auftritt für die Persons Unknown verspürt hatte.

You talk about revolution, well, that's fine,
but what are you going to be doing come the time?
Are you going to be the big man with the tommy gun?
Will you talk of freedom when the blood begins to run?
Well, freedom has no value if violence is the price.
I don't want your revolution, I want anarchy and peace.
You talk of overthrowing power with violence as your tool.
You talk of liberation, and when the people rule,
well, ain't it people rule right now?
What difference would it be?
Just another set of bigots with their rifle sights on me ...

Du sprichst über Revolution, nun, das ist gut,
aber was wirst du tun, wenn der Augenblick gekommen ist?
Wirst du der große Typ mit der Maschinenpistole sein?
Wirst du noch immer von Freiheit sprechen, wenn das Blut fließt?
Freiheit hat keinen Wert, wenn der Preis Gewalt ist.
Ich will deine Revolution nicht, ich will Anarchie und Frieden.
Du sagst, du stürzt die Macht mit Gewalt als deinem Werkzeug.
Du sprichst von Befreiung und der Zeit, wenn die Menschen regieren werden,
sind es denn keine Menschen, die jetzt regieren?
Was wäre der Unterschied?
Nur eine andere Gruppe Eiferer, die mit dem Gewehr auf mich zielen ...

Trotz ihres versöhnlichen Tons wurde die Platte sofort von HMV verboten, nicht wegen des Textes, sondern wegen der »aufrührerischen Natur des Covers«.

Gees genauestens detaillierte Porträts der Queen, des Papstes, von Margaret Thatcher und der Justitia saßen auf den Körpern der vier Sex Pistols und lagen, wie man uns informierte, »außerhalb der Grenzen des guten Geschmacks«.

Man konnte sich nur schwer vorstellen, warum eigentlich, da HMV problemlos Alben vermarkteten, die, wenn schon nicht eindeutig sexuell, doch ziemlich starker Tobak waren. Aber wer waren wir denn, uns mit diesen Hütern der Moral anlegen zu wollen? Seien wir ehrlich, ohne HMV, Our Price and WHSmith wären wir kulturell bankrott und trieben ankerlos in den tosenden Wassern der Dekadenz.

Weit beunruhigender war dagegen der Anruf eines sehr wütenden und recht betrunkenen Punks aus Glasgow.

»Ihr verdammten Arschlöcher«, lallte er, »wie könnt ihr es wagen, die Pistols derartig zu schänden. Wisst ihr denn nicht, dass sie verdammt noch mal heilig sind. Wenn ihr hier raufkommt, dann mache ich euch Arschlöcher ein ...«

An diesem Punkt ging ich in die Küche, um Tee zu kochen, legte aber den Hörer nicht auf.

Fünf Minuten später rauschte Eve herein, um uns zu sagen, dass da ein Irrer am Telefon wäre.

»Ist schon in Ordnung«, kicherte ich, »er füllt die MI-5-Archive für uns.«

Bevor wir die Benefiz-Single aufnahmen, hatten wir einige Bedingungen gestellt, unter anderem, dass wir nichts damit zu tun haben wollten, wie das Anarchie-Zentrum aussehen sollte, auch nicht damit, wie es geführt würde. Bald nachdem wir unser erstes Album herausgebracht hatten, war uns klar geworden, dass wir uns in die sehr reale Gefahr begaben, ›Anführer‹ einer neuen Bewegung für gesellschaftlichen Wandel zu werden. Diese Rolle anzunehmen weigerten wir uns, die Revolution, so wie wir sie uns vorstellten, würde ohne Anführer auskommen. Nachdem wir also der guten Sache 12.000 Pfund gespendet hatten, zogen wir uns zurück, froh darüber, dass die Sache abgeschlossen war.

Das Zentrum in den Londoner Docklands existierte ungefähr ein Jahr lang, bevor es im Chaos versank. Von Anfang an gab es Konflikte zwischen den älteren Anarchisten und den jüngeren Anarcho-Punks. Es hatte den Anschein, als sei Crass der einzige Schnittpunkt, und auch der hing an einem dünnen Faden, aber wir hielten uns an die Abmachung und mischten uns nicht ein.

Einmal allerdings sind wir dort aufgetreten, aber die gegenseitigen Beschimpfungen nahmen ein derartiges Ausmaß an, dass wir uns die Frage stellen mussten, ob das Ganze nicht ein grässlicher Fehler gewesen war.

Natürlich führte unsere Weigerung, an der Organisation des Zentrums teilzunehmen, dazu, dass man uns eine elitäre Einstellung vorwarf, wie das Graffiti an den Wänden mitteilte:

»Crass? Kapitalistische Wichser!«

Gegen Ende, als die Krieg führenden Fraktionen sich in immer kleiner werdende Splittergruppen aufteilten, wurden wir gebeten einzuschreiten, und weil wir das nicht taten, warf man uns vor, den Ausverkauf zu betreiben. Im Großen und Ganzen war ich froh, dass das Projekt das Ende gefunden hatte, das es verdiente. Wenn das eine Vorführung von Anarchie in Aktion war, welche Hoffnung gab es dann nach der vielgerühmten Revolution?

Unbeirrt und trotz der Preispolitik von Crass Records finanzierten wir weiterhin ein breites Spektrum von Organisationen und Individuen, von *Peace News* bis zu einseitigen Fanzines, von Vergewaltigungs-Krisenzentren bis hin zu Gruppen, die Direkt-Aktionen organisierten. Egal, wie viel Geld wir mit der einen Hand austeilten, es schien immer mehr in die andere Hand zu fallen.

Einerseits peinlich berührt von unserem wachsenden Wohlstand, andererseits aber durchaus sein Potenzial schätzend, beschlossen wir, die Aktivitäten des Plattenlabels auf die Werke ähnlich gesinnter Gruppen auszudehnen. So gelang es uns jahrelang, einem immer größeren Querschnitt der plattenkaufenden Öffentlichkeit fast einhundert verschiedene Bands vorzustellen. Viele der Platten, die auf Crass Records herauskamen, deckten kaum die Produktionskosten. Aber da Profit nicht das Ziel war, war das egal. Wichtig war, dass immer mehr Menschen der eigentlichen Botschaft unseres Werks ausgesetzt waren: »Es gibt keine Autorität, außer dir selbst.«

Wir hatten eine Absatzmöglichkeit für Ideen und Informationen geschaffen, die bis dahin nie erhältlich gewesen waren, abgesehen über einige kleine anarchistische Druckereien. Die Ohrensessel-Anarchie war endlich gezwungen, sich auf die Straße zu begeben.

Nach unseren frühen Erfahrungen im *Roxy* und weil wir später in anderen kommerziellen Clubs ähnlich behandelt wurden, hatten wir uns geschworen, alternative Veranstaltungsorte für unsere Auftritte zu suchen. Daher spielten wir an einer Reihe ganz seltsamer Orte in abgelegenen Gegenden auf den Britischen Inseln, wo noch nie zuvor eine Band gespielt hatte. Dieser Akt der Dezentralisierung war ein Kernpunkt unserer gesamten Philosophie und trug viel zu der breiten Wirkung bei, die wir hatten.

Trotz zahlreicher lukrativer Angebote, im Ausland zu touren, einer Reise nach New York und zwei Reisen nach Holland ganz am Anfang unserer Karriere, beschlossen wir, grundsätzlich nur in Großbritannien zu spielen. Es stimmt zwar, dass unsere Botschaft global war, die Form aber, in der wir sie verbreiteten, war lokal verwurzelt.

In New York hatte man uns für Neonazi-Aktivisten gehalten, in Holland dagegen wurden wir wie Rockstars behandelt. Wir merkten schnell, dass wir nicht zu dem gemacht wurden, was wir waren, sondern zu dem, für das man uns hielt. In Großbritannien war es, trotz der ständigen Fehlinformation durch die Presse, weniger wahrscheinlich, dass man uns missverstand. Im Großen und Ganzen fanden unsere Auftritte nicht nach Plan statt, sondern weil Leute uns anriefen und fragten, warum wir nicht in Blackburn oder Fort Williams oder wo auch immer spielen wollten. Unsere Antwort war immer: Ihr organisiert die Auftrittsmöglichkeit, wir machen den Rest.

Hunderte von Leuten reisten an, um uns in Pfadfinderhütten, Kirchenhallen oder Sportzentren zu hören, um mit uns unsere gemeinsame Sache, die Freiheit, zu feiern. Wir teilten mit ihnen Musik, Filme, Literatur, Gespräche, Essen und Tee. Und wenn der Auftritt vorbei war, erstatteten wir erst dem Veranstalter die Ausgaben und verwendeten dann, wenn möglich, den Gewinn, um Aktivisten vor Ort zu finanzieren. Es verlief jedoch nicht immer unproblematisch. Es gab immer welche, die zerstören wollten, was wir aufzubauen versuchten. Wir versuchten, beim Stonehenge Festival zu spielen, wurden aber von Bikern verprügelt. Mancher Auftritt wurde von rechten Schlägern und linken Halbstarken aufgemischt, und in Belfast sorgten die Streitkräfte Ihrer Majestät dafür, dass sich niemand amüsieren konnte. Manchmal hatten wir jedoch den Eindruck, dass, je mehr wir uns aus dem politischen Gerangel heraushalten wollten, die Reaktionen derjenigen, die versucht hatten, uns in ihr ideologisches Netz einzuspannen, umso gewaltsamer waren.

Wir hatten die Schnauze voll von dem Rechts-Links-Jojo, das überall gespielt wurde, wo wir auftauchten. Daher beschlossen wir, dass sich unser drittes Album »Penis Envy« (Penisneid) auf die feministischen Aspekte unserer Arbeit konzentrieren sollte. Unsere Sexualpolitik, obwohl auf unseren bisherigen Alben eindringlich zur Sprache gebracht, war größtenteils ignoriert worden. Also mit nichts außer dem leisesten Geflüster männlicher Stimmen im Hintergrund, lancierten Eve Libertine und Joy de Vivre einen Anschlag auf unser primär männliches Publikum und konfrontierte es mit einem Schwung frischer Ideen.

»Warum singen bei euch nur Bräute?«, war eine häufige Reaktion, worauf es – natürlich – keine Antwort gab.

Trotzdem wurde mit dem Album eine neue Plattform für einen echten feministischen Dialog geschaffen, was in der Machowelt des Rock'n' Roll keine geringe Leistung darstellte. Es gab allerdings Zeiten, als die eigentliche Botschaft sogar von denen nicht verstanden wurde, die von sich behaupteten, am meisten verstanden zu haben.

Im Sommer 1981, kurz nach Veröffentlichung von »Penis Envy«, machte Eve bei einer Nur-für-Frauen-anarcho-feministischen Veranstaltung mit, wo mehrere Bands zusammenkamen, um ihre Ansichten zur sexuellen Revolution darzulegen, eine Revolution, die damals noch nicht viel weiter war, als in allen Männer potenzielle Vergewaltiger zu sehen.

»Mmmm, lieblicher großer Schwanz, ganz großer, langer, dicker Schwanz«, schmatzte die Sängerin einer der Bands, wobei sie lüstern ihr Mikrophon streichelte.

Füße schlurften und die Spannung stieg. Das Publikum war nicht zusammengekommen, um so etwas zu hören.

»Aber ihhh«, fuhr sie fort und schlug aggressiv auf das Mikro ein, »wer will denn an einem Schwanz lutschen?«

Ihre Frage wurde mit dem erwarteten Pawlowschen Reflex begrüßt.

»Richtig!« Die Fäuste wiegten sich in schwesterlicher Solidarität, und Köpfe nickten wissend.

Dann, aus der See der selbstgefälligen Menge heraus, preschte Eve hervor: »Ich! Wenn er jemandem gehört, den ich mag«, rief sie, und bewies damit, dass ihre Art von Feminismus noch eine gesunde Dosis Interaktion zuließ.

Wir waren ausgezogen, weil wir zeigen wollten, dass es möglich war, eine Gesellschaft zu schaffen, in der wir einander genug vertrauten, so dass alle Menschen Freunde sein könnten. Eves Erfahrung an jenem Abend deutete darauf hin, dass wir vom sexuellen Waffenstillstand noch weit entfernt waren.

Ironischerweise hatte das letzte Lied auf »Penis Envy« seine Existenz als umgeschriebene Version des Connie-Francis-Hits »Lipstick on Your Collar« (Lippenstift auf deinem Kragen) begonnen.

Vor dem Hintergrund seidiger Saiteninstrumente brach Eve lüstern in unsere wenig subtile Umschreibung aus:

Bet your bottom dollar, you and me are through,
cos lipstick on your penis told a tale on you.

Verwette deinen letzten Dollar, zwischen dir und mir ist's aus,
Denn Lippenstift auf deinem Penis hat dich verraten.

Schließlich jedoch verwarfen wir die Idee, denn eine garantierte Anzeige für etwas, was kaum mehr war als ein alberner Witz, lohnte sich nicht. Weil wir den Schlusstrack nicht verschwenden wollten, kamen wir auf die Idee, eine Middle-of-the-road-artige, romantische Schnulze zu schreiben, und Phil und Joy wurden abgeordnet, die dazu nötige Gesangseinlage zu verfassen. Eine Stunde später kamen sie mit »Our Wedding« (Unsere Hochzeit) zurück, was – wie beabsichtigt – ganz grässlich war.

... nur wir zwei, ein Fleisch und Blut,
in den Augen Gottes.
Ich bin dein für jetzt und für immer.
Ich gebe dir mein Leben.
Sieh nie eine andere an, keine außer mir.
Sieh nie eine andere an, nur mich sollst du sehen.
Hör auf die Hochzeitsglocken,
sag den anderen Mädchen Lebewohl.
Ich werde niemals untreu sein,
sei mir nicht untreu ...

Eve war nicht fähig, das Lied fertig zu singen, ohne in unkontrolliertes Lachen auszubrechen, also sprang Joy ein, was dem Track eine ätherische Qualität gab, wodurch er um so überzeugender klang.

Eine Woche später bot Andy, standesgemäß gekleidet, wie es sich für einen Vertreter von »Creative **R**ecordings **A**nd **S**ound **S**ervices« (Kreative Aufnahmen und Klangdienste) gehörte, »Our Wedding« einer Teenager Romanzenzeitschrift namens *Loving* an, die sich darauf spezialisierte, die Einsamkeit ihrer Leserinnenschaft auszunutzen.

Begeistert schluckten sie den Köder, und *Loving* bot bald darauf den Leserinnen ihrer Sondernummer »Braut« stolz das Lied auf einer jungfräulich weißen Flexi-Scheibe gratis an, mit folgendem Begleittext:

> »Joy de Vivre hat das ganze Glück und die Romantik jenes so wichtigen Tages eingefangen – den deiner Hochzeit – sichere dir also gleich deine Scheibe für den großen Tag – ein Muss für alle wahren Romantiker!«

Es war das wirksamste Stück Rock'n' Roll, das wir je produziert hatten. Als die Sache aufflog, bebte die Fleet Street *[Londoner Presseviertel, Anm. d. Ü.]*, während bei *Loving* Köpfe rollten.

Erst nachdem »Penis Envy« erschienen war, gestand mir Joy einen noch persönlicheren Akt der Subversion.

»Pe«, sagte sie sanft, »erinnerst du dich an die Zeile in ›Our Wedding‹, in der es heißt ›I'm giving you my life‹?«

»Ja«, antwortete ich.

»Ich hab's nicht über mich gebracht, das zu singen. Es war voll Scheiße.«

»Aber es ist doch auf der Platte.«

»Nein, ist es nicht«, lächelte sie, »ich habe gesungen ›I'm giving you my lie‹ – meine Lüge«.

»Na, in dem Fall«, lachte ich, »ist die Lüge besser als die Wahrheit!«

»Oder ist die Wahrheit besser als die Lüge?«, konterte sie.

Mittlerweile war bereits klar, dass der Einfluss der Arbeit von Crass nicht im Bereich des Rock'n' Roll zu orten war. Von den Friedenslagern bis zu den Untergrundzellen des Klassenkampfes radikalisierte unsere besondere Richtung der Anarchie das Leben Tausender.

Jede Woche erhielten wir Hunderte von Zuschriften, die alles mögliche wollten, von Anstecknadeln bis hin zu Ratschlägen, wie man eine Kommune gründet. Jeder Brief wurde persönlich beantwortet, diese Aufgabe stand dienstags auf unserem Plan, so wie wir den Mittwoch für Interviews reservierten. Mal abgesehen von Anfragen von der Musikpresse, die wir meist nach dem ersten Telefonat nicht weiter verfolgten, haben wir nie eine Bitte um ein Interview abgeschlagen. Unser Widerstreben, uns mit der etablierten Presse einzulassen, fand seinen Niederschlag in unserer Unterstützung der Do-it-yourself-Pressemedien. Auf diese Art und Weise entstand eine weit größere Vielfalt als die etablierte Presse je hätte bieten können. Gleichzeitig mussten diejenigen, die etwas über uns herausfinden wollten, kleine Publikationen kaufen, die sie sonst vielleicht ignoriert hätten.

Ein weiterer zeitraubender, aber trotzdem lohnender Aspekt unseres schlechten Rufes war der Strom von Besuchern, die ihren Weg zum Haus fanden. Es vergingen kaum Tage, an denen man nicht mit einer verloren umherwandernden Seele im Garten zusammenstieß, die sich nicht traute, an die Tür zu klopfen, und zu müde war, um den langen Heimweg anzutreten.

»Bist du von Crass?«, fragten sie hoffnungsvoll, wenn ein Mitglied der Band ihnen zu Hilfe eilte. Das war eine Frage, die immer nervte, genau wie andere Ladenhüter, etwa wie lange wir schon in dem Haus lebten oder wie viele Katzen wir hätten. Trotzdem versuchten wir immer höflich zu antworten. Besucher bekamen Tee und etwas zu essen angeboten und manchmal auch den Boden zum Übernachten. Manche blieben zehn Minuten, andere eine Woche. Manche halfen mit, andere brauchten Hilfe. Manche sahen wir nie wieder, mit anderen sind wir bis heute befreundet.

Im Allgemeinen wurden wir mit allem fertig, aber als einmal die Polizei eine Wagenladung italienischer Punks bei uns ablud, stießen auch wir an unsere Grenzen. Kaum der englischen Sprache mächtig, hatten sich die zwölf Italiener auf der Suche nach unserem Haus im nahe gelegenen Wald verlaufen. Sie sahen aus wie ein Haufen revolutionärer Desperados, und ich hegte keine Zweifel, dass es besorgte Spießer gewesen waren, die die Aufmerksamkeit der örtlichen Polizei auf sie gelenkt hatten. Beim Versuch, sie zurechtzuweisen, antworteten die Punks anscheinend im rhythmischen Sprechchor mit dem einzigen, leicht misszuverstehenden Wort »Crass«. Da die Polizei keinen Zweifel hatte, was sie wollten, packten sie sie in den Wagen und brachten sie zu uns, damit wir uns weiter um sie kümmerten.

»Die sind alle für euch, Kumpel«, grinste der Wachtmeister, als er den Gartenweg hinunterhüpfte.

Sie blieben zehn lange Tage, und während die Mahlzeiten ein Problem darstellten, war die Belagerung des Bades eine Katastrophe. Sie bildeten eine Schlange an der Badezimmertür, warteten brav, bis sie mit dem Waschen dran waren, Zahnbürste in der Hand, Handtuch über die Schulter geworfen. Etwa anderthalb Stunden lang war das Badezimmer dauerbesetzt, aber sie waren so gut organisiert, dass keiner der Vollzeit-Residenten es wagte, egal wie dringend das Bedürfnis war, dazwischen zu gehen.

Nachdem sie kaum mehr als »Crass« gesagt hatten, das dafür aber einige hundert Male, fuhren sie endlich ab, glücklich, wie ich hoffe, einen Teil ihres Lebens mit uns verbracht zu haben.

In mancherlei Hinsicht war uns der Austausch, den wir mit unserer Anhängerschaft zu Hause und unterwegs aufbauten, wichtiger als das, was wir auf der Bühne taten. Jeder Idiot konnte aus dem Elfenbeinturm heraus Anarchie predigen, und viele taten es auch, aber sie zu leben, wenn auch zugegebenermaßen manchmal unfreiwillig, war gleichzeitig demütigend und lohnend. Ich hätte es gegen nichts eintauschen wollen, und wenn Rock'n' Roll letztendlich alles war, was uns wirklich verband, dann war das auch in Ordnung.

> »Ihr Tempel ist Musik. Trommeln wie Donner, Becken wie Blitze, Reihen von elektronischen Geräten wie Wasserstoffraketen des Klangs. Gitarren wie Maschinengewehre. Liebe, Frieden, Wissen, Kicks ...«

Irgendwie war auf eine verquere Art und Weise Wally Hopes Prophezeiung wahr geworden.

Im Sommer 1981, in unserer merkwürdigen Rolle als Großbritanniens berüchtigtste Punkrocker, machten wir uns daran, ein neues Album aufzunehmen. In mancherlei Hinsicht war das Ergebnis eine

Herausforderung an den Mythos, den wir begründet hatten, und sicherlich spiegelte die Eröffnungszeile die Ironie wider, mit der wir diesen Mythos betrachteten.

> »Meine Damen und Herren, wir präsentieren Ihnen hier stolz Christ, Scheiße, sorry, Crass.«

»Christ the Album« kam in einer Box mit zwei Platten, plus einem auseinanderfaltbaren Poster und einem Büchlein mit dem Titel »A Series of Shock Slogans and Mindless Token Tandrums«, ein Zitat aus einer wenig schmeichelhaften Kritik zu einem unserer früheren Werke. Mein Beitrag zum Büchlein war »The Last of the Hippies – An Hysterical Romance«, die Geschichte von Wally Hopes traurigem Tod durch die Hände der Regierung Ihrer Majestät. Jahrelang verfolgte er mich in meinen Gedanken und hemmte meinen Sinn für Kreativität. Indem er immer wieder in meine Erinnerung driftete und sich nie weit von meinem inneren Auge entfernte, hatte er meine Wut genährt und meinen Eifer zur Veränderung am Leben erhalten. Wenn ich gehofft hatte, durch Crass würde sein Geist exorziert werden, dann lag ich falsch. Wally war noch immer bei mir. Wally, das jähzornige, resolute Schlitzohr meiner Träume.

Ein Zwischenspiel
Shark Infested Waters

Und wenn er jetzt aus dem Nichts in meine Arme stolperte, was dann? Dieser Strauß Blumen, Lilium Candidum, mit hängenden, gebrochenen Köpfen ist alles, was mir von ihm geblieben ist. Vielleicht ist das alles, was ich brauche? Aber was soll ein Körper ohne Hirn?

Ich beschwöre ihn in der Erinnerung herauf, lasse ihn durch die Alleen meiner Gedanken springen, verwechsle Orte, Zeiten und Gesichter. Er kommt, völlig verlottert, hält sich irgendwo in meinem Schädel auf. Ein Flüstern:

»Ich erinnere mich«, so sanft, so präzise, und doch so eiskalt.

Aber es ist nur der Nordwind im Februar, gefühlloser, arktischer Landstreicher, der sich unter meiner Tür hereinstielt.

Aber wenn ich mich erinnern würde, was könnte ich von ihm dauerhaft bei mir tragen, was nicht am Augenblick haftet wie der Frost am Blatt, um dahin zu schmelzen wie meine Tränen?

Übermüdet blicke ich durch getrübte Augen auf die Landschaft jenseits meines Fensters. Schnee fällt jetzt, er wird planlos vom Wind herumgewirbelt, bleibt mal in der Luft hängen, mal wird er weiter getrieben. Der Narr ist geflohen, er hat seine Blütenblätter wie Konfetti bei der Hochzeit eines Detektivs ausgestreut. Es gibt nichts, nach dem ich in meiner Müdigkeit greifen kann, nichts, was ich in dieser Erschöpfung zu fassen bekomme; sogar meine Träume sind träge.

Sollte ich also vor diesem Augenblick davonlaufen, die Beine in die Hand nehmen, um klarer zu sehen, mich auf der Suche nach einer göttlichen Erscheinung in den kupferblauen See stürzen? Der See liegt so still, so feierlich, aber was bringt mir das, zieht es mich nicht nur tiefer hinein in diesen Moment?

Oh, er ist tatsächlich da, lacht sein Lachen, aber wie finde ich ihn, und will ich das wirklich? Warum sollte ich ihn in diesen frostigen Nachmittag zurückzerren, damit er zähneklappernd neben mir steht?

»Ich erinnere mich«, so eiskalt.

Ich habe die letzten Monate damit verbracht, meinen Kopf zu durchkämmen, auf der Suche nach einem Teil von ihm oder von mir, der heraussticht, der mich wiederbelebt, mich von mir selbst wegzieht, damit ich euch aus dem Raum, der mich umgibt, ansprechen kann, aber was habe ich gefunden? Widerstand, verwirrenden Widerstand, der mein Hirn abstumpft und meine Finger verdammt.

»Raus, Dämon, raus!«

Aber der Wind spielt nur mit mir, schnappt sich meine Pein und wirbelt sie umher, bis sie zwischen die dunklen Klippen taumelt oder sich über die schneebedeckten Gipfel erhebt, um noch weiter zu reisen, über die Meere hinweg zu mysteriösen, mystischen Wüsten.

Meine Erinnerung schmilzt in der Hitze des Sahara-Sandes: Nomadische Gedanken werden unter dunklen Füßen zertrampelt und vom faulen Trott der Kamele verstreut.

Ich warte, nackt und kalt. Nackt, weil das in dieser Umgebung die beste Art der Verkleidung ist. Kalt, weil die Heizung in der Galerie über Nacht abgestellt wurde. Und ich warte, weil jeder Narziss eines Tages seine Reflektionsfläche finden wird.

Ein Kunstwerk zu sein ist einfacher als ich es mir vorgestellt habe, man muss sich nur ausziehen, zurücklehnen und an England denken. Vielleicht liegt darin das Geheimnis des Lächelns der Mona Lisa? Indem ich ein Kunstwerk spiele, werde ich eins. Auf dem Weg hierher, entlang der Alleen von Swiss Cottage, war ich nervös und ängstlich, aber jetzt bin ich völlig entspannt. Ich habe die Haltung eines Rodins, werde für einen Giacometti gehalten, habe die Balance eines Brancusis: bereit und abwartend.

Ich höre meinen Herzschlag, regelmäßig und fest, wie zur Bestätigung meiner Anwesenheit unter diesen Kadavern der Vorstellungskraft, jenen gefangenen Vermögenswerten, deren Wachstum einzig und allein ökonomisch ist und obendrein noch auf Spekulation beruhen. Die Hohe Kunst ist die Vernarrtheit einer Leiche in die andere.

Ich kann die Vögel draußen singen hören, die in den großen Gliedern der gesprenkelten Platanen hausen, ihr Klagelied wird von den mit Stuck verzierten, klippenartigen Gesichtern der Burgen reicher Männer zurückgeworfen, ordentlich betitelt und nummeriert wie in einer Ausstellung: »Nr. 67, Die Einkehr.«

Und jetzt kann ich Schritte hören, zunächst sanft, langsam und selbstsicher. Ich stehe auf und die Tür öffnet sich und tatsächlich, da kommt er. Die Hinweise waren zu offensichtlich: der Stil von Armani, der Duft von Dior, die Nüchternheit des Spekulanten. Der Barde ist erschienen, um sich gegen seine Muse durchzusetzen.

Ich erstarre, und nehme die Pose meiner Wahl ein: Michelangelos »Sterbender Sklave«.

Er geht an mir vorüber, wirft kaum einen Blick auf meine muskulösen Arme und meine anmutigen Schenkel, aber dann hält er einen Moment inne und blickt zu mir zurück.

»Meins?«, murmelt er, bevor er weitergeht, um sich die anderen Schätze anzusehen, die hilflos seiner Laune ausgeliefert sind.

Er bleibt wieder stehen, um mit seiner makellos manikürten Hand über die Braue des Blood Head* zu fahren, rot und bleich in diesem Haus der Geister**.

»Bonjour, mon ami«, lächelt er, bevor er sich zur Tür am anderen Ende der Galerie begibt.

Ich warte, bis er durch die Tür gegangen ist, bevor ich ihm auf Zehenspitzen nachschleiche. Kein Kunstwerk mehr, meine Nerven verwandeln sich explosionsartig in einen Aufruhr von Aktivität. Schweiß fließt jetzt aus meinen Achselhöhlen und läuft in kalten Bahnen an meinem nackten, mit Gänsehaut überzogenen Körper hinab.

Es ist genau so, wie ich es mir vorgestellt habe. Er steht am anderen Ende des Steges, der quer über das mit Öl gefüllte Becken verläuft, flüssiges Gold so schwarz wie die Nacht, und sieht auf seine eigene Reflektion hinab.

»Spieglein, Spieglein, an der Wand, wer ist der Meister ...«

Ich schlüpfe durch die Tür und gleite hinüber zu ihm, aber sogar die kleinste Bewegung auf dem Steg löst langsame, verräterische Wellenbewegungen auf der Oberfläche des Öls aus.

Er fühlt, dass er nicht allein ist, und dreht sich um, gerade als ich meine Hand ausstrecke, um ihn zu packen.

»Was ...«

»... ich will?«, ergänze ich, meine Finger graben sich ihm tief in den Nacken, meine Daumen prallen ab von seinem Adamsapfel und pressen sich tief in seine Kehle. »Was auch immer du zu geben hast.«

Er macht Anstalten zu kämpfen, aber ich ramme mein Knie scharf

---

** eine Skulptur von Marc Quinn, aus seinem Blut gefertigt und gefroren, Anm. d. Ü.*
*** Anspielung auf die »Sensation«-Ausstellung der »Young British Artists« in London, Anm. d. L.*

in seine Lenden, und verstärke gleichzeitig meinen Würgegriff. Als er vorwärts fällt, ducke ich mich zur Seite, schwinge herum, so dass ich hinter ihm bin, und drücke seinen Kopf langsam in Richtung des aufgewühlten Ölsees; ein Ozean, der auf seine Küste wartet.

»Runter, du Scheißkerl, runter«, flüstere ich, und zwinge seinen Kopf hinunter zur Oberfläche.

Ich fühle mich stark, unbezwingbar; nackt und stolz, wie ein Krieger. Ich schaue eine Weile auf meinen Schwanz, etwas erregt durch die körperliche Intimität unserer Begegnung.

Ich bin überrascht, wie wenig Kampflust in ihm steckt. Man sollte denken, bei dem, was er zu verlieren hat, würde er zumindest so tun, als leistete er Widerstand. Sein Bein zuckt gelegentlich im gewaltsamen Krampf, aber seine Arme haben bereits aufgehört zu rudern und hängen leblos auf die Wände des Beckens herab.

Ich drücke seinen Kopf tiefer in das Öl und bohre gleichzeitig wild mein Knie in seinen Arsch. Ich bin besorgt, er könnte sich tot stellen und sich plötzlich gegen mich drücken, mich zur Seite werfen und davonrennen, schwarzes Öl spucken und »Bloody murder« schreien. Aber meine Ängste sind unbegründet. Eine riesige Blase seines Atems bildet sich unter der Oberfläche des Öls, und gleichzeitig mit einem langen, ausgedehnten Furz zerstiebt sie dann wie ein Feuerwerk aus glänzenden, schwarzen Tröpfchen. Sein letztes Ausatmen.

Ich lasse seinen Kopf los, beuge mich hinab und hieve seinen zusammengesackten Körper über meine Schulter. Das Öl tropft in Klumpen von seinem Kopf auf mein schweißgebadetes, glänzend-rosiges Fleisch. Ich zittere unter seinem Gewicht, stolpere zurück über den Steg und hinaus in die Hauptgalerie.

Ich lasse ihn ungeschickt auf den Boden fallen, hole einen Beutel, den ich in der Garderobe gelassen hatte, und entnehme ihm ein Handtuch und einen Hammer. Mit dem Handtuch reibe ich mich sauber und trocken, und mit dem Hammer zerschmettere ich den Deckel eines Behälters, in dem, konserviert in Formaldehyd, der Körper eines Hais treibt.

Als der Hammer seine Aufgabe erfüllt hat, werfe ich ihn beiseite, und wende mich wieder meinem Opfer zu, hieve ihn noch einmal über die Schulter und schleppe ihn hinüber zum Aquarium.

Anfangs ist es mir unmöglich, mich meiner Last zu entledigen, aber dann erinnerte ich mich der Technik, die ich als Kohlenhändler gelernt hatte, kippe die Schulter und mit einem befriedigenden Platsch landet er im Aquarium.

Wie er durch das Formaldehyd hinunter sinkt, das Gesicht schwarz vom Öl, das Entsetzen seiner letzten Augenblicke in seinen aufgerissenen Augen, sieht er aus wie ein abtrünniger schwarz-weißer Minnesänger. Und dann, ob nun vom Gewicht seines Körpers oder von etwas scharfem an seiner Kleidung, Manschettenknöpfe? Kuliklemme? Mobiltelefon?, bekommt der Hai einen Riss, eine feine Serie von Bläschen steigt an seinem hinteren Ende auf.

»Er ist aufblasbar«, rufe ich aus, kann mich kaum vor Lachen halten, »nichts als heiße Luft«.

Jetzt ist der Riss größer, groß genug, um den langsam kleiner werdenden Hai durch das Becken zu treiben, mal an seinem tödlichen Partner schnüffelnd, mal ihn mit ballettartiger Anmut umkreisend. Dann rammt er gegen das Ende des Tanks, Nase platt, die Augen hervorspringend, nach oben, nach unten, an den Seiten entlang getrieben. Schließlich, in einer letzten rasenden Ausscheidung, schießt er aus dem Tank, macht Pirouetten durch die Luft, begleitet von seinen eigenen, widerlichen, nach Gummi stinkenden Fürzen, und landet auf dem Blutigen Kopf und sieht definitiv wie etwas aus, was sich Dali als Narrenkappe hätte ausdenken können.

Der Körper ist inzwischen auf den Grund des Tanks gesunken, das Gesicht hart gegen das Glas gepresst; ölig schwarz, weißäugig und mit offenem Mund, wie eine Sexpuppe in der Schachtel. Oral-Nora, schwarz, schön und bereit zum Blasen.

Ich entferne den Originaltitel vom Aquarium: »Die körperliche Unmöglichkeit des Todes in den Gedanken eines Lebenden« *[Titel der Installation von Damien Hirst, Anm. d. Übers.]* und ersetze ihn durch: »Das Vorrecht des Raubtiers«.

Mir bleibt nichts, als mich anzuziehen und nach Hause zu gehen. Ich kann mich nicht entscheiden, ob ich den Bus oder die Bahn nehmen soll. Vielleicht doch den Bus, es gibt dort mehr zu sehen und überhaupt ...

Ich schaffe Ideen. Ich glaube an das, was ich geschaffen habe, aber nicht unbedingt an meine Ideen. Dies oder das? Dauerhaftigkeit. Was für eine Dauerhaftigkeit? Dauerhaftigkeit ist ein Dogma. Dogma ist Blindheit. Es gibt keine beständigen Werte, weil es keine Beständigkeit gibt. Alles ist im Flux. Werte? Es gibt keine Werte. Sollte ich mich entschließen, dieser oder jener Idee einen Wert zu verleihen, dann würde ich damit versuchen, ein Konzept von Beständigkeit zu entwickeln, eine Illusion von Dauerhaftigkeit. Aber kann man das, wenn man die endliche Natur seiner Existenz akzeptiert? Ich will keine Dauerhaftigkeit, weil es keine gibt. Der harte Stein der Gewissheit ist nur wirbelnder Nebel.

Und Wissen - was ist damit? Durch unser Wissen definieren wir die Grenzen unserer Wahrnehmung. Beim Schielen auf unsere Nasenspitze stellen wir uns vor, wir sähen den Horizont. Während wir in Wirklichkeit gar nichts sehen außer einem Standpunkt, unserem Standpunkt.

Wir dienen uns gegenseitig als Spiegel, sehen im anderen aber nur das, was wir in uns selbst sehen. Wenn du nichts in dir selbst siehst, wo bist dann du, wo bin dann ich?

Du kannst nur verstehen, was du verstehst; das sind die Grenzen des Wissens. Ich kann dich nicht dazu bringen zu verstehen, denn um zu verstehen, musst du verstehen. Ich kann dir genauso wenig helfen, wie ich dich behindern kann.

Es gibt nichts jenseits der einzigartigen Natur unserer Existenz. Alles andere ist Erfindung. Ich suche kein Wissen, weil es kein Wissen gibt, keine Wahrheit, weil es keine Wahrheit gibt. Ich muss nur weitermachen, ohne Hilfe.

The Last of the Hippies

Wallys Tod war der erste, von dem ich behaupten kann, dass er mich wirklich berührt hat. Als meine Großeltern starben, war ich zu jung, um es wirklich zu verstehen, und als mein bester Schulkumpel an einer Polio starb, derselben, wegen der eins meiner Beine kürzer ist als das andere, war ich nur erleichtert, dass es nicht mich erwischt hatte. Mal abgesehen von meiner Promenadenmischung, die unvorsichtigerweise meinen Vater biss und daraufhin ›auf die Farm‹ geschickt wurde, waren meine Erfahrungen mit dem Tod aus zweiter Hand. Das bisschen, was die Zeitungen, der Rundfunk und das Fernsehen meiner Vorstellungskraft überließen, war mit Regimenten von traurigen, alten Biertrinkern bebildert, die jederzeit bereit waren, Unschuldige mit Märchen des großen und glorreichen Krieges zu ergötzen. Es kam mir vor, dass sie, statt ihr Überleben zu feiern, sich genau deswegen schrecklich schuldig fühlten. Ihre hohlen, wässrigen Augen drückten soviel mehr aus als ihre brüchigen, belegten Stimmen.

»Weißt du, Junge, wir hatten keine andere Wahl.«

»Oh«, antwortete ich, und fragte mich, ob sie von dem Krieg sprachen, der alle Kriege beenden sollte, oder von dem, der diesem unvermeidlich folgte.

Wie auch immer die Antwort war, es machte keinen Unterschied. Ich wusste, dass der zweite Weltkrieg weder verloren noch gewonnen worden war, sondern nur ein schreckliches Gefühl der Leere und der Verzweiflung hinterlassen hatte. Der zweifache Alptraum der Nazi-Konzentrationslager einerseits und der Atombomben auf Japan andererseits hatte die Welt, entsetzt über das Ausmaß der Gräueltaten, die die Menschheit entfesseln konnte, aus dem Ruder laufen lassen. Es war schier unvorstellbar und gerade das stellte die größte Bedrohung dar. Wenn wir uns nicht dem Horror stellen konnten, an dem wir beteiligt gewesen waren, wie würden wir daraus lernen können, wie viel Zeit würde vergehen, bis wir es wiederholten? Es schien definitiv so, dass diejenigen, die am Ruder saßen, den Planeten auf einen Kurs in Richtung völliger Zerstörung steuerten. Der Kalte Krieg war erklärt worden und die Dritte Welt verhungerte, aber die Supermächte belauerten sich nur gegenseitig. In der hoffnungslosen Unsicherheit der neuen Epoche beschritten die Menschen bizarre Wege, um ihre Ängste zu besänftigen.

Etwas zu ignorieren ist das Dümmste, was man machen kann, aber Ignoranz wurde zum Schlüsselwort, während der Einzelne den Kopf in den Sand des Konsums steckte. Wenn Gott in Treblinka gestorben und in Nagasaki begraben war, dann hatten ihn die Supermärkte des neuen Kapitalismus wieder auferstehen lassen. Wenn du nicht mit dir selbst Frieden schließen konntest, dann batest du um ein Cabrio. Wenn das Leben seinen Sinn verloren hatte, vielleicht bekäme es durch eine neue Waschmaschine wieder einen Sinn? Und wenn alles versagt, dann danke dem Herrn fürs Fernsehen, oder sollte man dem Fernsehen für Gott danken? Eigentum wurde zum Existenzbeweis.

»Dies ist dein, das ist mein, sieht zwar alles gleich aus, ist aber fein. Und ich kaufe, kaufe, kaufe, besitze und versichere, und wenn sie's im Fernsehen sagen, kaufe ich sogar noch mehr. Aber was haben sie empfohlen, dies hier oder das da drüben? Es ist alles so schön bunt hier, nicht wahr, mein Schatz?«

Die neue Kirche des Konsums bot ihrer Herde eine geisttötende Auswahl an Wegwerfprodukten, hinter denen sich die schrecklichen Tatsachen des Lebens im Nuklearzeitalter versteckten.

»Ich kaufe, also bin ich.«

»Sistrotzdmschön, ne?«

In der Zwischenzeit kümmerten sich die Regierungen um das Geschäft mit der Aufrüstung ihrer Kernwaffen, oder, wie man uns sagte, um die nukleare Abschreckung. Zufrieden damit, dass denen ›da oben‹ ihre Interessen am Herzen lagen, war der größte Teil der Bevölkerung, geblendet von arbeitssparenden Gebrauchsgegenständen und geisttötendem Ramsch, bereit, diese Lüge zu akzeptieren. Solange alle ihren Spaß hatten, hinterfragte niemand das Verhalten derer, die an der Macht waren und mit atomaren Zeitbomben spielten. Doch die Lunte verkürzte sich ständig.

Auch wenn sich die Mehrheit widerspruchslos vom vorherrschenden, radioaktiv gesättigten Wind mittragen ließ, gab es dennoch diejenigen, die sich dagegen erhoben. Zwar hatten die fünfziger Jahre den Konsumterror hervorgebracht, aber gleichzeitig waren zwei weitere Phänomene entstanden: die Friedensbewegung und der Rock'n' Roll. Beide waren eine Revolution gegen die Werte der ›normalen‹ Gesellschaft. Beides waren Reaktionen auf eine Welt, die mehr und mehr von grauhaarigen Männern und deren grauen Gedanken dominiert wurde.

Ende der fünfziger Jahre konnte die CND über einhunderttausend Demonstranten auf die Straßen holen. Aber eine noch lautere Stimme dröhnte damals über die Radioröhren und Kurbelgrammophone aus Millionen Haushalten. Über Nacht erkannten Teenager ihr sexuelles Potenzial, ihre Körper wurden durch den einfachen, hämmernden und alles verzehrenden Rhythmus des Rock'n' Roll befreit.

Und während bürgerliche Kinder wie ich alte Jacken in die Trichter der Grammophone stopften und schamhaft die Hüften zu den gedämpften Klängen des Tabus schwangen, mischten Teddy Boys Kinos auf und hingen an Straßenecken herum und prahlten mit ihrem frisch erworbenen Selbstbewusstsein.

»Und dafür haben wir einen Krieg geführt?«, bemerkte mein Vater verzweifelt.

War die Friedensbewegung hauptsächlich eine Angelegenheit der Mittelschicht, was sie allerdings meinen Eltern nicht näherbrachte, so kannte der Rock'n' Roll keine Klassenschranken. Es stimmt zwar, dass es schließlich die Beatles waren, die die verschiedenen desillusionierten Gruppen unter einen Hut brachten, aber Rock, Revolution, Sehnsucht nach Veränderung und natürlich auch die Friedensbewegung waren fast von Anfang an unzertrennlich.

Anfang der sechziger Jahre war die CND schleichend in den British Way of Life integriert worden, die Stimme des Protests wurde durch die Stimme der Mäßigung gemildert und seine Ziele verwischten durch den politischen Opportunismus linker Geier, die als Tauben auftraten. Die Labour Party sah in der Kampagne lediglich eine weitere Sprosse auf der Leiter zur Macht. 1964 stimmte sie als Opposition für die Abschaffung der britischen Atom-U-Boot-Flotte. Ein paar Monate später, nachdem sie an die Macht gekommen waren, bestellten sie vier neue U-Boote; ihre Verkleidung wurde durchschaubar.

Während jedoch die Proteststimmen dahinschwanden, war das Herz des Rock'n' Roll weniger anfällig. Mitte der sechziger Jahre hatte sich die Beatlemania wie ein Buschfeuer ausgebreitet. Sogar die herablassenden Gesten meiner Eltern verwandelten sich in vorsichtige Anerkennung, als die Pilzköpfe der Königin vorgestellt wurden.

»Gar nicht übel«, bemerkte mein Vater, »aber hinter ihnen steckt sicherlich ein gebildeter Kopf.«

Die Jugend hatte ihre Stimme gefunden und verlangte zunehmend, dass sie auch gehört würde, und die ältere Generation gab zu, dass nicht alles schlecht war, und verbog sich schier in dem Bemühen, sich diese Stimme einzuverleiben. Da aber übertönte ein Schrei aus der Wildnis alle anderen Stimmen:

»Wenn ihr das Spiel des Lebens ernst nehmt, wenn ihr euer Nervensystem ernst nehmt, wenn ihr eure Sinnesorgane ernst nehmt, müsst ihr euch antörnen, mitmachen und aussteigen.«

Der Acid-Prophet Timothy Leary hatte neue Dimensionen entfesselt, einen neuen Satz Farben, ein neues Zeitkonzept und eine Neuinterpretation des Raumes geschaffen. Instant Karma und das alles durch Einwerfen eines Tabs.

Das brave Bürgertum war geschockt. Verzweifelte Eltern schreckten zurück, als ihre kleinen Lieblinge über die Fußmatte kopfüber direkt in Alice's Wonderland stolperten. Täglich behaupteten hysterische Presseberichte, LSD könnte alles von der Flatulenz bis hin zum völligen Kollaps der anständigen Gesellschaft bewirken. Soziologen erfanden den Generationskonflikt und mein Vater gewöhnte sich an, mich aufmerksam über den Frühstückstisch hinweg zu begutachten.

Währenddessen wechselten Pärchen aus der Mittelschicht die Straßenseite, um Kontakt mit ›drogenabhängigen Aussteigern‹ zu vermeiden. Wenn langhaarige Verrückte anständigen Bürgern ein V-Zeichen entgegenhielten, war das zwar ein umgedrehtes Friedenszeichen, bedeutete so aber ›fuck off‹.

Wir hatten also in der grauen Ecke die ›normale Gesellschaft‹ und in der Regenbogenecke Sex'n'Drugs'n'Rock'n'Roll, oder wenigstens sahen die Medien es so.

Das CND-Emblem wurde von der ständig wachsenden Legion der Rockfans übernommen, deren Botschaft von Love and Peace schnell zur globalen Hymne wurde. Die Medien nannten das Phänomen ›Hippie‹, in ihrem verzweifelten Bemühen, allem ein Etikett aufzukleben und auf Schubladen zu verteilen, was ihre Kontrolle über die Köpfe der Massen bedrohte, und machten sich dann in ihrer durchschaubaren aber trotzdem wirkungsvollen Weise daran, die neue Vision zu diskreditieren.

Die Rock-'n'-Roll-Kultur hatte etwas erreicht, was noch nie zuvor erreicht worden war. Sie hatte die Verlogenheit der von der Gesellschaft bestimmten Aufteilung in Klassen, Farbe und Glauben bewiesen. Während Debütantinnen ihr Diadem zum Twisten abwarfen, warfen die bisher schweigenden Massen ihre Hemmungen ab und begannen zu schreien. Die gesellschaftlichen Schranken fielen. Es war egal, wer du warst, woher du kamst, oder was du machtest; wenn du gut drauf warst, warst du cool.

In den späten Sechzigern jedoch hatte die anständige Gesellschaft genug gesehen. Sie wollte ihre grauen Städte nicht in Regenbogenfarben. Die psychedelische Revolution wurde etwas zu real und musste daher gestoppt werden.

Die Verbreitung bestimmter Bücher wurde untersagt, Buchhandlungen geschlossen. In Büros und Sozialstationen fanden Razzien statt und Unterlagen wurden beschlagnahmt. Untergrundzeitungen und -zeitschriften brachen unter dem behördlichen Druck zusammen. Ganze Ausstellungen in Galerien und Filme in Kinos wurden konfisziert. Künstler, Schriftsteller, Musiker und zahlreiche Hippies wurden vor Gericht gezogen und mussten sich gegen erdichtete Anklagen wegen moralischer Verdorbenheit, Obszönitäten und Drogenmissbrauch verteidigen. Seit Hitler-Deutschland oder McCarthys Amerika hatte es eine solche kulturelle Repression nicht mehr gegeben.

Während die Unterdrückung immer offensichtlicher praktiziert wurde, verwandelte sich der freundliche Helfer ›Bobby‹ in den Volksfeind ›Piggy‹. Der Friedensgeneration war der Krieg erklärt worden, aber die Liebe würde nicht kampflos aufgeben.

»Es werde Tod«, und es ward Tod, und die Medien und ihr treues Gefolge schreckten entsetzt vor dem Gedanken zurück, es könnte ihr Kind gewesen sein, das das Gemetzel befohlen hatte. Aber Charlie warf nicht nur Fragen auf, er hatte auch die Antworten parat:

»Was ihr in mir seht, findet ihr auch in euch. Wenn ihr in mir einen bösartigen Killer sehen wollt, dann seht ihr einen. Wenn ihr in mir den Bruder sehen wollt, dann bin ich das für euch. Es kommt immer darauf an, wie viel Liebe du in dir trägst. Ich bin du, und wenn du das einsiehst, wirst du frei sein.«

Charles Manson, Wortverdreher, psychedelischer Kriegsherr, Hexendoktor spiritueller Perversion, Hohepriester faschistischer Sexualität, schlug auf die Gesellschaft zurück, die seine Vision verdreht hatte, und wandte dabei die Methode an, die die Gesellschaft selbst anwandte: Gewalt.

Und Gott liebte die Welt so sehr, dass er seinen einzigen Sohn hergab, Charles Manson. »Piggy« stand mit Blut geschrieben auf den polierten Oberflächen gesellschaftlicher Akzeptanz. Nie mehr wirst du alleine wandeln ...

Manson, seine ›Familie‹ und die makabren Morde, für die sie verantwortlich waren, sandten Schockwellen durch eine Gesellschaft, die sich vor der neuen Generation, die sie gezeugt hatte, fürchtete. Manson betrachtete die Elite seiner kalifornischen Heimat als ›Dreck‹. Diese respektablen Säulen der amerikanischen Gesellschaft, die er mit Drogen versorgt hatte und die nicht dafür bezahlt hatten, waren in seinen Augen Betrüger und Lügner. Für ihn bestand dieses anständige, häusliche Volk, das Fleisch nur als etwas zum Verschlingen ansah und das hinter zugezogenen Vorhängen Frauen tauschte und in Schmuddelfilmen und Videoaufnahmen seiner sexuellen Abenteuer schwelgte, nur aus Barbaren. Diese selbstbewussten, lächelnden Wohltäter, deren Aufstieg die Mafia verdeckt unterstützt hatte, denen der ›mysteriöse‹ Tod eines Gegners kaum mehr als eine wissend gezückte Augenbraue abverlangte, waren in seinen Augen der Feind. Er machte sich daran, diesen Feind mit dem Mittel zu zerstören, die jener anwenden würde, um ihn, Manson, zu zerstören: Gewalt.

Hippies waren in Ordnung gewesen, solange sie akzeptiert hatten, dass sie Bürger dritter Klasse waren, die nichts anderes als den Müll der Konsumgesellschaft zu erwarten hatten. Man ließ sie in Ruhe, solange sie bereit waren, im Abfall zu leben und auch entsprechend behandelt zu werden. Als sie jedoch mehr verlangten, spürten sie den Druck der Gesellschaft, die keinen Platz für die Bürger dritter Klasse, die sie erschaffen hatte, erübrigen wollte. Dieser Druck sorgte durch eine nicht außergewöhnliche Wendung des Schicksals dafür, dass die zwei Dämonen der psychedelischen Kultur gleichzeitig eine Haftstrafe im selben kalifornischen Gefängnis absaßen.

»Weißt du wirklich nicht, wo wir sind, Tim?«

»Nein, Charlie, wo sind wir?«

»Dies ist die Ewigkeit, Bruder. Endstation. Niemand kommt hier jemals raus. Das ist für immer.«

Die Manson Morde gaben den Medien genau das, worauf sie gewartet hatten. Plötzlich waren alle Hippies potenzielle Psychopathen, die beim Berühren einer Grateful-Dead-Platte sich zur Ewigkeit durchmeucheln würden und dann zurückkämen, um diejenigen zu erledigen, die sie dabei übersehen hatten. Vergessen war, dass ›Hippie‹ eine Ablehnung von Systemen bedeutet, in denen Angst regierte, wo mit Gewalt kontrolliert wurde und im Namen des Vaters Millionen unschuldiger Opfer abgeschlachtet wurden. Die rechtschaffene Gesellschaft drohte der Jugend mit erhobenem Finger und sagte:

»Seht ihr? Haben wir's euch nicht gesagt? Das kommt bei Sex'n' Drugs'n' Rock'n' Roll raus!«

Und so läuft es auch heute noch.

Zehn Jahre später wurde Sid Vicious, der bei den Sex Pistols Bass spielte, die gleiche Behandlung durch die Medien zuteil. Punk war in aller Munde, trotz allen beflissentlichen Bemühungen der anständigen Gesellschaft, ihre neuen Radikalen zu ignorieren und der Entschlossenheit der Medien, sie zu diskreditieren.

Als Sids Partnerin Nancy tot in einem New Yorker Hotel aufgefunden wurde, befanden dieselben dumpfen Stimmen mit selbstgerechter Empörung, die schon bei Manson herumgemosert hatten, dass Sid des Mordes schuldig war, bevor auch nur im Geringsten von einem Prozess die Rede war. Der mahnende Zeigefinger lag wieder am Abzug, und als sich Sid zu Nancy ins große Jenseits gesellte, erklang der fast einhellige Chor »Seht ihr? Haben wir's euch nicht gesagt?«

Manson und Sid waren grundverschiedene Persönlichkeiten ganz unterschiedlicher Herkunft, aber in ihrer Nützlichkeit für die Gesellschaft, die sie schmähte, unterschieden sie sich nicht: identifiziert die Bedrohung, sucht euch einen geeigneten Sündenbock und benutzt ihn dazu, die Bedrohung zu diskreditieren.

Manson und Sid galten als ›charakteristisch‹ für einen bestimmten Typus und wurden eingesetzt, um die fehlgeleitete Natur all derjenigen, die sich im weitesten Sinn mit ihnen identifizieren ließen, zu beschreiben. Die Tatsache, dass ihre Taten in den eigenen Reihen genauso sehr verdammt wurden wie von allen anderen auch, spielte dabei für die Medien keine Rolle.

Die Gedanken und Handlungen der Allgemeinheit werden tagtäglich von den Medien manipuliert, die ihrerseits ebenfalls manipuliert werden, und zwar von der wohlhabenden, herrschenden Elite, der sie gehören. Es ist schlicht und ergreifend ihre Aufgabe, die gesellschaftlichen Wertvorstellungen aufrechtzuerhalten. Zensur ist überflüssig, wenn Geld mehr zu sagen hat als Worte. Diene dem, was dir dient, sonst ...

Mansons Taten gaben dem Hippie-Mythos eine neue Dimension. LSD-Opfer, meist von übereifrigen, bigotten Quacksalbern erfunden, mutierten zu Medien-Satanen, Hippie-Kulte zu Presse-Teufeln. Beide brachten eine neue Welle von Horrorschlagzeilen hervor.

Unendlich viele heimtückische Verbrechen wurden LSD in die Schuhe geschoben, und zwar von denjenigen, die unter legalen, verschreibungspflichtigen Beruhigungspillen standen oder unter massiver Alkohohleinwirkung taumelten, sich aber für fit genug hielten, die Welt zu regieren und obendrein noch einbildeten, ausreichend qualifiziert zu sein, die Welt zu zerstören, sollten sie es für nötig halten.

Hippie-Kult-Gruppierungen wurde vorgeworfen, das zu tun, was etablierte Religionen und angesehene Psychiater seit Jahren betrieben: Gehirnwäsche.

Trotzdem, oder vielleicht auch gerade aufgrund all der Bemühungen, die Bewegung zu unterdrücken, breitete sie sich weiter aus, ihre Anhängerschaft wuchs genauso wie das politische Bewusstsein, obwohl sie zunehmend in den Untergrund gedrängt wurde. Die Botschaft war immer ›zieh dein eigenes Ding durch‹, und langsam aber sicher kamen die Leute darauf, dass Antörnen gleich Abtörnen war, und dass Aussteigen bedeutete, sich zu drücken. Die Realität des Atomaren Zeitalters bahnte sich durch die psychedelischen Nebelschwaden einen Weg zurück ins Bewusstsein. Die LSD-Revolution hatte Spaß gemacht, das war aber auch alles. In der Zwischenzeit hatte sich die alte, graue Wirklichkeit unerbittlich weiter nach vorne gebohrt. Der Traum war aus.

Das letztendliche Versagen der Hippie-Bewegung lag in der Vogel-Strauß-Taktik dem Leben gegenüber. Eine Hippie-Utopie umgeben von

Hass und Krieg war wie Schnee in der Sommersonne. Schließlich hoben diejenigen, die nicht ständig so stoned waren, dass sie gar nicht mehr aus ihren ewigen Pfeifenträumen aufwachten, die Köpfe aus dem Sand, um sich mit einer Gesellschaft konfrontiert zu sehen, die durchaus auch sehr gut ohne sie auskam, vielen Dank. Die Hippie-Bewegung wurde endlich gezwungen, sich neu zu orientieren. Peace and Love hatte eine militante Form gefunden: Yippie.

»Wir sind eine Generation der Obszönitäten«, predigte Jerry Rubin den Studenten an der Kent State Universität in den USA. »Die Menschen, die in diesem Land am stärksten unterdrückt werden, sind nicht die Schwarzen, nicht die Armen, sondern die Mittelschicht. Sie haben nichts, gegen das sie sich erheben und kämpfen könnten. Wir müssen neue Gesetze erfinden, die man brechen kann.

Der erste Teil des Yippie-Programms besteht darin, dass wir unsere Eltern umbringen. Wenn ihr nicht bereit seid, eure Eltern umzubringen, dann seid ihr auch nicht bereit, dieses Land zu verändern. Unsere Eltern sind unsere ersten Unterdrücker.«

Keinen Monat nach Rubins Rede war die Universität in Aufruhr. Die hauptsächlich weißen, aus der Mittelschicht stammenden Studenten hatten unzählige Demonstrationen organisiert und einen Teil der Universität niedergebrannt, um ihre Kritik an der Art und Weise, wie sowohl die Universität als auch das Land regiert wurden, auszudrücken.

Der Amtsschimmel, statt die vorgebrachten Vorwürfe zur Kenntnis zu nehmen, rief die Armee herbei, um die Ordnung wieder herzustellen, was dann auch in guter militärischer Manier geschah, indem vier Studenten erschossen wurden. Die Eltern Amerikas standen dabei in der ersten Reihe. Nach den Erschießungen drückte es die Mutter eines Kent State Stundenten folgendermaßen aus:

»Jeder, der sich in den Straßen von Kent mit langem Haar, schmutzigen Kleidern oder barfuß sehen lässt, hat es sich selber zuzuschreiben, wenn er erschossen wird. Wir müssen unsere Straßen sauber halten, und am besten fangen wir mit den langen Haaren an. Ja, ich wäre einverstanden, dass mein Sohn erschossen würde, wenn er barfuß herumliefe.«

Die Zeit des Flower-Power war vorbei. Die Schweine waren los und grasten auf den Weiden.

»Ich bin sehr stolz darauf, Schwein (Pig) genannt zu werden«, scherzte Ronald Reagan, der damals dabei war, ins Herz der amerikanischen Politik vorzudringen, »das steht für *Pride, Integrity and Guts.*«

Ab Ende der sechziger Jahre gingen überall in der westlichen Welt die Leute wieder auf die Straße. Der Traum überlagerte sich mit der Realität. In Frankreich wurde die Regierung beinahe von libertären Studenten gestürzt. In Holland machten die Provos die konventionelle Politik zum allgemeinen Gespött. In Deutschland rächten sich Baader-Meinhof an einem Staat, der noch immer von alternden Nazis beherrscht wurde. In Amerika war der Frieden aufgrund von Vietnam ein wichtigeres Thema als der Krieg. In Nordirland demonstrierten Katholiken dafür, dass ihnen Menschenrechte zugestanden wurden, in England waren Colleges und Universitäten besetzt und Botschaften wurden gestürmt. Überall forderten Menschen ein Leben ohne Angst, eine Welt ohne Krieg und verlangten Freiheiten von den Behörden, die sie jahrelang als irrelevant betrachtet hatten. Die herrschende Klasse hatte schon viel zu lange das Sagen gehabt.

Unter den Leuten auf der Straße jedoch lebte eine lang gehegte Feindschaft wieder auf: der Widerstreit zwischen den Ideen der Anarchie und des Kommunismus. Seit Marx seine Theorien dargelegt hatte, waren Anarchisten und Kommunisten immer wieder aneinander geraten, manchmal sogar gewaltsam, und zwar darüber, wie Freiheit zu definieren sei. Anarchisten wiesen das Marx'sche Konzept von der »Diktatur des Proletariats« zurück, das in ihren Augen nicht besser war als die existierende Diktatur der herrschenden Klasse.

Anarchisten halten jegliche Form von Regierung für Unterdrückung, egal, wer am Ruder sitzt. Sie glauben, dass das Individuum das Recht hat, seine eigenen Entscheidungen zu treffen und dass dieses Recht der Grundstein aller Freiheit ist. Sie lehnen Regierungen in allen Erscheinungsformen ab, weil eine regierte Gesellschaft eine Gesellschaft in Ketten ist. Kommunistische Ideen von zentralisierter Organisation werden von Anarchisten schon allein deswegen zurückgewiesen, weil sie eine Form der Kontrolle darstellen und Kontrolle Sklaverei ist. Kommunismus, wie sein vorgeblicher Feind, der Kapitalismus, ist nur eine andere Facette jenes uralten Triebs: des Willens zur Macht.

Zu Beginn dieses Jahrhunderts trugen die Anarchisten maßgeblich zum Zustandekommen und Sieg der Russischen Revolution bei, aber danach verhinderten die Kommunisten, mit denen sich die Anarchisten zusammengetan hatten, nicht nur, dass die Anarchisten eine Rolle in der neuen Gesellschaft spielten, sondern sie brachten sie auch aktiv und gewaltsam zum Schweigen.

Während des spanischen Bürgerkriegs in den dreißiger Jahren, nach einer anfänglichen Phase der Kollaboration, wiederholte sich der gleiche Konflikt. Von der Popularität der Anarchisten bedroht, verweigerten ihnen die Kommunisten Waffen, lösten ihre Verbände auf und machten regelrecht Jagd auf sie. Die aktive Unterdrückung der Anarchisten durch die Kommunisten war der Wendepunkt, der Franco zum Sieg in Spanien verhalf und in ganz Europa die jahrelange Vormacht der Faschisten einläutete.

In den späten Sechzigern hätte es französischen Libertären gelingen können, mit der Unterstützung der sozialistischen Gewerkschaften die Regierung zu stürzen. Die Gewerkschaften jedoch machten einen Rückzieher und der Vorstoß der französischen Radikalen wurde im Keim erstickt.

Trotz aller Meinungsverschiedenheiten kämpften die nach Veränderungen strebenden Bewegungen in den sechziger Jahren weiter. Ob Anarchist, Kommunist, Aktivist, Pazifist, Arbeiterklasse, Mittelschicht, Schwarz, Weiß, alle verband eine gemeinsame Sache, ein universeller Faktor, ein gemeinsames Banner: der gute alte Rock 'n' Roll.

In den späten Sechzigern begründeten Woodstock in Amerika und Glastonbury in Großbritannien eine Tradition in der Rockmusik, die bald zu einem Lebensstil wurde: das Rockfestival. Manche umsonst, andere nicht ganz umsonst, aber alle nahmen für sich in Anspruch, Geistesfreiheit zu bieten. So jedenfalls wurde einem das Märchen vom »Es war einmal« aufgetischt.

Im Großen und Ganzen waren die meisten Zusammenstöße zwischen der Obrigkeit und der Jugendbewegung in den späten Sechzigern und frühen Siebzigern politischer Natur: linke Plattformen für soziale Unzufriedenheit statt libertärer Forderungen nach einem selbstbestimmten Leben. Die Rockfestivals jedoch, vor allem die kostenlosen, waren anarchische Feiern der Freiheit und stellten die Obrigkeit als solche vor ein ganz neues Problem. Konnten sie Leute davon abhalten, sich zu vergnügen? Die Antwort war abzusehen, da es ihnen an Fantasie fehlte: Trampelt auf ihnen herum.

Windsor Park ist einer der kleineren Hinterhöfe Ihrer Majestät, und als Hippies ihn zum idealen Veranstaltungsort für ein Freikonzert auserkoren, war sie *not amused*. Nichtsdestotrotz war das erste Windsor Free 1972 eine ziemlich ruhige Angelegenheit und die Obrigkeit hielt sich zurück.

Im folgenden Jahr war alles ganz anders und die ungebetenen Gäste der Queen wurden gewaltsam von der Polizei entfernt. Die königlichen Corgies konnten sich wieder standesgemäß erleichtern und ungestört herumwandern.

An vorderster Front in jenem Jahr stand ein gewisser Phil Russel, abwechselnd gar nicht oder mit einem alten Paar Jeans und einem grell bestickten Hemd bekleidet, auf dem schlicht die Botschaft HOPE (Hoffnung) stand. Er tanzte uneingeschüchtert durch die Reihen grimmig dreinblickender Polizisten und fragte: »Was für Edelmänner seid ihr eigentlich?«, und als sein sonnengebräunter Körper einen Schlag abbekam, spottete er: »Was für edle Männer ihr doch seid!«

Phil verließ Windsor an Körper und Geist verletzt. Er hasste Gewalt, und das, was er mitansehen musste, machte ihn krank. Liebe? Friede? Kurz danach begegneten wir ihm zum ersten Mal.

Phil Russel, Wally Hope, wie auch immer man ihn nennen mag, war ein lächelnder, braungebrannter Hippie-Krieger. Seine Augen erstrahlten in dem Himmelblau, das er so sehr liebte. Seine Haare waren golden wie die Sonne, die er verehrte. Er war stolz und aufrecht, anarchistisch und wild, nachdenklich und poetisch. Seine Gedanken waren ein seltsames Sammelsurium. Er hatte sie von Menschen übernommen, die er bewunderte und unter denen er gelebt hatte: von tanzenden Arabern, fleißigen Israelis, bäuerlichen Zyprioten, noblen Massai, aber, am wichtigsten von allen, von amerikanischen Indianern, denen er sich im Geiste eng verbunden fühlte.

Phil hatte die Welt bereist und überall, wo er Zeit verbrachte, Gleichdenkende kennen gelernt, und trotzdem kehrte er immer nach England zurück. Vielleicht war es seine Liebe zur mystischen Vergangenheit, König Artus und seine Ritter, die ihn zurückbrachte. Oder vielleicht teilte er mein Gefühl, dass man wirkliche Veränderungen nur an dem Ort bewirken könnte, den man am besten kennt: in der Heimat.

Phil konnte endlos reden. Die Hälfte von dem, was er von sich gab, schien reine Fantasie zu sein, die andere Hälfte aber war reine Poesie. Von seiner Persönlichkeit ging eine seltsame Magie aus. Als wir uns das erste Mal begegneten, beschwor er einen Schneesturm herauf. An einem anderen Tag ließ er einen prächtigen vielfarbigen Himmel entstehen. Es war, als hätte er einen Regenbogen zerschnitten und die einzelnen Teile in die Luft geworfen, wo sie dann spektakuläre, zufällige Muster bildeten. Wenn ich jetzt darauf zurückblicke, erscheint es unglaubwürdig, und doch erinnere ich mich lebhaft an beide Erlebnisse.

Bei unserer ersten Begegnung beschrieb er die Auseinandersetzung beim Windsor Free, und dann, da ich nicht viel über Festivals wusste, skizzierte er ihre Geschichte:

»Das erste wirkliche Freikonzert fand 1969 in Glastonbury statt, wo man kosmische Kräfte anzapfen konnte. Die Bühne bestand aus einer wunderbar durchsichtigen Pyramide, die direkt auf einer Erdstrahlenader stand und nur ein Zehntel der Grundfläche jener großen Pyramide im alten Ägypten umfasste, aber dennoch ehrfurchteinflößend aussah. Die Wolken formierten sich zu Schwanen- und Reiherflügeln am goldenen Himmel, und von rechts nach links über das Tal hinweg bildeten Wolken ein Geschwader aus riesigen Tauben mit schleichenden Schwingen, aus Engeln, die einander liebkosten, sangen und tanzten.«

Er fuhr dann in ähnlich poetischer Weise fort, seine Zukunftsvisionen zu beschreiben. Er entfaltete dabei einen Plan, den ich für irrwitzig hielt. Er wollte Stonehenge besetzen, einen Ort, den er als heilig erachtete und der sich daher ausgesprochen gut für Freikonzerte eignete: freie Musik, freier Raum, freier Geist. So jedenfalls endete das Märchen, ganz wie bei »und wenn sie nicht gestorben sind ...«

Hippies voller Träume waren ein Phänomen der frühen Siebziger, verlorene Seelen, deren Hirne von den chemischen Substanzen, die sie sich einverleibt hatten, kontrolliert wurden, statt von irgendeiner Vernunft, in deren Genuss sie vielleicht früher einmal gekommen waren. Die meisten waren Langweiler, die darüber schwatzten, wie sich alles ändern würde, ohne dabei im geringsten zu merken, dass sie vielleicht ihrerseits etwas tun müssten, um diese Veränderungen zu erreichen. Wie dem auch sei, sie konnten kaum jemals erklären, was sie eigentlich unter »Veränderungen« verstanden.

Trotz all seiner seltsamen Ideen war Phil anders. Für ihn war LSD keine Substanz, die einem beim Aussteigen half, sondern ein Sakrament, eine Kommunion mit einer greifbaren Hoffnung auf Wirklichkeit, die er aktiv in eine Welt der Grauheit und Verzweiflung einbrachte. Er benutzte LSD vorsichtig und kreativ, nicht zur Flucht, sondern um einen Weg zur Flucht zu finden:

»Weißt du, Jerry, richtig angewendet, erreicht man mit LSD ein höheres Bewusstsein, man findet sich selbst, manchmal auch religiöse Gefühle und das ganze Geheimnis des Lebens, die Liebe.«

Im Grunde hatte ich mich nie als richtiger Hippie gefühlt. Ich konnte Hawkwind nicht ausstehen, und abgesehen von der Schüler-Ausgabe gefiel mir auch die Zeitschrift »Oz« nicht. Aber im Ernst, ich hatte nur sehr begrenzte Erfahrungen mit Drogen. Ich hatte an der Kunstakademie Haschisch geraucht und seitdem gelegentlich mal einen Zug genommen, aber das einzige Mal, als es mir wirklich gefallen hat, war beim Vögeln, aber das ist eine andere Geschichte.

Ich hatte die Kommune im Haus zu einer Zeit gegründet, als viele andere, von deren Existenz ich keine Ahnung hatte, ähnliches taten. Die sogenannte ›Kommunenbewegung‹ war das natürliche Ergebnis, als Menschen wie ich ihr Leben in Zusammenarbeit, gegenseitigem Verständnis und ohne Privateigentum gestalten wollten. Einfamilienbehausungen waren einer der offensichtlichsten Gründe für den hoffnungslosen Wohnungsmangel. Gemeinschaftliches Leben war die praktische Lösung für das Problem. Wenn wir es fertig brachten, unser Heim mit anderen zu teilen, vielleicht könnten wir lernen, unsere Welt zu teilen, und das wäre doch sicherlich der erste Schritt in Richtung globaler Vernunft?

Das Haus war niemals ein Ort, wohin Leute kamen, um auszusteigen, sondern vielmehr etwas, in das Leute einstiegen und bemerkten, dass sie, wenn sie eigenen Raum und Zeit zur Verfügung hatten, fähig waren, ihr eigenes Leben zu gestalten. Ich wollte einen Ort anbieten, der den Leuten etwas ermöglichte, was die Gesellschaft ihnen nie erlauben würde: sie selbst zu sein.

Ich teilte Phils Verachtung für die rechtschaffene Gesellschaft, eine Gesellschaft, die mehr Wert auf Eigentum als auf Menschen legte und Wohlstand mehr respektierte als Weisheit. Ich unterstützte seine Vision einer Welt, in der sich die Menschen vom Staat zurücknahmen, was der Staat den Menschen genommen hatte. Besetzungen haben ihre Wurzeln in einer solchen Denkweise. Warum sollten wir für etwas bezahlen, was rechtmäßig unser war? In wessen Welt lebten wir eigentlich?

Das Leben von Abermillionen von Menschen wird von einer Handvoll Leuten bestimmt, die die herrschende Elite bilden, die den meisten Wohlstand besitzen, fast das gesamte Land und alle Macht. Sie erwarten von uns Dankbarkeit für das Privileg, dass sie über unser Leben bestimmen dürfen. Sie erwarten von uns Dankbarkeit für das Privileg, dass wir für das Dach über unserem Kopf zahlen müssen. Sie erwarten von uns Dankbarkeit für das Privileg, in ihren Fabriken und Büros Sklaven sein zu dürfen, und für das Privileg, die miserablen Löhne, die sie zahlen, von ihnen akzeptieren zu dürfen. Sie werden auf unsere Kosten reicher, aber wir sollen sie als Symbol des Erfolgs bewundern. Wir sollen dankbar sein für das Privileg, ihnen hohe Steuern zahlen zu dürfen, mit denen sie dann unsere Unterdrückung finanzieren. Und schließlich wird von uns erwartet, dass wir für das Privileg, für sie in den Krieg ziehen zu dürfen, dankbar sind, dankbar dafür, andere Menschen, die so sind wie wir, töten zu dürfen und von Menschen, die so sind wie wir, getötet zu werden. Man erwartet von uns, die Frauenschläger zu lieben, zu ehren und ihnen zu gehorchen bis dass der Tod, höchstwahrscheinlich verfrüht und ganz sicher der unsere, uns scheidet. In dieser besonderen Ehe ist Scheidung ein harter Kampf, aber darauf genau bereitete sich Wally in seinen Plänen für Stonehenge vor; vielleicht doch keine so schlechte Idee? Freie Musik, freier Raum, freier Geist?

Jahre nach Phils Tod beschlossen Crass, auf dem Stonehenge Free Festival zu spielen, im Gedenken an seinen Begründer. Unser Auftritt hatte ein paar hundert Punks angelockt, für die die Festival-Szene neu war. Sie wiederum erregten das Interesse anderer Fraktionen, die ihrerseits Punk nicht kannten.

Die Atmosphäre schien entspannt, und als die Dämmerung kam, versammelten sich Tausende von Menschen um die Bühne, um der Musik der Nacht zu lauschen. Crass wollten gerade anfangen, als die Bühne plötzlich von Bikern gestürmt wurde, die darauf bestanden, dass auf ›ihrem‹ Festival kein Punk gespielt werden sollte. Was folgte, war eine der gewaltsamsten und beängstigendsten Erfahrungen meines Lebens.

Die Biker, mit Flaschen, Ketten und Schlagstöcken bewaffnet, pirschten lauernd überall herum und griffen jeden Punk an, dessen sie habhaft werden konnten. Es gab keinen Ort, an dem man sich verstecken konnte, und keine Möglichkeit zur Flucht. Die ganze Nacht lang versuchten wir, uns selber und andere zu Tode erschrockene Punks vor der hirnlosen Gewalt dieser Festival-Schutzengel zu schützen, während die Polizei am Rande in Bereitschaft stand, wohl wissend, was dort abging und erfreut darüber, dass wir uns so blendend amüsierten.

Die ganze Nacht hindurch war die kalte, feuchte Luft erfüllt von den entsetzten Schreien der Punks, die weggezerrt wurden, um in Frieden und Liebe unterwiesen zu werden. Den Versuch zu wagen, irgendjemanden zu retten, war aussichtslos, denn in der schwarzen Nacht war es unmöglich, jemanden zu finden. Die, die wir retten konnten, versteckten wir in unserem Wagen, in ständiger Angst, dass die Biker ihn entdecken und womöglich abfackeln würden. In der Zwischenzeit starrte das hauptsächlich aus Hippies bestehende Publikum ausdruckslos in die Lagerfeuer, verloren im Nebel ihrer bekifften Träume und ahnte nichts von unserem Schicksal.

Wochen später verteidigte ein Hippie-Flugblatt die Biker und behauptete, es hätte sich um eine Anarchisten-Truppe gehandelt, die unsere Motive missverstanden hätte. Missverstanden. Anarchisten.

Wenn Phil und die frühen Stonehenge-Festivals mein erster Flirt mit ›richtiger‹ Hippiekultur gewesen war, dann war jene Nacht wohl mein letzter.

Im Winter des Jahres 1973 kam Phil ständig zum Haus mit immer neuen und immer ehrgeizigeren Plänen.

»Wie wär's, wenn wir die Queen einlüden?«

»Glaub' nicht, dass sie kommen würde«, antwortete ich trocken.

»Vielleicht schon, wenn sie wüsste, dass der Rest der Familie auch da wäre.«

Anfang 1974 druckten wir Tausende von Postern und Handzettel für das Festival, alle in Phils unnachahmlichem Stil:

> »Wir schlagen vor, dass sich alle sofort an positiven Aktionen beteiligen, denn durch eine zynische apathische Haltung übernehmt ihr die Verantwortung für die bevorstehende, schmierige Plage, die sich Weltkrieg nennt. Wir hängen alle mit drin und am Ende erwartet uns Gottes Urteil. ›Liebe ist alles, was wir brauchen.‹
> Schwingt weder nur den linken, noch nur den rechten Flügel, sondern benutzt alle beide und hebt ab zum Umweltministerium alias Rock'n'Royal-Beste-Freunde-Stadt. Alternatives UN-Hauptquartier, c/o Gott, Jesus, Gandhi und Buddha, Garten Allahs, Englands Heiliges Herz, Wiltshire.
> Bringt mit, was ihr vorfinden möchtet. Besuchszeit: 20. Juni.
> FREIES STONED HENGE ROCKS OFF«

Phil hatte Hunderte von Einladungen verschickt, an solch unterschiedliche Koryphäen wie den Papst und Bob Dylan, die Beatles und British-Airways-Stewardessen, für die er eine große Schwäche zu haben schien, an die Hippies von Katmandu und, natürlich, an die Royal Family.

»Man kann ja nie wissen«, gestand er widerwillig ein.

Wie auch immer, ich war nicht sehr überrascht, als nicht viele, genau genommen gar keiner der Eingeladenen, zur vereinbarten Zeit auftauchten. Trotzdem schien Phil sehr zufrieden mit dem bunt zusammengewürfelten Haufen, der sich aus ein paar hundert Hippies zusammensetzte.

Neun Wochen lang hielten Phil und andere, die willens waren, dem immer feuchter werdenden Sommer zu trotzen, an dem alten Steinmonument Hof, von Denkmalhütern beobachtet, in deren nicht ganz so versteinerten Gesichtern die Verwirrung stetig zunahm.

Holzrauch kräuselte sich aufwärts in der feuchte Morgenluft, grauer Rauch vor grauen Steinen vor grauem Himmel. Aber allnächtlich erleuchteten hüpfende Flammen einen unermüdlichen Geschichtenerzähler, dessen Vision vom Garten Eden schillerndes Licht über die Ebene sprühte. Er erzählte Geschichten darüber, warum ausgerechnet an diesem Ort das Feuer entzündet worden war, hier und jetzt.

»Schaut her, wir müssen alle zusammenkommen«, erklärte Phil der Gruppe, die um ihn herum kauerte, »uns heroisch vergnügen und den Himmel auf Erden schaffen. Der Blitz aus König Artus' Stämmen wird alle unheiligen Vibrationen zerstreuen. In der heiligen dreizehnten Stunde werden sich die monatlichen Zeichen vereinen, und Kinder tanzen miteinander und beten die Sonne an.«

Ich bin mir nicht ganz sicher, ob überhaupt jemand verstanden hat, worüber er sprach, und oft fragte ich mich sogar, ob er es selber verstand. Wie auch immer, Poesie musste nicht verstanden, sondern gefühlt werden. So gingen die Reden allnächtlich weiter, und der Regen fiel, und wenn es in dem Jahr nur einen alten, ramponierten Kassettenrecorder gab, der Klänge herauspumpte, nächstes Jahr würde alles besser werden.

Schließlich ließ das Umweltministerium, der Dienstherr der Denkmalhüter mit den versteinerten Gesichtern, den ›Wallies von Stonehenge‹ einen Beschluss zustellen mit der Forderung, dass sie sich sofort vom Regierungseigentum zu entfernen hätten – was sie natürlich nicht taten.

Die bunt zusammengewürfelten Bewohner des Lagers hatten verabredet, dass sie für den Fall, dass die Behörden eingriffen, alle nur auf den Namen Wally hören würden. Dabei handelte es sich um einen Hund, der sich Jahre zuvor auf dem Isle-of-Wight-Festival verirrt hatte, wo der Name, neben Forderungen, den Zaun einzureißen, zum Schlachtruf avancierte.

Die lächerlichen Vorladungen wurden Phil Wally, Sid Wally, Chris Wally, einem anderen Wally und Co. zugestellt und trugen viel dazu bei, den darauf folgenden absurden Gerichtsprozess vor dem Obersten Londoner Zivilgericht in Szene zu setzen.

Die Medien liebten den Prozess. Es hatte in der Woche keine richtig ekligen Morde, Vergewaltigungen, Kriege oder Naturkatastrophen gegeben, so dass die Wallies und ihr Führer Phil Wally – »auch als Wally Hope bekannt« – zu Ex-und-Hopp-Stars des Augenblicks wurden. Unsere grinsenden Helden erschienen täglich in den Tageszeitungen, erhoben die Hand zum Friedenszeichen und predigten die Macht der Liebe direkt neben den Tagestitten und -hintern, also die gleiche Botschaft in einem ganz anderen Gewand.

»Die Wallies erhielten gestern den Marschbefehl, ihren Garten Allahs im Schatten von Stonehenge zu verlassen.
Die Erklärung, dass Gott ihnen befohlen habe, ihre Wigwams in der Ebene zu Salisbury aufzuschlagen, beeindruckte Richter Stocker nicht so richtig.
Aber die acht Wallies, die nebst einem siebenjährigen Wally vor Gericht gezogen waren, kamen trotzdem lächelnd wieder raus.
Denn als Wally scheint man nicht verlieren zu können. Und tatsächlich trat ihr schnellsprechender Führer Wally Hope nach dem gegen ihn ergangenen Urteil heraus um zu verkünden: ›Wir haben gewonnen.‹
Seinen verdutzt dreinschauenden Zuhörern erklärte er: ›Wir hätten gewonnen, was auch immer passiert wäre. Wir spielten mit dem Herz-Ass. Der Richter sagte uns, wir wären hundertprozentig gute Menschen. Wir sind Freunde des Richters. Wir sind sogar Freunde der gegnerischen Anwälte. Wir haben uns mit allen möglichen Leuten angefreundet. Also haben wir gewonnen. Was wollt ihr mehr vom Leben, als Freunde zu gewinnen?‹
Ein bisschen vorwurfsvoll war Wally Hope dennoch im Hinblick auf das Umweltministerium.
›Wir finden es ein bisschen anmaßend, dass sie uns raushaben wollten‹, sagte er, ›da Gott uns doch die Anweisung gegeben hatte, dort zu kampieren.‹
Dann hieß es für Wally Hope und die anderen buntgewandeten Wallies von Wiltshire zurück zu den Wigwams von Stonehenge, ›wo jeder Tag ein Sonn-Tag ist‹, um dort auf den nächsten Schachzug der Regierung zu warten.
Wie auch immer, sie werden recht bald umziehen, um die Wallies von Windsor zu werden, beim dortigen Feiertags-Pop-Festival.«
Daily Express, 7. August 1974

Es war unwichtig, dass die Wallies ihren Fall verloren hatten, sie hatten gute Publicity bekommen, und in unserer medienbesessenen Gesellschaft ist das schon die halbe Miete. Daher hatten sie auf ihre Art doch irgendwie gewonnen. Sie würden weiter ziehen müssen, aber es gab ja immer noch das nächste Jahr. Eine Tradition war geboren, aber Wally Hope hatte den Behörden einen Stich verpasst und noch einmal würden sie ihn nicht davon kommen lassen.

Von Stonehenge wanderten die abziehenden Wallies nach Windsor weiter. In jenem Jahr zog das Festival dort eine größere Menge an als je zuvor. Zehntausende waren gekommen, damit Ihre Majestät wusste, dass ihre Untertanen sie nicht vergessen hatten; sie im Gegenzug erwartete die Teilnehmer in der Gestalt eines riesigen Polizeiaufgebots.

Es gab gleich von Anfang an Spannungen, aber erst richtig los ging es, als eine Übermacht von sechshundert Polizeibeamten frühmorgens einen Angriff auf die schlafenden Festival-Besucher startete. Hunderte Unschuldiger wurden verletzt, während die Polizei willkürlich und brutal jeden schlug, der ihnen zufällig im Weg lag. Leute wurden aus ihren Zelten gezerrt, um Stiefel und Schläge zu frühstücken. Diejenigen, die protestierten, wurden zu den wartenden Einsatzfahrzeugen gezerrt, dort beleidigt, eingeschüchtert, geschlagen und dann später angezeigt.

»FESTIVAL ABGEBROCHEN
VERRÜCKTER POLIZEIEINSATZ
Die Polizei, die gestern einschritt, um ein Pop-Musik-Festival im Windsor Great Park abzubrechen, handelte auf eigene Initiative.
Die Parkmanager, die Königlichen Grundstücksverwalter, gaben an, sie hätten die örtliche Polizei informiert, bevor das Festival anfing, und hätten es ihnen überlassen, wie und wann gegen die Fans eingeschritten werden sollte.
Innenminister Jenkins verlangte einen ausführlichen Polizeibericht ...«
Guardian, 30. April 1974

Die Medien taten also so, als seien sie geschockt, und die Regierung bestellte einen Untersuchungsausschuss, doch weder das eine noch das andere trug nennenswert zur Verbesserung der Bedingungen für die zahlreichen, durch staatliche Gewalt schwer verletzten Opfer bei.

Staatliche Untersuchungsausschüsse werden seit jeher dazu benutzt, den Eindruck zu erwecken, dass etwas Positives unternommen werde, und in solchen Fällen eingesetzt, in denen die Behörden ihre Kompetenzen überschritten haben. Diese symbolische Geste gestattet es dem Staat, Verbrechen gegen die Menschen zu begehen, ohne ernsthaft mit Vergeltungsmaßnahmen rechnen zu müssen. Diese Taktik war bereits in Fällen von Militär- und Polizeigewalt von Belfast bis hin nach Brighton eingesetzt worden, sowie bei den tödlichen Strahlenlecks aus Kraftwerken wie Sizewell oder Windscale. Letzteres wurde dann in Sellafield umbenannt, in der vergeblichen Hoffnung, dass die Umbenennung etwas an seinem Ruf als atomares Sieb ändern würde. Ob es sich nun um Korruption oder Betrug handelte, immer wird dieselbe Justizfarce eingesetzt, um Spuren, die die Regierung hinterlassen hatte, zu verwischen. Die brutale Wahrheit war jedoch, dass nichts getan wurde, um das Unrecht wieder gutzumachen, außer ein paar Weißbücher zusammenzustellen, die kaum jemals einer lesen oder bemerken würde. Währenddessen gingen die offiziellen Verbrechen weiter.

Die Regierung und jene, denen sie Macht verlieh, waren sich voll und ganz bewusst, dass sie Verbrechen gegen die Öffentlichkeit begingen. Sie wussten auch, dass sie damit fortfahren könnten, bis alles in der Öffentlichkeit aufgedeckt werden würde. Da letztere allerdings derart von der Macht eingeschüchtert war, war es unwahrscheinlich, dass dieser Fall je eintreten würde.

Zum zweiten Mal verließ Wally Hope das Windsor Free Festival verletzt und deprimiert. Wieder hatte er unter den Uniformierten getanzt, und vergeblich versucht, sie mit seinem Humor und seiner Liebe zu beruhigen. Für seine Bemühungen war er zusammengeschlagen worden.

»Es war grauenhaft, Jerry, ich sah, wie die Polizei einen jungen Typen wegschleppte, sie schlugen und traten ihn. Ich sah, wie einer schwangeren Frau in den Bauch getreten und einem kleinen Jungen ins Gesicht geschlagen wurde. Ringsumher überfiel die Polizei Leute. Ich ging zu einem Polizisten, der einer Frau gerade die Zähne ausgeschlagen hatte, und fragte ihn, warum er das getan hatte. Er sagte mir, ich solle mich wegscheren, sonst würde ich die gleiche Behandlung erhalten, was später auch tatsächlich passierte.«

Langsam lernte ich. Als Zeichen des Vertrauens in die Menschheit hatten die Türen der Kommune immer offen gestanden. Die Geschichten, die mir Wally erzählte, schürten meine Angst vor der Zukunft. Wenn das die wirkliche Welt war, wünschte ich mir fast, er hätte sie für sich behalten, aber ich fühlte mich damals schon zu sehr mit ihm verbunden, um mich heraushalten zu können.

Im Winter jenes Jahres begannen wir, das zweite Stonehenge Festival vorzubereiten: mehr Flugblätter, mehr Poster, mehr Einladungen und noch mehr Mist.

»Ich glaube nicht, dass ich die Queen dieses Jahr einladen werde«, schmollte Wally, »aber wie wär's mit …«

»Nein, Phil«, unterbrach ich ihn ohne überhaupt abzuwarten, wen er meinte.

Aufgrund des fragwürdigen Erfolges des ersten Festivals waren die Vorbereitungen für das zweite viel einfacher. Mundpropaganda war schon immer ein wirksames Werkzeug des Untergrunds gewesen, und schon sprachen Leute aufgeregt darüber, was sie alles anstellen könnten, damit es dieses Mal klappte.

Wally verbrachte einen großen Teil der ersten zwei Monate des Jahres 1975 damit, in und um London herum Flugblätter zu verteilen. In seiner Kampfuniform, einer bizarren Mischung aus Palästinensertüchern und schottischem Flair, fuhr er in seinem kosmisch gewappneten Wagen herum, mit einem aufgerollten Tipi auf dem Dachgepäckträger: Er war auffällig und bunt, ein Anblick, den die grauen Männer in Blau sicherlich nicht übersehen konnten.

Anfang Mai verließ er die Kommune, um sich in Devon auszuruhen, bis das Festival begann. Wir hatten alles, was in unserer Macht stand, getan, um den Erfolg des Festivals zu sichern, alles, was wir jetzt tun konnten, war abzuwarten. Der Tag seiner Abfahrt war sengend heiß, so heiß, wie nur ein sengend heißer Tag im Mai sein kann. Wir saßen im Garten und nippten Tee, während Wally, die goldene, brennende Sonne verherrlichend, uns als Ständchen eine wilde Vorstellung auf seinen afrikanischen Trommeln lieferte. Er war gesund, glücklich und zuversichtlich. Auch dieses Mal würde er gewinnen.

Das kosmisch gewappnete Auto entfernte sich vom Haus, Wally lehnte sich aus dem Fenster und ließ einen durchdringenden Schrei heraus, etwas zwischen Indianer-Kriegsgeheul und den Worten »Freiheit und Frieden«, aber er war schon zu weit entfernt, um richtig verstanden zu werden.

Als ich ihn das nächste Mal ungefähr einen Monat später sah, hatte er mehr als 15 Pfund abgenommen, seine Haut war weiß und unangenehm aufgequollen, er wirkte zerbrechlich, nervös und konnte kaum sprechen. Er saß da, sein Kopf hing herab wie bei einem Gehenkten, er fuhr sich mit der Zunge über die Lippen, so, als suche sie das Gesicht, das einmal zu ihr gehört hatte. Seine Augen waren ihm tief in den Schädel gesunken, mit Tränen gefüllt, als wollten sie sich vor der Wirklichkeit zurückziehen, die sie gezwungenermaßen ansahen. Seine Hände zitterten ständig wie die eines alten Mannes an einem kalten Wintertag, wenn der Bus nicht kommt. Die Sonne, die er so sehr verehrte, hatte sich für ihn verdunkelt; es war ihm nicht mehr möglich, ihr Licht und ihre Hitze zu ertragen. Immer wieder warf er schmerzerfüllte, unfreiwillige Blicke in den von Mauern umgebenen Garten, in dem wir saßen. Gelegentlich trafen sich unsere Blicke, aber meistens folgten meine nur den seinen, und immer trafen sie die noch düsterer dreinschauenden Augen, die uns von jenseits der perfekten, geraden Linien des perfekt manikürten Rasens beobachteten. Wally Hope war ein Gefangener in einer der psychiatrischen Klinken Ihrer Majestät; ein Mann, der keine Zukunft außerhalb der Klinik vor sich hatte. Diesmal war etwas gänzlich schief gelaufen.

Zwei Tage, nachdem er die Kommune verlassen hatte, übernachtete Wally in einem Haus in Amesbury, das von Wallys Genossen besetzt worden war. Mit der Behauptung, sie suchten einen Deserteur, eine Aufgabe, die normalerweise vom Militär erledigt wird, hatte die Polizei eine Razzia durchgeführt, und offensichtlich den Verdacht gehegt, der Deserteur könne sich in Wallys Manteltaschen versteckt haben. Wie jedoch zu vermuten war, befand er sich dort nicht, aber bei ihrer Durchsuchung fanden die Hüter der Gesetzes eine Brieftasche, in der drei LSD-Tabs steckten.

»Es tut mir leid, Sir ...« Doch das war nicht einmal die Hälfte des Mitleids, das Wally später erregen sollte.

Natürlich konnte die Polizei nicht wissen, dass er der Besitzer des kosmisch gewappneten Autos war, das vor dem Haus parkte. Außerdem hätten sie es sich nie träumen lassen, dass er der lachende Hippie-Anarchist war, der erst vor einem Jahr die Gerichte zum Narren gehalten hatte. Und die Möglichkeit, dass er jener bunte Typ war, der noch vor ein paar Tagen in London mit Flugblättern Reklame für das zweite Stonehenge Festival gemacht hatte? Lächerlich! Der Polizei fielen solche Dinge nicht auf, schließlich war es doch ihre Aufgabe, fiktive Deserteure zu jagen.

Obwohl Wally in später geschriebenen Briefen immer von drei Tabs LSD sprach, gab es zunächst einige Verwirrung um die genaue Menge, die die Polizei angeblich gefunden hatte. Berichte gingen von einem halben bis hin zu drei Tabs. Als ich Wally endlich zu dem Thema befragen konnte, hatte sein Kurzzeitgedächtnis durch die Behandlung schon so sehr gelitten, dass er einmal behauptete, die Polizei hätte ihm das LSD untergeschoben, und ein andermal meinte er, er könnte etwas bei sich gehabt haben. Aber warum in seiner Brieftasche?

»Es ist wertvolles Zeug«, murmelte er.

Egal ob nun untergeschoben oder nicht, seine erste Reaktion auf die Anklage wegen Drogenbesitzes war, sich nicht schuldig zu bekennen, aber als er hörte, dass er dann in Untersuchungshaft verbleiben müsste, bis ›sein Festival‹ vorbei wäre, änderte er seine Meinung. Und er machte einen Fehler, der aus heutiger Sicht nur als fatal zu bezeichnen ist, und bekannte sich schuldig und erklärte dem verdutzten Magistrat humorvoll, dass LSD zu besitzen sein göttliches Recht sei und daher nicht dem gemeinen Gesetz unterworfen sein könnte. Niemand fand das amüsant.

Während die meisten sicher nicht mehr zu erwarten gehabt hätten als einen mahnend erhobenen Finger und eine kleine Geldstrafe, wurde es Wally nicht gewährt, eine Kaution zu hinterlegen und er kam ins Gefängnis von Winchester in Untersuchungshaft, wo er die Ergebnisse medizinischer Gutachten und Berichte über seinen sozialen Hintergrund abzuwarten hatte. Obwohl er auf seinem Recht beharrte, einen Telefonanruf tätigen zu dürfen und Schreibmaterialien zu erhalten, wurde ihm beides verweigert. Also war es ihm nicht möglich, die draußen wissen zu lassen, wo er war. Die Wallies, bei denen er übernachtet hatte, als er verhaftet wurde, machten keine Anstrengungen, ihm zu helfen, wahrscheinlich, weil sie eine ähnliche Behandlung durch die Behörden fürchteten. Wally war allein und hoffnungslos schlecht gewappnet für das, was ihm bevorstand.

Nach einigen Tagen des Eingesperrtseins erschien er beim Appell im Pyjama, und behauptete, er bekäme von der Gefängniskleidung, die er tragen musste, Ausschlag. Statt ihm einfach zu erlauben, seine eigene Kleidung zu tragen, schickte ihn der Wärter, offensichtlich ein Fachmann in medizinischen Fragen, zum Gefängnisarzt Dr. Scott.

»Also Philip, welchen von euch habe ich jetzt eigentlich vor mir?«

»Verzeihen Sie, ich verstehe Sie nicht richtig.«

»Komm jetzt, Wally, ihr zwei solltet allmählich aufhören, Spielchen zu spielen, oder?«

In seiner unendlichen Weisheit hatte Scott nicht lange gebraucht, um zu diagnostizieren, dass Wally an chronischer Schizophrenie litt.

Seit Urzeiten werden Geisteskrankheiten als potentes politisches Werkzeug gegen Menschen missbraucht, die gesellschaftlichen Wandel suchen oder fördern. Allgemein gesprochen ist Wahnsinn eine Fiktion, mit der die Obrigkeit jeden disqualifizieren kann, die ihre Überlegenheit anzweifelt. Begriffe wie Schizophrenie, Neurose und Paranoia dienen als pseudo-wissenschaftliches Etikett, dessen Bedeutung von gewissen Individuen willkürlich definiert wird. Es hat noch nie klinische Beweise für diese ›Befindlichkeiten‹ gegeben. Die Definitionen unterscheiden sich von Quacksalber zu Quacksalber und von einem Land zum anderen, abhängig davon, was in der jeweiligen Gesellschaft als unerwünscht oder subversiv betrachtet wird. Aufgrund dieser unterschiedlichen Standards sind die Chancen, in den USA als schizophren diagnostiziert zu werden, viel höher als in Großbritannien, was einen außergewöhnlich aufmerksamen Psychiater zu der Bemerkung veranlasste, dass die beste Heilungschance für amerikanische Patienten darin bestünde, mit einem Flieger über den Atlantik zu jetten.

Indem man verschiedene Geisteszustände isoliert und manche davon als Stadien des Wahnsinns definiert, macht sich die Pseudo-

Wissenschaft Psychologie schuldig, die natürliche Entwicklung des menschlichen Bewusstseins zu behindern. Dadurch, dass bestimmte Formen des Denkens als gesellschaftlich inakzeptabel deklariert werden, wird die Evolution menschlicher Wahrnehmungsweise der Kontrolle gefährlicher Winkeladvokaten überlassen. Nimmt es da Wunder, dass unsere Kultur erstickt wird? Fast alle großen sozialen Veränderungen sind von Leuten bewirkt worden, die zu ihrer Zeit kritisiert, lächerlich gemacht und als wahnsinnig abgeschrieben worden sind, um dann Jahre nach ihrem Tod als große Geister gefeiert zu werden. Da geistige und körperliche Gesundheit durch Medikamente und Operationen immer kontrollierbarer wird, nähern wir uns immer mehr einer Welt, die von operativ und chemisch mutierten Durchschnittsgestalten bewohnt wird, deren Sinn des Lebens darin besteht, als jene Roboter zu fungieren, zu denen man sie gemacht hat.

Das Etikett Geisteskrankheit kann jedem Individuum verpasst werden, von unerwünschten Verwandten bis hin zu Gesellschaftskritikern, die, weil sie aufoktroyierte Bedingungen zurückweisen, als Nervensägen und Störenfriede betrachtet werden. Auch vermeidet man damit die Peinlichkeit, jemanden kriminalisieren zu müssen, der offensichtlich nicht kriminell ist. So steht dem Staat ein wesentlich saubereres Werkzeug zur Verfügung, um Dissidenten zum Schweigen zu bringen: in Gewahrsam nehmen oder Zwangseinweisung in die Klinik, eine Methode, durch die die Staatsgewalt einen jeden festsetzen kann, wenn zwei Ärzte bereit sind, ihn als verrückt zu diagnostizieren. Natürlich ist es nicht schwierig, zwei willige Handlanger zu finden. Gefängniskrankenhäuser sind voll von gefährlichen Quacksalbern, die sich, auf der niedrigsten Sprosse ihres Berufes angekommen, darum reißen, zu Diensten sein zu können.

Vorbeugender Gewahrsam ermöglicht es dem Staat, jeden von der Straße zu holen und ihn auf unbestimmte Zeit zu inhaftieren, ohne dass ein Verbrechen begangen wurde. Es ermöglicht ihm, im Namen des Gesetzes Gefangene zu foltern und zu verstümmeln, ohne Bloßstellung befürchten zu müssen.

Die Zwangseinweisung ist das letzte Mittel des unterdrückenden Staates und eine finstere Mahnung an das, was die Obrigkeit zu tun bereit ist, wenn sie ein Individuum kontrollieren und dadurch die

Entwicklung fortschrittlichen, alternativen Gedankenguts verhindern will.

Einmal in Gewahrsam verliert der Gefangene alle Menschenrechte und kann so behandelt werden, wie es den Ärzten passt. Da Einsprüche gegen Gerichtsentscheide langwierig, wenn nicht gar unmöglich sind, hat der Gefangene keine Chance, entlassen zu werden, bis ihm von den gleichen Ärzten, die ihn für verrückt erklärten, bescheinigt wird, dass er geheilt ist.

Wenn man erst einmal als verrückt eingestuft wurde, kann der Einzelne einer langen Reihe fieser Torturen unterzogen werden, die vom staatlichen Gesundheitswesen netterweise als Heilbehandlungen bezeichnet werden. Man kann ihn mit Gurten festbinden, die auf dem Körper blaue Flecke hinterlassen und seine Seele zerbrechen. Er kann in eine Gummizelle gesperrt werden, wo er von seinem eigenen Herzklopfen und dem Geruch seiner eigenen Scheiße derart zermürbt wird, dass er völlig passiv wird. Er kann Psychopharmaka verabreicht bekommen, die so süchtig machen, dass er sich nicht nur schnell in einen Zombie verwandelt, sondern sich auch noch brav anstellt, um nach mehr zu bitten. Eine mögliche Nebenwirkung solcher Medikamente bewirkt ein so massives Anschwellen der Zunge, dass sie durch einen operativen Eingriff entfernt werden muss.

Und wenn all das den Propheten noch nicht zum Schweigen gebracht hat, was sonst noch? Sie können Elektroschocks am Kopf bekommen, die der besorgte Hausarzt jedem als EKT anbieten kann. Elektrokrampftherapie ist ein Stück Barbarei, die man sich beim Schlachthof abgeguckt hat, wo Schweine mit dergleichen Behandlung betäubt werden, bevor man ihnen die Kehle durchschneidet. EKT ist eine primitive Form der Züchtigung, die mehr der Tradition der Hexenjäger verbunden ist als der der achtbaren Wissenschaft.

Die ultimative Behandlung, die Tour de Force des psychiatrischen Berufsstandes, ist die Lobotomie. Dabei werden Messer in die Köpfe der Opfer gesteckt, mit denen dann irgendwie herumgewackelt wird, so dass sich Teile des Gehirns in Hackfleisch verwandeln. Chirurgen führen diese Operation durch, ohne genau zu wissen, was sie tun: Hätten sie ähnliche Operationen in Treblinka durchgeführt, sie wären später als Kriegsverbrecher hingerichtet worden.

Das Gehirn ist das empfindlichste und komplexeste Organ des menschlichen Körpers, dennoch halten sich diese Metzger für qualifiziert, in den Köpfen der Menschen herumzustochern, im Glauben, sie erwiesen der Gesellschaft einen sozialen und wissenschaftlichen Dienst. Patienten, die diese Behandlung durchleiden, sterben häufig an den Folgen. Diejenigen, die nicht sterben, dürfen nicht darauf hoffen, sich je von dem Zustand völliger Hirnlosigkeit zu erholen, der vorsätzlich herbeigeführt wurde.

Sowohl an Tieren als auch an Menschen werden täglich im Namen des medizinischen Fortschritts abscheuliche Experimente durchgeführt. Niemand weiß, welche entsetzlichen neuen Behandlungsmethoden gerade jetzt weltweit in Labors ausgeheckt werden. Im Europa der Nazis wurden die Gefangenen der Todeslager von Pharmakonzernen als menschliche Versuchskaninchen missbraucht. Heute machen die Firmen, von denen es manche nicht einmal als nötig erachteten, ihren Namen zu ändern, noch immer Gebrauch von Gefangenen in Gefängnissen und psychiatrischen Anstalten, zu genau demselben Zweck. In diesem Zusammenhang können die besondere Beschaffenheit von Aids und die Orte, wo die Krankheit zuerst ausbrach, kaum ignoriert werden.

Patienten der Psychiatrie sind schon immer der willkürlichen Ignoranz des Staates und der blinden Ignoranz der Öffentlichkeit ausgesetzt gewesen, und daher gehören sie wahrscheinlich zu den Menschen, die auf der Welt am meisten unterdrückt werden. In jeder Gesellschaft gibt es Abertausende Menschen, die weggesperrt werden, weil sie nichts weiter getan haben, als überkommene Werte in Frage zu stellen: Dissidenten, die in die Schublade Wahnsinn gesteckt und durch die Heilmethoden zum Schweigen gebracht werden.

Nach seiner Diagnose wurden Wally massive Dosen des Medikaments Largactil verabreicht, ein Name, der prähistorische Monster heraufbeschwört, und ein Produkt, das genauso schwerfällig macht.

Die empfohlene Höchstdosis für Largactil war 75 mg am Tag. Wally bekam von Dr. Scott unglaubliche 2000 mg täglich verschrieben.

Wally versuchte, sich der Medikation zu verweigern, um nicht ins Vergessen katapultiert zu werden, aber man drückte ihn gegen die

Wand seiner Zelle und steckte es ihm mit dem Finger in den Hals, so dass er sich nicht wehren konnte.

Medikamente wie Largactil, umgangssprachlich auch chemische Keulen genannt, wurden nicht nur in psychiatrischen Kliniken angewendet sondern auch in Gefängnissen, wo ihr Gebrauch offiziell untersagt war.

Scotts Schizophrenie-Behandlung versetzte Wally in einen Zustand äußerster Hilflosigkeit. Als er wieder vor Gericht gezerrt wurde, war er körperlich und geistig in eine Drogen-induzierte Zwangsjacke eingebunden, so dass er völlig außerstande war, zu verstehen, was vor sich ging, mal ganz davon abgesehen, dass er sich nicht verteidigen konnte.

Ich hörte schließlich von ihm durch einen fast gänzlich unverständlichen Brief, der aussah, als hätte ihn ein Fünfjähriger geschrieben:

> »Hab coWboy geklaut für mein Sakrament LSD, Erst 3 Wochen in Hölle = eingesperrt in klink. Ich bin eingewiesen von einem rechten schwein Kissenger art Doktor, als schidsopren so pumpen die mich voll mit dreckigen drogen mein sonnenyOga körper weist sie ab aber Meine nerven ist subtile Folter. Oh Gott, ich wünschte meine zyprische SONNEN stärkere, ich bete nur. Dass mir jemand hilft, zum einen mir war nicht erlaubt aussagen bei gericht.??
> Vorgeladen für 3 heiLige Tabs LSD und doktoren geben millionen drogen finde ich kRiminel, Liebe ist die beste Medizin. Bin etwas abgedreht, unter drogen HAHA. Schick mir bitte Neuigkeiten usw.
> Alles Liebe, Phil«

Wally wurde aus dem Gefängnis geholt und durch die Gerichte getrieben, wo er nach der Verordnung über geistige Gesundheit aus dem Jahr 1959 in Gewahrsam genommen und auf unbestimmte Zeit in die Psychiatrische Klinik Old Manor eingewiesen wurde.

Als ich von seinem Schicksal erfuhr, war ich überzeugt, dass ihn diese Erfahrung zerstören würde, und mehr noch, ich war überzeugt, dass die Institutionen ihn zerstören wollten. Ich war sicher, dass seine Verhaftung ebenso inszeniert worden war wie die Schizophrenie-Diagnose, sicher, dass er nur aus einem Grund eingekerkert war: um ihn von seinem Festival fernzuhalten. Natürlich wurde ich von liberalen Bekannten beschuldigt, unter Verfolgungswahn zu leiden. Dazu muss aber gesagt werden, dass sie genau so auf Kritik an den Schrecken der modernen, technologisierten Gesellschaft reagierten, weil sie Angst hatten, sich damit auseinanderzusetzen. Verfolgungswahn oder nicht, ich bemühte mich mit Hilfe anderer Kommunenmitglieder, zunächst legal, später illegal, um die Freilassung Wallys. Alle unsere Versuche scheiterten.

Wir verbrachten Tage am Telefon im Gespräch mit Leuten, von denen wir annahmen, dass sie uns helfen oder beraten könnten, aber meist erhielten wir die Antwort, dass da nur sehr wenig zu machen sei.

Ich setzte mich schließlich mit Trevor Helm, einem alten Kumpel aus Schulzeiten, in Verbindung, der sich als Rechtsanwalt auf Bürgerrechte spezialisiert hatte; ob er den Fall übernehmen würde? Er war über Wallys Behandlung genauso empört wie wir und machte sich voller Enthusiasmus an die Arbeit, aber das Krankenhaus verweigerte ihm den Kontakt mit Wally; der Patient »ruhe sich dauernd aus«, Briefe erreichten ihn nicht, und Telefonate stellten sich als unnütz heraus, weil die hinterlassenen Nachrichten immer falsch weitergegeben wurden. Trevor wies uns schließlich diskret darauf hin, dass wir am besten die Angelegenheit selbst in die Hände nehmen sollten, denn falls es uns gelänge, Wally aus dem Krankenhaus zu schmuggeln und ihn 48 Stunden lang zu verstecken, wäre die Anordnung, ihn in Gewahrsam zu behalten, hinfällig.

Als wir jedoch versuchten, Wally im Krankenhaus zu besuchen, wurde uns gesagt, dass nur nahe Verwandte ihn besuchen dürften. Sein Vater war tot, seine Mutter und seine Halbschwester, die beide nichts mit ihm zu tun haben wollten, lebten im Ausland.

Als Phil zwölf Jahre alt war, war sein Vater, der in leitender Position bei einer Chemiefabrik gearbeitet hatte, gestorben. Phil hatte eine ansehnliche Erbschaft gemacht, die bis zu seinem dreißigsten Lebensjahr treuhänderisch verwaltet werden sollte. Einige Jahre zuvor war er als Alleinerbe eingesetzt worden, was zur Verbitterung seiner Mutter führte, mit der er eh eine angespannte Beziehung hatte. Kurz nach dem Tod seines Vaters hatte sie sich mit einem anderen Mann eingelassen, dessen Vorstrafenregister den Verdacht des Testamentsvollstreckers erregte. Ihm wurde klar, dass nur Phil zwischen dem Erbe und der Mutter stand, und aus Angst vor den Motiven des neuen Partners bekam Phil einen gesetzlichen Vormund. Als Phil sechzehn wurde, hatte seine Mutter das Land bereits mit ihrem neuen Partner verlassen und später im Ausland eine Tochter geboren.

Alleingelassen, im riesigen Haus seines Vaters, füllte Phil den Raum, indem er das Haus öffnete und Aussteiger aus der Gegend beherbergte, die ihn begeistert in die Freuden von Dope und LSD einführten.

1967, als Phil 20 Jahre alt war, kam die Mutter mit der Tochter zurück und wurde mit offenen Armen empfangen. Phil erzählte ihr aufgeregt von all den wunderbaren Partys, die er geschmissen hatte, und stellte sie entzückt seinen neuen Freunden vor. Sie dagegen rief die Polizei, die sofort eine Razzia durchführte. Zwei Wochen später war Phil hinter Gittern und saß eine Strafe ab, verurteilt wegen Drogenbesitzes und weil er zugelassen hatte, dass Drogen auf seinem Grundstück konsumiert wurden.

Nachdem er auf Bewährung entlassen worden war, kam er in die Fürsorge von Bekannten seines Vaters, die Familie Hatfield, die ein paar Meilen von unserer Kommune entfernt wohnte. Die zwei Jahre seiner Bewährungszeit verbrachte er dort als Mitglied der Familie, die ihn ermutigte, seine bescheidenen Talente als Künstler zu verfolgen. Als seine Bewährung dann vorbei war, begann er die Welt zu bereisen, kehrte aber immer zu seiner Ausgangsbasis bei den Hatfields zurück. In der Zwischenzeit war das Erbe seines Vater verkauft worden, was ihn noch viel reicher machte und seine Mutter obdachlos. Sie ging wieder ins Ausland. Als Phil also in Gewahrsam genommen wurde, überraschte es eigentlich niemanden, dass sie nicht bereit war zu helfen, schließlich würde sie von seinem Abgang gehörig profitieren.

Wir wussten, wie prekär Wallys Situation war und vertrauten darauf, dass das Krankenhauspersonal wenig über seine Familie wusste. So gelang Gee schließlich der Zutritt zum Krankenhaus, indem sie sich als seine Schwester ausgab. Abgesehen davon, dass sie ihn ganz einfach nur sehen wollte, war ein weiteres Ziel des Besuchs, einen Weg zu finden, ihn aus dem Krankenhaus zu entführen, um ihn an einen sicheren Ort zu bringen, wo er sich von seiner Tortur erholen konnte.

Ein paar Tage später konnte ich Gee begleiten, ohne Verdacht zu erregen. Sie hatte mich vor Wallys Zustand gewarnt, dennoch hofften wir, ihm einen endgültigen Plan für die Entführung zu unterbreiten. Wir hatten eine Yacht organisiert, die ihn nach Holland bringen würde, von wo aus er weiter zu Freunden nach Ibiza reisen könnte, aber er wollte von allem nichts wissen:

»Was ist, wenn sie uns schnappen? Sie werden mich bestrafen. Ich hab die Nase voll von Bestrafung.«

»Deswegen wollen wir dich doch hier wegschaffen.«

»Aber nächste Woche ist die Berufungsverhandlung. Vielleicht lassen sie mich dann raus.«

»Mensch, Phil, vergiss all das Wenn und Aber. Bleibst du hier drin, wird dich das zerstören.«

»Es wird ihnen nicht gelingen, das Licht zu zerstören«, entgegnete er erregt, seine Augen mit Tränen gefüllt, »diesen kleinen Funken Jesus ...«

War er derartig institutionalisiert, dass er wirklich bleiben wollte, oder nur durch seine Behandlung so zermürbt, dass es ihm einfach nicht möglich war, irgendetwas anderes in Betracht zu ziehen?

Gee und ich tauschten verzweifelte Blicke aus. Wir wussten beide, ohne Phils Einverständnis wäre es uns nicht möglich, die Entführung durchzuziehen. Wir befanden uns in einer Sackgasse.

»Aber Phil, wenn du erst einmal hier weg bist, kann aus dem Funken wieder eine Flamme werden.«

Aber seine Augen waren trüb geworden, sein Kopf fiel nach vorne, er schwieg.

Uns war klar, dass wir im Augenblick nichts mehr erreichen würden, also verabschiedeten wir uns und gingen. Ohne es zu ahnen, hatten wir Phil gerade zum Tode verurteilt.

Keiner von uns wusste damals, dass sein Zustand eine Folge der Nebenwirkungen der Medikamente war, die ihm verschrieben worden waren. Uns war nicht klar, dass die traurigen, sabbernden Halbmenschen, die aufgereiht entlang der Geländer psychiatrischer Einrichtungen standen, sich nicht etwa aufgrund ihrer Krankheit so benahmen, sondern aufgrund der Behandlung, der sie ausgesetzt waren. Die verbreitete Vorstellung von Wahnsinnigen als graue Gestalten in Regenmänteln war eine geschmacklose Verdrehung der Tatsachen, eher eines Horrorfilms würdig als einer zivilisierten Gesellschaft. Chirurgische oder chemische Eingriffe hatten die Vorurteile gegenüber Psychiatriepatienten bewirkt, deren debiles, lebloses Auftreten dann als Beweis für ihre Krankheit verkauft wurde.

Seit seiner Einweisung ins Krankenhaus war Wally bei Dr. West in Behandlung, der, obwohl er seinem neuen Schützling nie vor dessen Behandlung im Gefängnis begegnet war, die Diagnose von Dr. Scott akzeptierte, ohne sie zu hinterfragen.

In einem zweiten, besser verständlichen Brief, listete Wally die Medikamente, die ihm erst Dr. Scott und später Dr. West verschrieben hatte, auf:

> »Als ich verhaftet wurde, hielt ich mich für geistig und körperlich gesund, aber nach Dr. Scotts Behandlung mit Modicate alle zwei Wochen und sechs Becher voll Largactol am Tag. Dann Dr. Wests Behandlung mit Haliperidol 3, Cemadrine 10, Stelazine 15, Modicate 75, bin ich ein bisschen durcheinander ...«

Als ich später über Wallys Behandlungen Nachforschungen anstellte, leugnete Scott, ihm Modecate gegeben zu haben, gab aber zu, dass er Largactil in »durchschnittlicher Dosierung« verschrieben hatte.

In dem vom 24. September 1974 datierten Brief schrieb Dr. Ted Hatfield jedoch:

> »Der C.I.D. hat mir heute morgen folgende Informationen zukommen lassen: Als er im Gefängnis Winchester unter der Obhut von Dr. Scott war, hat Philip viermal täglich 500 mg Largactil und vom 25. April bis 9. Mai einmal die Woche eine Injektion Modecate erhalten.«

Desgleichen leugnete Dr. West, Haloperidol oder Stelazine verschrieben zu haben, behauptete aber, Kemadrin verordnet zu haben, um die Nebenwirkungen von Modecate auszugleichen, das, wie er nebenbei erklärte, in wesentlich höheren Dosen als vom Hersteller empfohlen verschrieben worden war.

Die Frage bleibt, warum Wally behauptet haben sollte, dass man ihn zwang, die anderen Medikamente zu nehmen, und wie es kommt, dass er sie, obwohl falsch geschrieben, in seinem Brief erwähnte? Ich kann daraus nur den Schluss ziehen, dass die Liste stimmte und dass mich sowohl Scott als auch West mit Halbwahrheiten abspeisten und Wally Teil einer Reihe von obszönen chemischen Experimenten war.

Wie auch immer – mit Pillen versorgt, die seine Krankheit heilen, und Injektionen, die die Nebenwirkungen der Pillen abmildern sollten, hatte Wally die Pillen unter seiner Zunge aufbewahrt und später ausgespuckt. Den Injektionen konnte er sich nicht entziehen. Das Krankenhauspersonal bestand hauptsächlich aus Pflegern, die merklich stärker waren als er, so dass höfliche Ablehnung nicht fruchtete; und sowieso, sie sollten doch die Nebenwirkungen abmildern, oder? Ums kurz zu machen: die Antwort war nein. Gut geschult in der Irreführung ihrer Schützlinge hatte das Krankenhauspersonal Wally getäuscht, was welches Medikament war. Während er also Kemadrin ausspuckte, wurde ihm mit Gewalt Modecate injiziert.

Es muss den Pflegern doch klar gewesen sein, dass Wally seine einzige Chance auf Rettung ausspuckte? Es muss doch irgendjemandem aufgefallen sein, dass er dabei war, langsam den Abgang zu machen? Natürlich wussten sie es, aber bis seine Verwandlung zum Kohlkopf abgeschlossen war, löste niemand Alarm aus.

In der Zwischenzeit fand das zweite Stonehenge Festival statt. In jenem Jahr kamen Tausende von Menschen und zwei Wochen gelang es den Behörden nicht, die Festivitäten zu unterbinden. Holzrauch, Zelte, Tipis und Gelage. Imbissstände mit Essen umsonst, nirgendwo ein Burger-Wagen in Sicht. Bühnen und Bands, Musik und Magie. Flaggen flatterten und Drachen stiegen auf. Nackte, staubige Kinder spielten im Gehölz, Miniatur-Robin-Hoods feierten ihre materielle Armut. Hunde formierten sich zu bellenden Rudeln, die aufgeregt Stöcke aus den unzähligen Holzhaufen stahlen, um sich dann als rollende Fellbündel darum zu balgen. An einem Baum festgebunden beobachteten zwei sanfte Rösser die Festlichkeiten durch die Lichttupfen, die auf ihren gespannten Körpern tanzten. Bärtige alte Männer kauerten auf Baumstümpfen und murmelten Gebete an ihren persönlichen Gott.

Kleine Gruppen zerlumpter Gestalten kümmerten sich um qualmende Feuer, auf denen Töpfe blubberten und in denen Brot buk: Die vielen aromatischen Düfte vermischten sich in der weichen, warmen Luft. Muskulöse Männer zogen aus auf der Suche nach Holz und Wasser, begleitet von Scharen lachender Kinder, die sie nachäfften. Überall wurde getanzt und gesungen. Indische Flöten webten seltsame Klangmuster um den ständig präsenten Vogelgesang. Das Schlagen der Trommel war das Echo der hohlen Axtschläge aus dem Wald. Alte Freunde lernten neue kennen. Hände berührten sich, Körper umschlangen einander, der Geist expandierte und auf einem winzigen Flecken dieser Erde waren Liebe und Frieden Wirklichkeit geworden.

Derweil wurde Wally Hope, der Mann, dessen Vision und harte Arbeit dies ins Leben gerufen hatte, nur zehn Meilen entfernt in der Dunkelheit seiner Krankenhauszelle voll Gift gepumpt.

Ich verbrachte meine Zeit auf dem Festival damit, dass ich auf dem Gelände herumwanderte und versuchte, die Leute auf Wallys Los aufmerksam zu machen.

»Ja, Alter, echt heavy, aber was sollen wir da machen?«

»Vielleicht könnten wir gemeinsam zum Krankenhaus fahren und ihn besuchen?«

»Is' nicht drin, Alter, an solchen Orten flipp ich total aus.«

Schließlich kam folgende Ansage über die Lautsprecheranlage:

»Wenn ihr einen Typ mit kurzen blonden Haaren seht, der rumwandert und 'ne Fliegersonnenbrille und einen grellbunten Fair-Isle-Pulli trägt, bitte ...«

Die Beschreibung passte perfekt auf mich. Endlich ergreift jemand die Initiative. Wenn nur ein paar Leute zum Krankenhaus mitgingen, um ihn zu besuchen, das wäre für ihn eine Art Bestätigung, dass ...

»... sprecht nicht mit ihm. Das ist ein Bulle in Zivil.«

Zeit für mich zu gehen.

Am 4. Juli, zwei Tage nachdem der letzte Hippie seine Sachen gepackt und das Festivalgelände verlassen hatte, wurde Wally ohne Vorwarnung für geheilt erklärt und freigesetzt. Die grauen Männer im Schatten hatten den lächelnden, braungebrannten Hippie-Krieger von seinem Festival ferngehalten, und jetzt katapultierten sie ein nervöses, schnatterndes Wrack auf ihre grauen Straßen.

Wiedervereinigt mit seinem kosmisch gewappneten Auto, brauchte er zwei Tage für die ca. hundert Meilen vom Krankenhaus zur Kommune. Er konnte nicht länger hinterm Steuer sitzen, er musste häufig mehrere Stunden lang anhalten, um wieder Selbstvertrauen zu tanken. Niemand wusste von seiner Freilassung und er war, vielleicht um eine gewisse Würde wieder zu erlangen, entschlossen, die Fahrt allein zu bewältigen.

Als er schließlich ankam, war sein Zustand noch viel schlechter als zur Zeit meines letzten Besuches während des Festivals. Er konnte kaum laufen und auch die einfachsten Dinge fielen ihm schwer. Es war kaum zu glauben, dass er eine Meile gefahren war, an einhundert gar nicht zu denken. Dieser bleiche Schatten des Mannes, den ich einst gekannt hatte, empfand es als Agonie, in der Sonne zu sitzen, die er einst angebetet hatte; sein Gesicht und seine Hände waren zu einer entstellten Masse angeschwollen. Ich habe später erfahren, dass dies Nebenwirkungen von Largactil und Modecate waren, aber damals schaute ich einfach entsetzt und ungläubig zu.

Nachts lag er im Bett und weinte leise, verzweifelte Schluchzer, die bis zur Dämmerung anhielten, dann schlief er endlich ein.

Wir versuchten, ihm dabei zu helfen, wieder zu Kräften zu kommen, fütterten ihn mit biologisch Angebautem und gossen Kräutertees auf, ermutigten ihn, über seine Erfahrungen zu sprechen oder seine Kreativität durch Malen und Zeichnen anzuregen, aber alles schlug fehl.

Eines Nachmittags beobachtete ich Gee durchs Küchenfenster, wie sie sich bemühte, ihm beizubringen wieder richtig zu gehen. Sanft schob sie sein linkes Bein vorwärts, doch sein linker Arm schoss parallel dazu hervor; wie eine Marionette ohne Puppenspieler hatte er seine Koordination verloren.

»Jetzt dein rechtes Bein, Phil«, sagte sie aufmunternd.

»Rechtes Bein?«, erwiderte er, und schaute trübselig auf seine Füße.

Es gab Zeiten, da konnten wir über so eine Absurdität lachen, aber das Lachen machte auch immer die Bahn frei für Tränen. Wir konnten es nicht verstehen und wir hatten Angst.

Schließlich überredeten wir ihn aus Verzweiflung, seine Freunde, die Hatfields, zu besuchen. Sie waren beide Ärzte, vielleicht könnten sie ihm helfen. Sie überlegten, ob er vielleicht an »chronischer Dyskinesie« litt, ein unumkehrbarer Zustand, der durch die Medikamente, die er während seiner Einkerkerung hatte einnehmen müssen, ausgelöst worden war. In diesem Fall war Wally jetzt ein Kohlkopf und, was viel schlimmer war, ein unheilbarer.

Allmählich bohrte sich die Aussicht, dass er dazu verdammt war, in einer Halbwelt der Drogen-induzierten Idiotie zu leben, in das, was von seinem Hirn geblieben war. Der graue Schrecken, der seine Augen verdunkelte, machte es unerträglich schwer, ihn anzusehen. Trotz seiner stolpernden Bewegungen und seinem Nach-Luft-Geschnappe fürchtete ich, dass er schon tot war.

Und dann eines Morgens ertappe ich ihn dabei, wie er mit den Schlüsseln des kosmisch gewappneten Autos herumspielte.

»Phil«, fragte ich eindringlich, »was zum Teufel hast du vor?«

»Devon, Alter. Freunde in Devon. Muss weg. Will ...«

»Nein, Phil«, flehte ich, denn ich hatte Angst, wenn er erst mal vom Haus weg war, könnte er versucht sein, wieder LSD zu nehmen, was ich bei seinem damaligen Zustand für katastrophal hielt.

»Muss weg, Alter, muss ...«

»Herrgottnochmal, nein«, flehte ich ihn an und versuchte, die Schlüssel zu schnappen. Aber er reagierte wütend, stieß mich weg.

Als er aus der Tür trat, verdunkelte sich plötzlich der Himmel und ein massiver Blitz schlug genau dort im Garten ein, wo ich ihn drei Jahre zuvor zum ersten Mal im Schneesturm tanzen sah. In dem Augenblick wusste ich mit Sicherheit, dass ich ihn nie wiedersehen würde.

»Tschüss, Alter«, nickte er mir zu, »danke.«

Sechs Wochen später, am 3. September 1975, konnte er keinem weiteren Tag mehr entgegensehen, vielleicht hoffte er auch, dass ihm der Tod mehr bringen würde als das Leben. Er nahm eine Überdosis Schlaftabletten und erstickte, als er sich daraufhin übergeben musste. Das ist jedenfalls die offizielle Version, eine, die ich trotz meiner früheren Äußerungen zum Thema immer als unannehmbar betrachtet habe.

Nachdem er das Haus verlassen hatte, schaffte Wally es irgendwie nach Devon zu fahren, wo er mir von seinen Freunden aus folgenden Brief schickte:

»Jetzt erst hat die Wirkung der Medikamente nachgelassen, und mit der Hilfe und der Geduld aller meiner Freunde habe ich es geschafft, bin ich wieder der Alte, nur ein bisschen ruhiger vielleicht. LSD hat's gebracht!
Muss unbedingt zum Watchfield-Festival und das Tipi benutzen. Mir ist der Sommer entführt worden, aber jetzt geht's mir gut und ich bin innerlich stark, brauche nur ein bisschen Hilfe und Geist von meinem Stamm und Arbeit, bin aber abgehalten worden von der Gaudi moralischen Bewuhtssseins (HA HA Rechtschreibung). Ich bin sehr froh, dass ihr alle die ganze Zeit solch treue Freunde wart, was sicher nicht leicht gewesen ist.
Ich weiß nicht so recht, ob ich wieder nach Ibiza gehen oder mich durch den englischen Winter kämpfen soll. Denn wenn ich das tue, dann nur mit Freunden und einem Ziel.
Wie auch immer, schreibt bitte ...«

Am 21. August verließ er Devon, um nach Watchfield zu fahren, wo die Obrigkeit mit dem Wunsch, dass Ihre Majestät nicht noch einmal gestört würde, großzügigerweise ein ungenutztes Rollfeld zur Verfügung gestellt hatte, »zum Zwecke jugendlicher Freizeitgestaltung«. Obwohl er mit seinen Stammesgenossen wiedervereinigt war, war Wally wohl doch nicht mehr ganz der Alte, aber auf die Obrigkeit muss seine Anwesenheit gewirkt haben wie ein rotes Tuch. War das nicht der Mann, den sie in einen Kohlkopf verwandelt hatten? Konnten Halbtote sprechen? Und wenn sie es konnten, was würden sie sagen? Vielleicht wäre es besser, wenn man ihn für immer zum Schweigen brächte?

Am 31. August 1975 verließ Wally Watchfield, um die Hatfields zu besuchen. Drei Tage später war er tot.

»ANFÜHRER DER SONNENANBETER
ZUSAMMENGEBROCHEN – TOT
Forensische Experten von Scotland Yard bemühen sich herauszufinden, wie der 28-jährige Anführer der Sonnenanbeter-Sekte ›Wallies of Stonehenge‹ am 3. September ums Leben kam ...«
West Essex Gazette, 8. Sept. '75

Drei Wochen später waren forensische Experten noch immer dabei, die Todesursache festzustellen und die Nachricht erreichte die überregionale Presse:

> »KULTANFÜHRER WALLY TOT
> Wally Hope, 28, der selbst ernannte Anführer der Sonnenanbeter-Sekte, The Wallies of Stonehenge, ist verstorben, und forensische Experten bemühen sich noch immer herauszufinden, woran.
> Wally – sein tatsächlicher Name war Philip Russell – wurde in Essex im Hause des Arztes und seiner Frau gefunden, die sich um ihn kümmerten. Der frühere BBC-Moderator, Mr. John Snagge, der Mr. Russells Vormund war, sagte gestern: ›Ich kann Ihnen nur sagen, dass eine Autopsie durchgeführt wurde und dass von Selbstmord keine Rede sein kann.‹«
> *Guardian, 2. Okt. '75*

Als Wally kurz nach seinem Tod untersucht wurde, fand man einen frischen Nadeleinstich auf seinem Arm. Diese Tatsache war in einem Polizeibericht aufgeführt, in den ich mir Einsicht verschaffte. Da ich wusste, welche Abneigung Wally gegenüber harten Drogen verspürte, war ich überzeugt, dass er sie sich niemals selbst gespritzt hätte.

Nach dem Bericht im *Guardian* am 2. Oktober rief ich John Snagge an und fragte ihn, was ihn veranlasst hatte zu behaupten, dass Selbstmord nicht in Frage käme. Er sagte mir, die Polizei hätte Selbstmord ausgeschlossen und würde den Tod als ›Unfall‹ behandeln. Es stellte sich jedoch heraus, dass auch er Zugang zum ersten Polizeibericht gehabt und den Hinweis auf den Nadeleinstich bemerkt hatte. Wir stimmten überein, dass es sehr unwahrscheinlich war, dass er sich den selber beigebracht hatte.

Als ich später nochmals den Bericht einsehen wollte, wurde mir beiläufig erzählt, dass der Bericht spurlos verschwunden sei.

Trotzdem stand im nachfolgenden Bericht des Untersuchungsrichters, dass Nadeleinstiche auf Wallys Körper gefunden worden waren, allerdings wurde nicht gesagt, wo. Natürlich muss nach den zwei Monaten Einkerkerung, wo er mit Modecate vollgepumpt worden war, sein Arsch ausgesehen haben wie ein Nadelkissen, aber das erklärt keinen frischen Einstich am Arm.

Im November hatten die Behörden noch immer nicht entschieden, wie sie Wallys Tod am besten erklären wollten.

»GERICHTLICHE UNTERSUCHUNG ZU SONNENANBETER
Die Polizei wartet auf die Ergebnisse der Drogentests.
Die gerichtliche Untersuchung zum Tode des 28-jährigen Philip Russell, dem Anführer der Sonnenanbetersekte, wurde letzten Donnerstag eröffnet und hat sich auf den 9. Dezember vertagt.
Die Ergebnisse der Drogentests, die vom Polizeilabor durchgeführt werden, lagen noch nicht vor, erläuterte PC Geoffrey Licence.
Als der Richter nach der Zeitverzögerung fragte, antwortete der Polizeibeamte, dass das Labor ›ganz von vorne anfangen und alle bekannten Drogen austesten müsse.‹«
West Essex Gazette, 11. Nov. '75

Letztendlich ergaben Tests eine ›massive‹ Überdosis Welldorm, die gewünschte Implikation war, dass Wally Selbstmord begangen hatte. Wenn das jedoch der Fall gewesen wäre, und wenn die Überdosis so groß war wie behauptet wurde, warum hatten dann forensische Experten zwei Monate gebraucht, um ein so oft verschriebenes Medikament zu isolieren? In der Folge wurde mir von unabhängigen Fachleuten erklärt: Wenn der Tod durch eine hohe Dosis von Chloralhydrat, die chemische Bezeichnung für Welldorm, eingetreten wäre, hätte das sofort erkannt werden können und müssen.

Außerdem hatte Wally kein Rezept für Welldorm und trotz intensiver Nachforschungen durch die Hatfields, durch mich und - angeblich - auch durch die Polizei, wurde nie herausgefunden, wie er sich das Medikament hätte besorgen können. Wenn Freunde es ihm gegeben hätten, dann hätten sie sich doch sicherlich den Hatfields oder mir gegenüber zu erkennen gegeben?

Die offizielle Version machte keinen Sinn.

In einem Brief vom 31. Oktober '75 beschrieb Dr. Ted Hatfield die Ereignisse am Abend von Wallys Tod:

»Die Obduktion ergab als unmittelbare Todesursache die Inhalation von Erbrochenem. Der Magen zeigte Spuren von Vergiftung durch ein Reizmittel. Alle anderen Organe waren gesund. Es gab keine Anzeichen von Selbstmord, damit meine ich, er hinterließ keine leeren Verpackungen und keinen Brief.«

In der gesamten Zeit, in der ich Wally kannte, dokumentierte er seine Gefühle frei in Wort und Schrift. Hätte er Selbstmord begangen, wäre es undenkbar, dass er sich die Gelegenheit hätte entgehen lassen, einen Abschiedsschuss abzufeuern. Sogar in seinen schwächsten Momenten im Krankenhaus hatte er die Kraft gefunden etwas zu schreiben:

»Mein gesamtes Nervensystem ist zerschmettert und ich schwöre, wenn ich nicht Gott und Jesus tief in meinem unbezwingbaren Herz aus Diamanten-Perlen spürte, wäre ich sicherlich wahnsinnig geworden, hätte mich verloren. Ich war krank, dabei, in den Tod überzugehen ...«

Aber davon konnte er uns erzählen, denn das hatte er überlebt.

In seinem Brief aus Devon blickt er optimistisch in die Zukunft, und ich versuchte herauszufinden, ob die Diagnose »chronische Dyskinesie« nicht doch falsch war. Aber in Watchfield hatte er bestürzt festgestellt, dass es ihm vielleicht doch nicht so gut ging, wie er gehofft hatte; Besucher des Festivals erzählten mir später, sie hätten ihn als ›gefühlsduselig‹ empfunden. Als er allerdings bei den Hatfields eintraf, und obwohl er einen niedergeschlagenen Eindruck machte, fand Dr. Hatfield, er hätte sein altes Selbst wiedergefunden. Und jetzt, da er sicher im Hause der Hatfields war, warum sollte er ausgerechnet dort plötzlich gedacht haben, dass sein unbezwingbares Herz doch besiegt worden sei? Er hatte das Schlimmste überstanden, warum hätte er jetzt aufgeben sollen?

Dr. Hatfields Brief vom 31. Oktober fährt fort:

»Meine Frau sah ihn noch einmal um 5 Uhr nachmittags, als sie sich auf den Weg in ihre Klinik in Chelmsford machte. Er war ganz er selbst. Um 19 Uhr schloss die Praxis und die Sprechstundenhilfe ging durch das Erdgeschoss, sah niemanden und schloss ab. Meine Frau kam um 21 Uhr zurück und fand die Türen offen, jedoch brannte kein Licht. Als sie das Küchenlicht anmachte, fand sie Phil bewusstlos auf dem Boden liegend, offensichtlich durch Erbrochenes am Atmen behindert.

Ich kam um 22 Uhr nach Hause und fand ein leeres Haus vor, aber der Fernseher lief noch im Hobbyraum im ersten Stock, woraus ich nur schließen kann, dass er ferngesehen hat, als das Personal um 19 Uhr abschloss. Er muss dann nach unten gekommen sein, die Hintertür aufgeschlossen haben und zusammengebrochen sein, kurz bevor meine Frau zurückkam ...«

Wenn er aber fernsah, warum war er dann nach unten gekommen? Wenn er sich etwas aus der Küche hätte holen wollen, hätte er doch sicherlich das Licht angeknipst? Um die Tageszeit wurde es bereits dunkel. Wenn er heruntergekommen wäre, um kurz nach draußen zu gehen, dann hätte er doch sicherlich die Tür geschlossen und verriegelt, als er wieder reinkam? Aber vielleicht war die offensichtlichere Erklärung, dass jemand an der Hintertür geklopft hatte? In diesem Fall wäre er wahrscheinlich heruntergekommen, ohne das Licht anzumachen, und hätte die Tür geöffnet. Wenn aber jemand geklopft hat, wer war es? Und warum an der Hintertür? Nur Freunde oder Lieferanten benutzen die Hintertür und in dem Fall hätten sie sich sicherlich später gemeldet. Wenn es ein Fremder mit einem ehrlichen Anliegen gewesen wäre, hätte er am Vordereingang geklingelt, wenn er aber mehr Abgeschiedenheit gewünscht hätte, wäre er vielleicht nach hinten geschlichen.

War es nicht möglich, dass jemand Wally von Watchfield zu den Hatfields gefolgt war und dort gewartet hat, bis er allein zu Hause war, um dann an die Hintertür zu klopfen?

Als er runter kam, um auf das Klopfen zu antworten, hat er die Tür geöffnet und ist dann zurückgestoßen und in der düsteren Küche überwältigt worden? Wurde ihm dann ausreichend Welldorm injiziert, so dass er weggetreten genug war, um sich mit Tabletten füttern zu lassen? Oder haben sie ihm einfach nur die tödliche Dosis einer anderen Droge verpasst, ihn auf dem Boden zusammenbrechen lassen, wo er dann später tot aufgefunden wurde? Wer weiß. Ist es nicht sogar egal, ob Wally nun an einer Überdosis Welldorm gestorben ist oder an einer anderen Droge? Wenn man sich überlegt, dass die forensischen Experten so lange gebraucht haben, um ein weitverbreitetes Medikament zu isolieren, und dass der Bericht über den Einstich praktischerweise verschwunden ist, dann fällt es schwer, die Integrität derer zu respektieren, die den Fall bearbeiten, und den Beweisen zu glauben, die sie produzieren.

Trotzdem ist es möglich, dass sich Wally umgebracht hat; möglich, aber sehr unwahrscheinlich. Selbstverständlich ist es reine Spekulation, was an diesem Abend passierte. Es bleibt jedoch eine unverrückbare Tatsache: Wally war tot und er ist nicht eines natürlichen Todes gestorben. Wie auch immer die Wahrheit aussehen mag, ich war verurteilt, mit dem Wissen zu leben, dass ein teurer Freund vom Staat gebrochen und möglicherweise ermordet wurde.

Reicht das nicht als Anklage gegen die Gesellschaft, in der wir leben? Wer muss unbedingt noch mehr wissen?

In der relativ kurzen Zeit, die wir auf diesem Planeten leben, haben wir wahrscheinlich Kontakt zu Tausenden von Menschen, mit denen wir kaum mehr teilen als ein halbes Lächeln und höfliche Konversation. Wir haben Glück, wenn unter den Tausenden von Gesichtern eines über die voraussehbaren Formalitäten hinaus reagiert. Wirkliche Freunde sind selten. Wirkliches Verständnis zwischen zwei Menschen kommt schwer zustande und wenn es einmal erreicht ist, ist es schwer zu halten. Wenn es uns jedoch gelingt, dann ist es die wertvollste aller menschlichen Erfahrungen.

Wally war ein Genie. Ich kann nicht behaupten, dass er mir nur sympathisch war. Er war viel zu fordernd, um gemocht zu werden, aber ich habe ihn geliebt. Er war die schillerndste Persönlichkeit, die mir je begegnet ist, er glaubte an seine Bestimmung und folgte dem Schicksal ohne jegliche Angst. Wenn Freunde schon selten sind, sind Menschen wie Wally erst recht rar. Er war ein magischer, mystischer Visionär, der mir mehr vom Leben gezeigt hat, als es all die grauen Niemande je könnten. Er war ein riesiges Knäuel wirbelnder Energie, ein großes strahlendes silbernes Licht, das in der Dunkelheit schien. Er war nicht wahnsinnig, nicht einmal verrückt. Er war ein Mensch, der die graue

Welt nicht akzeptieren wollte, die, wie man uns beigebracht hatte, schließlich alles war, was wir vom Leben zu erwarten hatten. Er wollte mehr und zog aus, um es sich zu holen. Er wollte mehr, und er bekam es, direkt in den Arm.

Er glaubte wie alle Anarchisten, dass die Menschen prinzipiell gut seien, und dass es an den sozialen Bedingungen und der sozialen Konditionierung lag, die anti-soziales Verhalten hervorriefen. Ich frage mich manchmal, ob er in diesem Glauben gestorben ist.

Wir werden frei geboren, aber unmittelbar danach einer Indoktrination unterworfen, die uns auf ein Leben in Sklaverei vorbereitet. Wir werden von unseren Eltern und Lehrern, unseren Chefs und Predigern geformt, damit wir dem entsprechen, was sie von uns erwarten. Unsere eigenen natürlichen und einzigartigen Sehnsüchte werden von Anfang an zermalmt. Das Leben könnte eine wunderbare und aufregende Erfahrung sein. Egal, was die Gelehrten sagen, die Welt ist groß genug für uns alle, wenn wir nur lernen könnten, miteinander zu teilen und uns gegenseitig zu respektieren. Millionen werden von einigen Wenigen regiert. Das ist das Geburtsrecht, das die Wenigen zu ihrem exklusiven Recht gemacht haben. Wir sind doch in der Überzahl und wären sicherlich stark genug, das zurückzuholen, was rechtmäßig unser ist. Aber haben wir auch das Recht, es uns mit Gewalt zurückzuholen?

Zum Zeitpunkt von Wallys Tod glaubte ich, dass die Ultra-Linken, die eine bewaffnete Revolution befürworteten, nur aus Rachegefühlen heraus handelten. Rache war eine Reaktion, die sie auf dem Schulhof gelernt und nie vergessen hatten. Ihre Behauptung, dass eine Revolution gewaltsam vonstatten gehen müsste, implizierte, dass alle Menschen im Grunde schlecht und unverbesserlich seien, eine Ansicht, die ich nur schwer nachvollziehen konnte. Ich glaubte weiterhin, dass diejenigen, die eine bewaffnete Revolution befürworteten, nachher andere in genau der gleichen Weise unterdrücken würden, wie sie selber unterdrückt worden waren; der Stiefel säße nur auf dem anderen Fuß.

Als Anarchist glaubte ich, dass es das Recht des Einzelnen sei, sein Leben selbst zu gestalten, ohne sich Zwänge aufzuerlegen und nicht unter Androhung von Gewalt, die der Unterdrückung in die Hände arbeitet. Das allgegenwärtige Gefühl von Gewalt und die Angst, die damit geschürt wurde, korrumpierten die menschliche Freundlichkeit und Güte. Genau diese Gleichung trennte Anarchismus von jeder anderen politischen Ideologie. Damit aber war auch der Zwiespalt geschaffen, an dem der Anarchismus schon immer litt: Gibt es eine Form der Gewalt, die gerechtfertigt werden kann? Wenn Anarchisten wirklich glauben, dass sie das Recht haben, ihr eigenes Leben zu leben, wie können sie die Anwendung von Gewalt tolerieren, die andere um ihr Recht bringt?

Diese Art des Denkens führte dazu, dass viele Anarchisten, ich selber eingeschlossen, zu Pazifisten wurden. Aber ob nun Pazifist oder nicht, das gemeinsame Ziel von Anarchisten war immer dasselbe gewesen: die Schleifung und letztendliche Zerstörung der Staatsgewalt. Wir waren stark genug, aber wie sah es mit unserer Überzeugung aus?

Wally hatte beides in ausreichendem Maße besessen, aber seine naive Einstellung der Obrigkeit gegenüber hatte bewirkt, dass seine Mission in die Hose ging, und er hatte unterschätzt, wie weit sie bereit waren zu gehen, um den Status quo aufrecht zu erhalten. Er hatte laut das Recht eingefordert, sein eigenes Leben leben zu dürfen, und war daran gestorben, gebrochen von denen, die an der Macht waren, die dachten, sie wüssten es am besten. Es liegt jedoch an uns, es wirklich besser zu wissen.

Anfang Dezember '75, drei Monate nach Wallys Tod, waren die Behörden zuversichtlich genug, um die Abschlussuntersuchung anzuordnen. Ganz zufällig war Wallys Leiche ein paar Tage zuvor eingeäschert worden, wodurch der Nadeleinstich und jede Möglichkeit, weitere forensische Beweise zu verlangen, zunichte gemacht wurden.

»Er hielt sich für Jesus«, erklärte der für die Untersuchung von Wallys Tod zuständige Polizeibeamte süffisant, womit er die offizielle Linie vorgab, die das Untersuchungsgericht einzuschlagen gedachte.

Der gleiche Beamte behauptete später, jeden vernommen zu haben, der nach Wallys Entlassung aus dem Krankenhaus mit ihm Kontakt gehabt hatte. Ich jedoch hatte ihn nie zuvor gesehen.

Die paar Zeugen, die aufgerufen wurden, waren sorgfältig instruiert worden, die Wahrheit zu sagen, Halbwahrheiten zu verbreiten oder einfach einen Haufen Lügen zu erzählen.

Als er gefragt wurde, welche Gründe für die Diagnose einer Schizophrenie sprachen, antwortete der Gutachter, der für Dr. West eingesprungen war, weil der anderweitige Verpflichtungen hatte: »Ich glaube, dass er Aldous Huxleys Buch ›Island‹ sehr mochte, Euer Ehren.«

»Ist das alles?«, hakte der Untersuchungsrichter nach.

»Er behauptete auch, mit Buddha in Kontakt zu stehen.«

»Verstehe«, antwortete der Untersuchungsrichter mit einstudiertem Nicken. »Und gibt es irgendwelche Einzelheiten über Mr. Russells Behandlung, als er unter Dr. Wests Obhut stand?«

»Es tut mir sehr Leid, Euer Ehren, aber die Unterlagen scheinen verlegt worden zu sein.«

Der Gutachter wurde dann darauf aufmerksam gemacht, dass er seinen Zug nicht verpassen dürfe, wenn er heute noch nach Hause kommen wollte. Er ging gleich daraufhin, so dass ein Kreuzverhör praktisch nicht stattfand.

Dem Gericht wurde dann mitgeteilt, dass Dr. Scott, Wallys Gegner im Gefängnis von Winchester vor kurzem nach Australien verzogen war.

»Wissen wir genau, wohin in Australien?«, wurde gefragt.

»Ich glaube nicht«, antwortete der Untersuchungsrichter kurzangebunden, »Australien ist ein sehr großes Land.«

Der letzte Zeuge, der aufgerufen wurde, war Rab Herman, der später Leadgitarrist bei Crass wurde. Trotz seines Rufes als ›Hippie-Anführer‹, weswegen er wohl auch vorgeladen worden war, kannte Rab Wally kaum, und ihre Ideologien klafften meilenweit auseinander; Rab war ein Pragmatiker, der Wallys Mystizismus als Gräuel empfand.

»Würden Sie sagen, dass Mr. Russell zu Selbstmord neigte?«, fragte ihn der Untersuchungsrichter.

»Das weiß ich nicht, aber er war ein tiefreligiöser Mensch und sprach immer viel über andere Realitäten, die den unsrigen überlegen wären.«

»Sie meinen, er könnte sich das Leben genommen haben, damit er gewissermaßen in eine dieser so genannten Realitäten eingehen könnte?«

»Ja, das ist sicherlich möglich.«

Also hatte Rab, ohne wirklich etwas zu sagen, dieser Justizfarce in die Hände gespielt.

»Diese Schweine«, sagte er später, »sie haben mich reingelegt und mich dazu gebracht, zu sagen, was sie wollten.«

Das Gericht kam zu dem Schluss, dass es Selbstmord gewesen war, ohne überhaupt auf die entsetzliche Behandlung einzugehen, die Wallys Tod vorausgegangen war. Auch wurde der Nadeleinstich auf seinem Arm nicht erwähnt, der ihn ausgelöst haben könnte.

Wir protestierten lautstark von den hinteren Reihen des Gerichtssaals, aber unsere Einsprüche wurden von den grauen Männern lediglich mit herablassendem Lächeln quittiert, bevor sie zurück in die Schatten verschwanden.

Die nächsten achtzehn Monate verbrachte ich mit nichts als meiner Wut, meinem Fahrrad und einer öffentlichen Telefonzelle, die eine Meile entfernt war, und stellte Nachforschungen über das an, was geschehen war, seit Wally, glücklich und gesund, die Kommune an jenem heißen Tag im Mai verlassen hatte.

Meine Nachforschungen bestätigten, was ich die ganze Zeit geahnt hatte. Was geschehen war, war kein Zufall. Der Staat hatte vorgehabt, Wallys Geist zu brechen, vielleicht sogar sein Leben zu nehmen, denn er stellte eine Bedrohung dar, eine unerschrockene Bedrohung, die sie zu zerstören hofften, ohne ein großes Risiko einzugehen, erwischt zu werden. Die Geschichte, die ich aufdeckte, war ein alptraumartiges Gespinst aus Betrug, Verderbtheit und Grausamkeit. Wally war mit äußerster Geringschätzung behandelt worden: von denen, die ihn verhaftet hatten, vom Gericht, das ihn verurteilt hatte, und im Gefängnis und im Krankenhaus, wo er festgehalten wurde. Aber meine Nachforschungen führten weit über Wallys Fall hinaus.

Wenn ich versuchte, einer bestimmten Wahrheit auf den Grund zu gehen, stieß ich auf zahllose neue Hinweise, die es zu verfolgen galt, neue Richtungen, die einzuschlagen waren und die verschiedene Interpretationen zuließen. Ich wurde immer tiefer in das Labyrinth aus Lügen, Gewalt, Gier und Angst gezogen. Nichts hatte mich auf das vorbereitet, was ich entdeckte. Die Welt kam mir vor wie ein sehr kleiner, dunkler Ort.

Ich fand Beweise für die Vertuschung von Morden, Verbindungen zwischen der Polizei und dem Gangster-Milieu, ungerechtfertigte Verhaftungen und Verurteilungen aufgrund erfundener Anklagepunkte und gefälschter Beweise. Ich erfuhr, wie Inhaftierte in Gefängnissen und psychiatrischen Anstalten grauenhaftem körperlichen und seelischem Missbrauch ausgesetzt waren, von Ärzten, die wissentlich etwas verschrieben, was praktisch Gift war, während sie sich andererseits blind stellten und die von Wärtern zugefügten blauen Flecken an den Körpern der Häftlinge nicht bemerkten. Ich fand heraus, dass die gleichen Wärter zum Zeitvertreib einen Häftling gegen den anderen ausspielten oder im Austausch gegen materielle oder sexuelle Gefälligkeiten jemandem ›etwas Gutes‹ taten. Ich hörte von Pflegepersonal, das Patienten absichtlich falsche Medikamente verabreichte, nur »um zu sehen, was passieren würde« und das zum Vergnügen Patienten ans Bett fesselte und quälte.

Jenseits der Grenzen der Gerichte, der Gefängnisse und psychiatrischen Kliniken wurde ich jedoch mit einer noch krankeren Welt draußen konfrontiert.

Im Zuge meiner ausgedehnten Nachforschungen lernte ich ›anständige‹ Leute kennen, die sich tagsüber ehrlich ihren Lebensunterhalt verdienten, aber Tag und Nacht damit beschäftigt waren, eine Lüge aufrecht zu erhalten. Sie wussten Bescheid über Verlogenheit und Korruption, über Gewalt und Missbrauch, doch sie wagten nicht, es öffentlich zu machen, und signalisierten so ihr stillschweigendes Einverständnis, denn hätten sie sich dagegen gewandt, hätten sie sich gegen sich selber wenden müssen. Endlich stand ich vor den wirklichen Urhebern dieser Verbrechen: der gewalttätigen, schweigenden Mehrheit.

Hinter der undurchdringlichen Oberfläche von brav gescheiteltem Haar und Anzügen von der Stange, von polierten Autos und gesprengtem Rasen, vom Pub am Freitag und gelegentlich mal Kirche am Sonntag, von wohlgeplanten Familien und besser geplanter Zukunft, von Wohlstand und Geborgenheit, von Macht und Glorie lauerten die echten Faschisten. Sie wussten es, aber sie schwiegen.

Die beste Beschreibung dieser moralischen Feigheit lieferte vielleicht Pater Niemöller, der die Konzentrationslager der Nazis überlebte:

»Als die Nazis die Kommunisten holten, habe ich geschwiegen; ich war ja kein Kommunist. Als sie die Sozialdemokraten einsperrten, habe ich geschwiegen; ich war ja kein Sozialdemokrat. Als sie die Gewerkschafter holten, habe ich geschwiegen; ich war ja kein Gewerkschafter. Als sie die Juden holten, habe ich geschwiegen; ich war ja kein Jude. Als sie mich holten, gab es keinen mehr, der protestieren konnte.«

Sie verhielten sich ruhig, als die Fenster auf der gegenüberliegenden Straßenseite zertrümmert wurden, als die Mauern mit rassistischen Sprüchen beschmiert wurden. Schwiegen, als sie Schritte in der Nacht hörten, das Wummern an Türen und das Weinen derer, die sich dahinter befanden.

»Es sind doch nur Juden«, flüsterten sie, aber sie hätten auch ein Schimpfwort für eine andere Minderheit irgendwo auf der Welt einsetzen können.

Und wieder schwiegen sie, als sie hörten, dass ihre Nachbarn in der Dunkelheit abgeführt wurden. Schwiegen, als sie die Viehwagen durch den kalten Morgennebel davon rollen hörten.

Und als sie von den Todesgruben, den Folterbänken und den Öfen hörten, von den Millionen Toten und den Tausenden, die im Sterben lagen, schwiegen sie weiter, weil Sicherheit ihr Gott war und Fügsamkeit seine Geliebte und weil die Konvention Schweigen verordnete. Schweigen und Sicherheit, Fügsamkeit und Konvention, die Wurzeln des Faschismus. Faschismus, wurde mir klar, war so sehr ein Fleck auf den Seelen der Menschen wie er einer auf dem Verstand ihrer potenziellen Führer war.

Das waren genau die Leute, die meine Nachforschungen fast unmöglich machten. Sie machten sich zuviel Sorgen um ihre eigene Haut, als dass sie das, was sie wussten, an mich weitergegeben hätten. Sie wussten das, und sie wussten auch, dass ich es wusste, aber es machte keinen Unterschied; sie schwiegen weiter.

Trotz alledem war es mir möglich, aus dem Dokumentationsmaterial, das bei meinen Nachforschungen zusammengekommen war und Regale füllte, ein längeres Buch über das Leben und Sterben Wally Hopes zusammenzustellen, »A Hommage to Catatonia«. Darin gelang mir der kategorische Nachweis, dass alles, was ihm geschehen war, sorgfältig und vorsätzlich inszeniert worden war. Nur der Nadelstich blieb ein Geheimnis, eines, mit dem ich mich abfinden musste.

Während meiner Nachforschungen fühlte ich mich nicht nur von der Größe der Aufgabe, die ich übernommen hatte, überwältigt, sondern auch von der berechtigten Befürchtung, dass mir, wenn ich nicht vorsichtig wäre, das gleiche Schicksal wie Wally widerfahren könnte. In dem Jahr, in dem ich an der Sache arbeitete, erhielt ich zwei Morddrohungen und hatte Besuch von Polizeibeamten, die mich wissen ließen, dass sie wussten, was ich wusste. Sie wollten, dass ich mich ruhig verhielt.

In der Zwischenzeit war das gemeinschaftliche Leben in der Kommune völlig zusammengebrochen. Wallys Tod und meine Reaktion darauf hatten einen dunklen Schatten auf das geworfen, was bisher immer eine Oase des Lichts gewesen war. Ich hatte ein langes Jahr gebraucht, um das Buch zu schreiben. Und in der Zeit hatte ich mich der Kommune und ihren Mitgliedern gegenüber gedankenlos und herablassend verhalten, und einer nach dem anderen ging, bis nur noch Gee blieb.

Ich war verwirrt und wütend. Wallys Traum hatte einen Alptraum hervorgebracht. Als er noch da war, um den Traum am Leben zu halten, hatte es Leute in der Kommune gegeben, die ihn teilen wollten. Als er aber in einen Alptraum überging, sah ich mich in zunehmendem Maße auf mich allein gestellt. Ich hatte ein Buch geschrieben, aber es hatte die Art zu leben, die mir teuer war, kaputt gemacht. Und überhaupt, was sollte ich mit dem Buch anfangen? Ich konnte mir nicht vorstellen, dass es jemand veröffentlichen würde, und selbst wenn, würde es doch nur in einen lauschigen, liberalen Gesamtkontext gestellt werden. Vielleicht bekäme ich Angebote, in Talkshows als Experte für Hippies und Geisteskrankheiten aufzutreten.

»Wir haben noch einen Augenblick vor unserer Werbepause, deswegen die Frage an Sie, Jerry, erzählen Sie uns doch mal, was mit unserer Gesellschaft nicht stimmt!«

Vielleicht könnte ich mit der richtigen PR sogar auf Vortragsreise gehen. Bis dahin würde sich das Buch natürlich millionenfach verkauft haben und die Presse würde es in den höchsten Tönen loben:

»Ein absolutes Muss für jeden, der sich wirklich für die Gesellschaft, in der wir leben, interessiert.«

Und selbstverständlich würde ich mir bei all dieser Aufmerksamkeit einen schicken Anzug und eine Krawatte zulegen müssen. Und je berühmter ich würde, desto öfter würde ich gebeten werden, sehr lukrative Artikel über das meiner Meinung nach schlechteste Restaurant oder über die Vor- und Nachteile des Lebens in Buckinghamshire zu schreiben. Und dann, wenn ich ordentlich Kohle eingefahren hätte, könnte ich mir eine Frau und zwei Kinder leisten und ein Kreuzfahrtschiff erwerben, mit dem ich dann in Richtung Meer des Vergessens aufbrechen und ein verlassenes Inselparadies finden würde. Und wenn ich nicht gestorben bin, dann lebe ...

Und dann entschloss sich Gee, nach Amerika zu gehen. Es stimmte zwar, dass ich inzwischen mit Eve zusammen war, aber mir lag sehr viel daran, dass sie blieb.

»Ich muss mein eigenes Leben finden, Jerry. Nach all den Jahren in der Kommune weiß ich kaum noch, wer ich bin.«

»Weiß denn irgendwer, wer er ist?«

»Weiß ich nicht. Aber wenn ich erst mal von hier weg bin, finde ich es vielleicht heraus.«

Nachdem ich fast zehn Jahre in einer Kommune gelebt hatte, war ich, abgesehen von einem Hund, zwei Ziegen, fünf Katzen und unzähligen Hühnern, erst mal allein. Ich fühlte mich einsam und verletzlich. »A Hommage to Catatonia« lag auf meinem Schreibtisch, verfolgte und verhöhnte mich. Wie Frankenstein fing ich an, das, was ich geschaffen hatte, zu verabscheuen, und ich wollte gar nicht wissen, welche Probleme ich mir damit einhandeln könnte. Ich begann, dem Haus nachts fern zu bleiben, aus Angst vor den Schatten draußen und den Alpträumen drinnen. Ich begann zu trinken, in der Hoffnung, einen Augenblick lang vergessen zu können, stattdessen wurde ich aber einfach nur wütend. Und dann, an einem schönen Frühlingsmorgen, anderthalb Jahre nach Wallys Tod, baute ich einen Scheiterhaufen und warf das Buch und all das Material, das ich dafür gesammelt hatte, hinein. Ich beobachtete die Flammen, wie sie in den makellosen blauen Himmel aufstiegen, und stellte mir dabei vor, dass Phil Russell endlich tot sei. Es war ein bewegender Augenblick und deswegen, nehme ich an, musste natürlich Old Bill Craggett wieder dazwischen platzen.

»Wieso heulste denn?«, fragte er belustigt und stocherte mit einem Stock im Feuer herum, »Männer solln doch nich' weinen«.

»Ich beklage den Verlust eines Freundes«, unterbrach ich mein Schniefen.

»Bescheuerter Typ. Freund is' nich' mehr da, oder?«

»Nein.«

»Wozu denn also all die Tränen. Magste 'ne Tasse Tee?«

Wenn ich geahnt hätte, dass Wally wiederauferstehen würde wie ein Phönix aus der Asche, hätte ich das Material vielleicht nicht verbrannt. Es waren die einzigen Beweise für Behauptungen, die ich erhoben hatte. Zwar hatte ich genug, um mir die Ereignisse wieder ins Gedächtnis zu rufen, auch ausreichend Indizien, um meine Theorie über die Umstände seines Todes zu belegen, aber möglicherweise war das ja überhaupt nicht wichtig. Es war an der Zeit, dass ich lernte, mit meinem Wissen und meiner eigenen Stärke zu leben.

Es gab einmal eine Zeit, als ich hoffte, dass es möglich wäre, durch praktisches Vorleben von Peace and Love, der grauen Welt neue Farben zu geben. Ironie des Schicksals, dass ausgerechnet ein Mann namens Wally Hope mir zeigte, dass diese besondere Form der Hoffnung ein Traum war.

Aufgrund der Erfahrungen, die ich durch ihn gemacht hatte, sah ich ein, dass ich meine Vision vom »wie es sein könnte« überdenken musste. Durch seinen Tod wurde mir klar, dass ich es mir nicht leisten konnte, mich einfach zurückzulehnen und Wiederholungen zuzulassen. Bis zu einem gewissen Grad trug ich für seinen Tod die Verantwortung, und obwohl ich alles Menschenmögliche getan hatte, hatte es nicht gereicht.

Sehnsucht nach Veränderung muss mit einer Sehnsucht verbunden sein, auch etwas dafür zu tun, und wenn es sich lohnte, dem Status quo Widerstand zu leisten, dann lohnte es sich, totalen Widerstand zu leisten. Es reichte nicht mehr aus, mir zu nehmen, was ich wollte und abzulehnen, was ich nicht wollte. Es war Zeit, auf die Straße zu gehen und anzugreifen, auf die Straße zu gehen und meine Erfahrungen zu teilen und von den Erfahrungen anderer zu lernen.

Kurz nachdem ich das Buch verbrannt hatte, hörte ich zum ersten Mal die Sex Pistols mit »Anarchy in the UK«. Steve war da schon im Haus eingezogen und obwohl wir beide dachten, dass es die Sex Pistols wahrscheinlich nicht ernst meinten, erschien es uns doch als Schlachtruf. Als Jonny Rotten erklärte, es gäbe keine Zukunft, sahen wir darin eine Herausforderung. Wir wussten beide, dass es eine Zukunft gab, wenn wir bereit wären, dafür zu kämpfen. Es war unsere Welt und man hatte sie uns gestohlen. Wir machten uns auf, sie zurückzufordern.

Fünf Jahre später, getragen vom Erfolg von Crass, meinte ich, ich sei geheilt genug, um Wallys Geschichte noch einmal aufzuschreiben, diesmal für ein Büchlein, dass »Christ the Album« beigelegt wurde. Statt jedoch den Mut zu haben, die ganze Geschichte zu erzählen, verwendete ich egoistischerweise nur die Teile davon, die dazu dienten, pazifistische Antworten auf Taktiken eines Staates hervorzuheben, der immer mehr zur Gewalt neigte. Sollte ich also irgendwie das Vertrauen eines toten Freundes missbraucht haben, dann würde ich die Folgen dessen tragen müssen.

Als wir zunächst mit der Arbeit an dem Album begannen, war Pazifismus gerade sehr en vogue. Ein Jahr später, als es endlich rauskam, befand sich Großbritannien im Krieg. Ich hatte mir zu viel Zeit gelassen. Nicht nur hatte ich Wallys Geschichte nicht wahrheitsgemäß erzählt, ich hatte sie auch dafür benutzt, eine Reihe von Ideen zu verbreiten, die, wie mir langsam klar wurde, dabei waren, aus der Mode zu kommen.

Prick Up Your Tears

Im Frühling 1982 brachte ein Nadelstich die anarcho-pazifistische Blase zum Platzen, womit eine künftige Lethargie, wenn nicht gar eine ausgemachte Niederlage besiegelt war. Um das erschlaffende Image ihrer Partei vor den Wahlen ein wenig aufzumöbeln, erklärte Margaret Thatcher, selbsternannte Königin von Babylon, Argentinien den Krieg.

Während Hunderte von jungen Männern starben, kamen uns die Lieder, Proteste und Märsche, Flugblätter, Worte und Ideen von Crass plötzlich wertlos vor. Sie besaßen zwar einen Wert, aber in dem Augenblick erschien alles aussichtslos. Großbritannien versank in einem Meer von hurrapatriotischem Geschwätz. Proteste gegen den Krieg existierten praktisch nicht. Solange die Streitfragen noch abstrakt gewesen waren, hatte die Friedensbewegung überglücklich »Nie wieder Krieg« geschrien, aber jetzt, wo der Krieg da war, herrschte schmerzvolles Schweigen.

Um zu zeigen, dass sich nicht alle durch die tägliche Mundwäsche aus Rot, Weiß und Blau knebeln ließen, veröffentlichten wir schnell eine kostenlose Anti-Falkland-Krieg Flexi.

Da wir wussten, dass jeglicher kritischer Kommentar an ›unserer großen Führerin und ihrem glorreichen Krieg‹ augenblickliche Strafverfolgung bedeuten würde, beschlossen wir, die Flexi so zu produzieren, als handele es sich dabei um einen Bootleg. In Frankreich hergestellt und ohne identifizierbares Label oder Verpackung wurde »Sheep Farming in the Fucklands« ins Land geschmuggelt und mit der Hilfe gleichgesinnter Groß- und Einzelhändler nach dem Zufallsprinzip in die Alben und Singles aller Plattenfirmen außer unserer eigenen hineingesteckt. Ohne es zu wollen, gaben sich solch unterschiedliche Künstler wie Sheena Easton oder Robert Palmer dafür her, die anarchisch-pazifistische Sache zu verbreiten. Selbstverständlich ließen sich die meisten von unserem Täuschungsmanöver nicht allzu sehr hinters Licht führen, aber auf diese Art waren wir außerhalb der Reichweite des langen Arms des Gesetzes, obwohl wir dadurch nicht vor Beleidigungen geschützt waren. Die Musikpresse war entzückt, uns als »obszöne Verräter« zu brandmarken, aber zur Abwechslung teilten wir freudig ihre Meinung.

»Kurzen Prozess«, bot Old Bill Craggett an, »sollte man mit ihnen machen, am besten ausbomben.«

Nicht, dass er wusste, wer sie waren, oder gar, warum man sie ausbomben sollte oder auch nicht.

»Warum denn, Bill?«, fragte ich unschuldig.

»Weil die Schufte nicht unsere Männer kritisieren sollten.«

Da erst fiel mir auf, dass er uns meinte. Er hatte irgendetwas über die Platte gehört, aber es offensichtlich nicht auf uns bezogen.

»Fotzen«, fügte er noch hinzu, um ganz sicher zu gehen.

Für die Dauer des Krieges und wahrscheinlich, um dem Ganzen ein bisschen mehr Gewicht zu verleihen, denn in Wahrheit handelte es sich ja um kaum mehr als eine Spielplatzrangelei, ging der hysterischere Teil der Medien sogar soweit, zu unterstellen, das Ganze könnte zu einem globalen Konflikt ausarten. Eine lächerliche Behauptung, allerdings eine, die zweifellos den gewünschten Effekt erzielte, nämlich Angst bei demjenigen Teil der Bevölkerung zu schüren, deren Leben eh schon von Angst kontrolliert wurde. Solange die Leute abhängig von Führern waren, die sie aus dem von ihnen selbstgezeugten Schlamassel wieder herausführten, gab es wenig Gelegenheit zum Dissens. So sieht die Macht des Paradoxen aus.

Obwohl ich von den Machenschaften Thatchers und ihrer Fleet-Street-Gefolgschaft wenig beeindruckt war, verärgerte mich zunehmend die Wirkung, die sie auf meine unmittelbare Umgebung hatten. Lange waren angenehmerweise Crass die Angreifenden gewesen, jetzt jedoch schwelgte das gesamte Land in einem Zustand von selbstgefälligem Nationalismus, was schlicht dazu führte, dass wir uns belagert vorkamen. Trotz alledem fand ich Thatchers kriegerische und tyrannische Persönlichkeit derart unter aller Sau, dass es mir schwerfiel, mit etwas anderem als mit impotenter Lethargie zu reagieren. Erst als ich bemerkte, wie Eve sich leise in den Schlaf schluchzte, weil sie gegen etwas ankämpfte, das sie als Hieronymus-Bosch-artige Höllenvisionen beschrieb, fühlte ich mich genötigt aktiv zu werden. Ich kehrte zu meiner Schreibmaschine zurück, ließ meinen Gedanken freien Lauf und begann mit der Niederschrift eines Wortschwalls gegen all das, was damals unter der Bezeichnung »Thatcher's Britain« lief. Ich nannte mein Werk »Rocky Eyed«.

»Als du heute morgen aufwachtest, sahst du um die Augen herum gerädert aus, zwar blau und weiß wie immer, doch seltsam schwarz umrandet. Und es wird nicht viel besser, deine Stimme zerreißt sich in vergeblichen Schreien. Vielleicht hört ja einer, was du sagst, aber nachts bist du noch immer allein. Du musst soviel Krach schlagen, um die Stille zu verstehen, schreien wie ein Esel, es dröhnt dir in den Ohren, so dass du das Schweigen nicht vernimmst, selbst wenn es da ist; es ist wie der Wind, den man durchs Fenster sieht, man sieht ihn und wird doch nicht von ihm berührt.«

Worte bedeuten manchmal nicht viel. Ich habe mehr von ihnen Gebrauch gemacht als die meisten; aus dem Herz gerissene Gefühle, in die Arena geworfen, der Entstellung und Verspottung im großen Zirkus der Gesellschaft preisgegeben.

Angesichts der monolithischen Lügen, die von denen geschaffen wurden, die uns kontrollieren, erscheint das, was ich anzubieten habe, so zerbrechlich. Sie planen Tod und Verderben und werden doch als anständige Bürger betrachtet, während ich von Liebe und Kreativität spreche und deswegen als Ausgestoßener behandelt werde.

Ich hatte nicht erwartet, mich auf einer Bühne wiederzufinden, und schon gar nicht auf einem Podest. Ich befasste mich mit Ideen, nicht mit Rock'n' Roll. Es kommt mir komisch vor, bei diesem Spiel mitzumischen. Zwar ist es ein Teil von mir geworden, aber leicht fällt es mir deswegen nicht.

Beim Versuch zu vermitteln werde ich gefragt, warum ich denn keine Liebeslieder schriebe. Was schreibe ich denn sonst? Meine Liebe zum Leben ist absolut. Alles, was ich tue, ist ein Ausdruck dieser Liebe. Alles, was ich schreibe, ist ein Liebeslied.

Kritiker tun meine Arbeit als naiven Anarchismus ab, in der Hoffnung, sie mit ihren Schubladen und Definitionen zu diskreditieren. Zu allen Zeiten haben Gesellschaften diejenigen, die später als Helden gefeiert wurden, verdammt, aber ich, ein Held? Na ja, wer sonst sollte mein Loblied anstimmen?

Obwohl es kaum Vorbilder gibt, lehnen sich diejenigen, die dem Status quo die Stirn bieten, entgegen aller Widrigkeiten auf. Wir bemühen uns, Alternativen aufzubauen, aber die heimtückische Macht der Medien macht es einem sehr schwer, Grundlagen zu schaffen. Ihre Lügen und Verdrehungen sind so extrem, dass dadurch alles vergiftet und korrumpiert wird. Es stimmt zwar, dass ich mir meinen Weg in den kulturellen Blutkreislauf erschleichen könnte, um dann aus dem Inneren des Biestes heraus zuzuschlagen, aber ich weiß, das würde mich teuer zu stehen kommen.

John Lennon sagte: »They hate you when you're clever and they despise a fool.« Er hatte Recht. Gesellschaftlich anerkannte Intelligenz benötigt nur Konformismus und Kompromisse. Und überhaupt, fällt es mir nicht schwer, die Erwartungen anderer Leute zu erfüllen, da meine eigenen um so viel höher sind.

Kann mir jemand sagen, warum die Freundlichen und Sanften oft der Lächerlichkeit preisgegeben werden, während die Engstirnigen und Leisetreter an die Macht gehievt werden? Welche grauenhaften Perversionen haben stattgefunden, dass wir alle von Narren regiert werden? Lennon hatte auch gesagt »all you need is love«, aber genau wie Gandhi ist er jetzt auch tot.

Ja, natürlich, ich kann diese Liebe mit geflüsterten Vertraulichkeiten bekräftigen, aber es geht nicht über diese rosane Ohrmuschel oder jenes ungemachte Bett hinaus. Ja, qualvolle Schreie kennen keine Grenzen, aber wie lange muss ich schreien? Da ich keine anderen Möglichkeiten habe, vertraue ich auf den Wind, auf dass er weiterträgt, was ich zu sagen habe, aber wie oft habe ich mir den Himmel angeschaut, wenn ich auf meine eigenen Tränen hätte achten sollen?

Freiheit ist nur ein Traum, das erscheint so tragisch, aber die schrecklichen Ungleichheiten des Lebens sorgen dafür, dass es auch so bleibt. Wie viel Raum gibt es für Selbstverwirklichung und persönliche Entfaltung, wenn mehr als die Hälfte der Menschheit am Verhungern ist? Es gibt so viel, was ich hätte tun können, aber mit meiner Sehnsucht nach Veränderung bin ich an diesem Fleck verwurzelt, sehe und fühle nur das Seufzen und Sterben unseres traurigen, missbrauchten Planeten. Wenn es nur das Leiden wäre, hätte ich Anteil daran nehmen können statt abseits zu stehen.

Ich stehe verwirrt da und weiß, dass es keinen Sinn macht, einfach nur zu widersprechen. Tobsuchtsanfälle dienen lediglich der Gewissensberuhigung; Wut parodiert Wut, Sehnsucht wird von Sehnsucht verschlungen. Liegt darin Meinungsfreiheit? Wo sind Hoffnung und Ehrgeiz?

Unfähig, uns über unsere sozialen Egos zu erheben, werden wir zu Opfern einer von oben verordneten Zukunft, Marionetten im Traum eines Werbefachmanns. Wird das Nachgeplapper von Stereotypen besser verdaulich, wenn es mit ›echter Wirklichkeit‹ runtergespült wird? Sind wir wirklich so dumm, eingeschüchtert bis hin zur Unterwerfung, dass wir den ganzen Schrott auch noch für ein Privileg halten?

Warum Unterwürfigkeit im Austausch gegen Würde akzeptieren? Warum den Tod im Austausch gegen das Leben akzeptieren? Herrgottnochmal, lass die Blinden sehen und die Tauben hören. Steh endlich auf und mach was!

Um die Rechte des Individuums wahrzunehmen, muss man erkennen, dass diese Rechte existieren. Es ist so leicht, den Menschen vorzumachen, sie hätten eine freie Entscheidung getroffen, wenn sie doch in Wirklichkeit nur passive Beobachter sind.

Untätige Beobachter tun nichts außer untätig beobachten. Sie beobachten untätig Kreativität und sagen dann: »Wow, das bin ich.« Sie beobachten untätig Zerstörung und sagen: »Oh nein, das war ich nicht.«

Das eigentliche Grauen des Krieges besteht in unserer Unfähigkeit, das, was geschieht, aufzuhalten. Zu Tausenden werden junge Männer im Schlamm und Blut dem Wahnsinn ihrer Führer geopfert; ein paar hundert kehren zurück, angeschlagen und verlottert, ihre Augen blind gegenüber dem Leiden, ihre Lippen versiegelt aufgrund ihrer Mittäterschaft. Und in diesem grausamen Jahrhundert, in dem der Mensch den Mond betrat und über seinen eigenen Planeten stolzierte, wurden auch Zivilisten in Konflikte mit hineingezogen, Bauern in einem Schachspiel, dessen Regeln ihnen nie erklärt wurden. Aber es gibt ja auch keine Erklärung; der Wahnsinn des Krieges und derer, die ihn fördern, ist jenseits aller Vernunft. Nimmt es da Wunder, dass die Massen wie gebannt vorm Fernseher hocken und in der einzigen Form von Kontrolle, die sie noch ausüben können, schwelgen? An, aus? Ist der Schalter am Fernseher die einzige Zukunft, der einzige Ausdruck eines angeborenen aber aufgegebenen Rechts, wir selbst zu sein? Ja, nein, an, aus. Ist es verwunderlich, dass jegliches Gefühl für Visionen und Möglichkeiten verloren gegangen ist? Was ist das für eine Chance, wenn das Licht am Ende des Tunnels der gespenstische, unscharfe Strahl einer Kathode ist?

Indem wir uns der Autorität des Big Brother beugen, wenden wir uns gegen unser inneres Ich. Indem wir im Strom dieses ekligen Lügentheaters mitschwimmen, verkümmern und sterben unsere inneren Gefühle.

Wir sitzen gebannt glotzend vor dem flimmernden Bildschirm und reagieren nicht auf die Schrecken, die darauf zu sehen sind, sondern sinken stattdessen zurück in bequeme Selbstgefälligkeit. Währenddessen sind die Straßen, auf denen einst reale Politik beeinflusst wurde, nachts menschenleer und unsere Regierenden schlafen sicher.

Wird die Bevölkerung nicht ruhig gestellt, sind Aufstände zu befürchten und so verschreibt man denjenigen Valium, die aufgrund exzessiver Einnahme von Elektronen Kopfschmerzen haben.

Anderen gelingt wenigstens zeitweise die Flucht, sie sind aber derart hirngeschädigt, dass sie nur die eine Möglichkeit sehen, nämlich sich im Pub, wo der Gestank des Versagens Nikotin und Urin übertüncht, eine Dröhnung zu verpassen. Da habt ihr eure Populär-Kultur, die hohle Abspeisung. Wenn man Widerspruch äußert, trägt das auch nur zur Täuschung bei. Worte werden verbreitet, aber nur nach Laune des Puppenspielers. Aktionslose Sprücheklopferei ist nur Kasperletheater.

Alle Informationen, die wir über die Welt draußen erhalten, werden sorgfältig geprüft. Jeden Tag sehen wir zahllose fiktive Todesfälle im Fernsehen, doch im Falle eines Krieges hindern uns die Zensurbehörden der Regierung daran, den Tatsachen ins Auge zu sehen. Die »innere Sicherheit« wird von Lügnern als Ausrede benutzt, deren einziges Interesse darin besteht, ihre eigene politische Haut zu retten. Solange ihre Popularität nicht darunter leidet, ist es piepegal, wie viele junge Männer sterben. Die Machthaber haben Recht, wenn sie glauben, wir könnten aufhören passiv zuzuschauen, sobald wir zu den Tatsachen Zugang hätten.

So wie die Wahrheit das erste Opfer im Krieg ist, ist sie auch das erste Opfer des Bewusstseins. Von Geburt an werden wir in die Lügen der Familie, der Schule, der Kirche und des Staates eingesponnen. Von

Anfang an sind wir leichte Beute, auf der Jagd nach Lob wie erbärmliche Zirkushunde, oder, wenn unser wahres Ich den Weg an die Oberfläche findet, verstecken wir uns mit eingezogenem Schwanz in der Dunkelheit. Wenn der Ringrichter Krieg anbietet, nehmen wir an. Wie sonst könnte es zum Krieg kommen, wenn er doch nichts ist als eine Zurschaustellung menschlicher Willensschwäche? Und trotzdem würden wir auch Frieden akzeptieren, wenn der Clown ihn anböte, und dabei kaum merken, dass wir Stärke, Umdenken, Rücksicht und Aufopferung zeigen müssten. Welche dieser Eigenschaften ist uns denn in der Schule beigebracht worden?

Vom Joch anerzogener Unwissenheit befreit und nicht mehr ruhiggestellt könnten die Menschen ihre Stärke zeigen. Da die Behörden das jedoch wissen, überwachen sie bereits die, die sie für potenzielle Aufrührer halten. Für sie sind wir Aktennummern, es fällt ihnen nicht schwer, uns einzeln herauszufischen und einzuschüchtern. Gleichzeitig wird es uns leicht gemacht, Abstand zu nehmen und uns zurückzuziehen, darin besteht der erste taktische Sieg der Obrigkeit.

Bei der Wahrheitsvertuschung sind die Behörden so geschickt, dass man unmöglich abschätzen kann, was die Forderungen nach Veränderung bewirken könnten. Zweifellos werden von Behördenseite feine Anpassungen vorgenommen, aber nicht, um Veränderungen voranzutreiben, sondern um sie zu umgehen. Wenn jedoch der Druck der Forderungen wächst, werden diese Placebo-Anpassungen wirkungslos. Dann werden die Behörden zunächst anfangen, diejenigen, die die Forderungen stellen, in Misskredit zu bringen, um sie dann, wenn nötig mit Gewalt, zu unterdrücken.

Wenn uns bewusst wird, wie stark unsere Widersacher sind, ist es verlockend, sich auf Oberflächlichkeiten zu beschränken: ohnmächtige Gesten, die unter den Rädern eines Schwertransporters zermalmt werden. Die Grenze ist so zart, aber wir sind gefordert, die Ängste zu überwinden und den Despoten Widerstand zu leisten, die diesen unseren Planeten mit Vergewaltigung und Plünderung überziehen.

Als Außenseiter haben wir wenig Rechte, Widerstand zu leisten, aber gemeinsam, auf uns selbst gestellt, könnten wir Wege finden. Sie haben das Gesetz und Möglichkeiten, es durchzusetzen. Wir haben einander. Sie haben die Ordnung und Möglichkeiten, sie zu etablieren.

Wir haben einander. Es ist leicht, diejenigen als Träumer abzutun, die nach Veränderung streben, aber ist unsere Kultur nicht auf den Träumen der Vergangenheit aufgebaut?

Harrods prahlt damit, jeden noch so verrückten Einfall eines ihrer wohlhabenden Kunden liefern zu können. Nun denn, dann sollen sie mir doch eine Exocet Rakete und ein verhungerndes Kind aus der Dritten Welt liefern, und ich zeige ihnen, was freie Auswahl bedeutet.

In den Ghettos des Wohlstands spielt Gleichheit keine Rolle. Unter dem Schutzmantel von Thatchers Wirtschaftspolitik werden die Reichen mit Reichtümern belohnt, weil diese ihre barbarische Innen- und Außenpolitik unterstützen.

Die wohlhabenden Obszönen mit ihrem obszönen Wohlstand beklatschen das Gemetzel von der Tribüne aus. Es ist, als ob sie in Ascot ihre Wetten platzieren: fünf zu eins auf die vier Reiter. Sie glauben, dass Geld sie von ihrer Verantwortung für die Welt enthebt, die sie ausbluten lassen. Sie sind die wahren Pornographen, die wirklichen Stylisten menschlicher Perversion. Reiche Tussis mit guter Kinderstube sitzen daneben und verfolgen den Aufstieg und Fall ihres Glücks in den sauber gebügelten Nadelstreifenhosen der Finanzwelt: debütierende Huren in den Burgen reicher Männer.

Die herrschende Elite mit ihrer Marionetten-Gallionsfigur, Königin Elizabeth der Zweiten, Regina Virgina, stolzierte auf den Millionen von Körpern herum, die sie so gerne bei ihrem Kampf um die Macht opferte. Die Führer sind diejenigen, für die sich Gewalt ausgezahlt hat. Wer sind sie, wenn nicht die Erben der Gier und der Räubereien ihrer Vorfahren? Ihre blutbefleckten Fahnen sind die Lumpen unserer Zukunft, die zerfledderten Überbleibsel unserer Rechte als Individuen. Diese Herrscher sind gemeine Diebe und Mörder, trotzdem verneigen wir uns vor ihnen.

Überall auf der Welt werden einfache Leute dazu benutzt, andere einfache Leute zu unterdrücken. Wie lange noch wird der Großteil der Bevölkerung so erbärmlich durch Gott, Königin, Vaterland und Geldbörse manipuliert?

Mehr als die Hälfte der Weltbevölkerung ist am Verhungern, wird von der Habgier der Landbesitzer gekreuzigt, steht den Prioritäten der großen Mächte hilflos gegenüber, die sie ungerührt beobachten. Täglich werden in jeder Minute Abermillionen Pfund für Kriegsmaschinerien ausgegeben. Wenn nur die Hälfte davon in die Friedensmaschinerie flösse, müsste niemand mehr auf diesem Planeten verhungern. Die internationale Gemeinschaft verschließt vor dem Völkermord die Augen, sie erzählen uns, so wär' nun mal das Leben. Währenddessen ignorieren die Regierungen die Schreie der Leidenden. Natürlich machen sie Gesten, um ihr Gewissen zu erleichtern, aber es wird nichts Richtiges unternommen, weil die Supermächte auf ein Ungleichgewicht angewiesen sind, um ihre Macht zu erhalten.

Der meiste Wohlstand der so genannten entwickelten Nationen wurde auf Kosten der Dritten Welt gewonnen, deren natürliche Vorkommen an Pflanzen, Mineralien, Tieren und Menschen skrupellos ausgebeutet wurden. Eingeborene wurden in ihren Heimatländern von Regierungen abgeschlachtet, die ihre Besitztümer vergrößern wollten. Der Stolz und die Würde der Menschen wird durch Napalm und Flammenwerfer bedroht. Die Armen und Unterprivilegierten werden von den Führern vergewaltigt und gefoltert, die ihre Macht nicht einsetzen, um zu helfen, sondern um zu unterdrücken. Auf den Wink einer samtbehandschuhten Hand hin schicken diese Führer junge Männer in den Tod, doch zuvor hinterlassen sie eine Spur der Vernichtung, Freund und Feind fallen wie Kegel im Kugelhagel und werden aufgespießt von Bajonetten. Solche Armeen werden ›Friedenstruppen‹ genannt. Die Heuchelei ist so widerlich wie offensichtlich.

Die Wohlhabenden, die Gebildeten und Sicheren ruinieren das Leben der weniger Glücklichen vollständig. Millionen Menschen sterben an Mangelernährung, da Regierungen, um ihre Wirtschaftssysteme zu stabilisieren, die Nahrungsmittel eher zerstören als sie den Bedürftigen zu geben.

»Gebt ihnen Kuchen«, sagte Marie Antoinette und wischte sich das Kalbsblut von den Lippen.

»Stolz darauf, britisch zu sein«, sagte Margaret Thatcher und wusch sich das Falkland-Blut von den Händen.

Die herrschende Elite hat keine Vorstellung davon, was es heißt, Mangel zu leiden, ist jedoch direkt dafür verantwortlich. Diese arroganten Aussätzigen kutschieren in ihren Limousinen herum, und winken denen herablassend zu, die sich nicht einmal eine Brotkruste leisten können. Aber eines Tages werden sie dafür bezahlen müssen. In einer geistig gesunden Gesellschaft werden Wohlstand und Besitz keine Vorteile bringen.

Vor ein paar Jahren behauptete ein Politiker im Radio, dass es in Großbritannien keinen gäbe, der Mangel litte. Am nächsten Tag sah ich einen alten Mann, der um eine Handvoll Kohlen bettelte. Seine Frau erfriere und er habe keine Kohlen. Vielleicht lag am nächsten Morgen, während der Politiker an seinem Tee nippte, die Frau tot vor dem leeren Ofen. Jedes Jahr sterben Hunderte an Unterkühlung: zu hungrig, zu durchgefroren, um am Leben zu bleiben.

In Zeiten nationaler Krisen sind es immer die Armen, die darunter leiden. »Unterstützt Großbritannien«, sagt man uns, während die Reichen immer reicher werden und die Armen immer ärmer.

In Zeiten internationaler Krisen ist es das Gleiche. »Unterstützt Großbritannien«, sagt man uns, während die Reichen immer reicher werden und die Armen umgebracht werden.

Im Falle einer atomaren Krise wird uns immer noch erzählt werden: »Bleibt zu Hause, wo es sicher ist.« Währenddessen wird sich die Elite mit ihrem Wohlstand und ihrem Besitz in ihre Privatbunker zurückziehen.

Die Ungerechtigkeit der Ungleichheit wird durch die Kirche bestätigt; gemeinsam mit ihrer traditionellen adligen Kundschaft hat sie sich immer verpflichtet gefühlt, dafür zu sorgen, dass ihre Schäfchen unterwürfig blieben. »Büßet, ihr Sünder, oder ihr werdet von den Flammen der Hölle verschlungen.« Genau dieselben Flammen, die unzählige gottesfürchtige Feinde in unzähligen Religionskriegen verschlungen haben.

Die Kirche marschiert Hand in Hand mit dem Militär, und verteilt dabei ihren Segen über die sich krümmenden Leiber auf den Schlachtfeldern. Ein jeder Bajonettstich ist ein Wort Gottes. Jedes Knirschen von Eisen ist Gottes Wort. Jedes abgerissene Glied und jeder Spritzer Blut ist Gottes Wort. Denn er hat die Welt so sehr geliebt, dass er seinen einzigen Sohn hingab. Jedes durchweichte Grab und jeder verdammte Tod ist Gottes Wort. Denn er hat die Welt so sehr geliebt, dass er unsere einzigen Söhne dafür hingab.

Überall in der christlichen Welt haben Vertreter der Kirche Hinrichtungen beigewohnt. Glubschäugig vor dem Galgen, dem elektrischen Stuhl und der Gaskammer erteilen sie den Segen ihrer Kirche.

In den USA wird Gift in den Blutkreislauf eingespritzt, und wieder stirbt ein Christ, aufgebockt von Staats wegen. Noch ein glorreicher Fortschritt der Zivilisation.

Und wo stehen wir? Uns wird Leben gegeben, aber wir machen dem Tod den Hof. Um Gottes Willen, wie lange denn noch? Wir liegen auf Knien vor einer stilisierten Figur am Kreuz, als ob der steinerne Narr je wieder auferstehen würde. Von uns wird erwartet, dass wir mit unserem Leben um seines feilschen und mit ihm gemeinsam die hässliche, immerwährende christliche Schuld tragen. Er hängt da, um uns an unsere eigene Unterwerfung zu erinnern.

»Verkündet, dass nur er Christus ist, und die, die es wagen ihn nachzuahmen, werden entsprechend leiden.«

In allen Siedlungen findet man dieses dumme Bild aufgespießt, jedes Gewissen ist an dieser korrupten Grundlage festgenagelt. Militärische Aktionen werden mit jenen blutigen Geschichten reingewaschen. Müde Elitesoldaten, die nur ficken und schlafen wollen, werden in seinem Namen gesegnet. Fromme Jungfern knien sehnsüchtig vor dem Mythos, in der Erwartung ihres eigenen Todes und seines Kommens.

Süßer Jesus, hab Erbarmen mit mir. Süßer Jesus, sie teilen seine Agonie. Süßer Jesus, sie sehnen sich nach seinem Elend. Ich piss auf diese hohle Gottheit.

Brutale, hinterhältige Heuchelei. Wie soll irgendjemand mit diesen Widersprüchen, diesem Durcheinander und diesen Lügen fertig werden? Das entzieht sich der Vernunft. Natürlich kann man innerlich über die Absurdität lachen, die Obszönitäten persiflieren, aber die Hysterie nutzt sich bald ab. Dann werden die Tränen trüber. Humor kann Ablenkung bieten, aber er verwässert die Wut. Wir werden von jenen regiert, die völlige Vernichtung riskieren würden, nur um ihren Wahnsinn zu verteidigen. Sollte das wirklich trivialisiert werden? Die Welt steht unter ständiger Bedrohung, und vor diesem Hintergrund der Angst kämpfen wir um unsere eigene Autorität. Wir kämpfen darum, unser inneres Selbst zu finden und werden dabei ständig zur Gefügigkeit geknüppelt.

Natürlich ist es mir unangenehm, wenn man mich verspottet, aber ich will nicht einer von ›ihnen‹ sein. Lieber bin ich Außenseiter, aber gleichzeitig würde ich mich auch gerne in die warme Stube setzen. Die Dringlichkeit, die ich empfinde, ist jedoch stärker als meine Ängste. Angesichts des Bedrohungsszenarios der totalen Vernichtung suche ich nach dem gesunden Menschenverstand, der die Welt retten könnte. Und schon zählen meine Ideale nicht mehr zum Mainstream.

Die Geschichte bietet keine Lösungen. Zitate von ›großen‹ Führern bestätigen nur die Unterdrückung. Ich habe politische Experten mit ihrem ewigen »wenn nur« satt. Es ist immer derselbe Menschenschlag: graue Roboter ohne Visionen, denen es gefallen würde, wenn wir ihre Blindheit teilten. Geschichte bedeutet einfach nur eine Rechtfertigung der Unterdrückung und wird von jenen geschrieben, die sie ausüben. Die Vergangenheit wird endlos umgeschrieben, um die herrschende Klasse zufrieden zu stellen: ein Sturm der Bequemlichkeit, der über die mit Blasen übersäten Leichen hinwegfegt. Bestenfalls erhalten wir die Wahrheit gefiltert. Meist füttert man uns mit Lügen.

Ich habe genug von all den langweiligen Rationalisierungen der Politiker, deren Verständnis durch Zahlen und Ungereimtheiten erschwert wird. Für sie empfinde ich nur einen Hass, der mir den Magen umdreht. Wie kann man nur so kaputt sein? So weit entfernt von allem, was menschliche Werte ausmacht. Ich fühle nur Verachtung für ihre verdrehten Gehirne. Wie kann man Frieden durch Androhung von Gewalt erreichen? Wie kann Hoffnung in einer geistigen Zwangsjacke wachsen?

Die Autorität derer, die den größten Druck auf uns ausüben, wird von denen unterstützt, die am stärksten unterdrückt werden, also von denen, die nur die Wahl zwischen Schmutz und Dreck haben. Herrscher herrschen nur deswegen, weil die Beherrschten ihnen erlauben, sie zu beherrschen.

Wir schauen nur mit einem Auge, in der Hoffnung, dass das andere nichts sieht, so müssen wir nur mit der Hälfte von all dem fertig werden. Wir stecken die Köpfe in den Sand wie der Vogel Strauß, nicht, weil es in unserer Natur liegt, sondern weil wir es so wollen. Die meisten wären in der Lage, die Lügen zu durchschauen, mit denen wir gefüttert werden, aber sie haben Angst davor, sich das einzugestehen. Es ist viel leichter, den unbeteiligten Beobachter zu spielen, aber wie lange noch können wir es uns leisten, einfach nur daneben zu sitzen?

Die Zeichen der Zeit sind überdeutlich: massive Arbeitslosigkeit, Rezession, Flaute, aber wer achtet wirklich darauf? Die Menschen werden langsam die Straße hinuntergeleitet, hinein in die totale Abhängigkeit. Die Regierung verstärkt täglich ihre Macht, aber wenn man es wagt Kritik zu üben, wird man des Verfolgungswahns bezichtigt, lächerlich gemacht, missbraucht oder bestraft. Die Machthabenden sind ganz und gar zynisch. Statt das Ausmaß des Problems zu begreifen, verstärken sie einfach die Armee und die Polizei, um es zu unterdrücken. Sie sind einsatzbereit und warten auf das Unvermeidliche. Es geschah bereits in Brixton, Toxeth und Moss Side, es passiert täglich in Nordirland, aber eines Tages wird es zu groß, zu plötzlich sein, als dass sie es eindämmen könnten.

Orwells »1984« warnte uns vor den Gefahren des Totalitarismus. Unter Thatchers herzloser Führung fand das Szenario zwei Jahre früher statt. Wie in einem Flipper werden wir eiskalt als Zahlen in den geheimen Computern des Staates herumgeschubst. Als Software in der Hardware, dokumentiert und abgelegt, verweigert man uns den Zugang zu den über uns gespeicherten Informationen. Als Alter egos auf Lochstreifen, ausgedruckte Porträts, verwandeln wir uns in andere. Als Individuen sind wir in den digitalen Systemen austauschbar, gebraucht werden wir nur für das, was man uns wegnehmen kann: ja, nein, an, aus. Den Mega-Konzernen, die das Ausmaß unseres ökonomischen Wohlbefindens bestimmen, ist unsere Zukunft egal. Konservative Politik verlangt nach massiver Arbeitslosigkeit, andererseits waren es die Konservativen, die verlangten, dass »wir unsere Jungs auf den Falkland-Inseln unterstützen sollten«, die gleichen Jungs, die, wären sie zu Hause gewesen, arbeitslos auf der Straße herumgehangen hätten. Selbsthilfe und Unternehmenskultur waren Schlagworte, aber wie viel des einen oder anderen würde der Staat zulassen?

Von wie viel Selbstbestimmung können wir unter der Vorherrschaft des Amerikanischen Staates träumen? Das amerikanische Militär hat wiederholt geäußert, dass der Dritte Weltkrieg auf der »europäischen Bühne« stattfinden wird, als ob der Euphemismus uns dazu anregen würde, sofort Karten dafür zu bestellen. Die Naivität ist erstaunlich. Glauben die Experten ernsthaft, sie könnten den Atomkrieg auf ein Theater ›beschränken‹? Bei dieser besonderen Vorstellung wäre die Welt die Bühne, und es gäbe keine Zugabe.

Gleichzeitig sprachen Thatcher und ihre Kumpels von »eingeschränkten taktischen Reaktionen«, von »exekutiver Aktion«, die Kollateralschäden verursachen. Diese Beispiele von Orwells ›Neusprech‹ sind ihren amerikanischen Entsprechungen entliehen und dienen dazu uns zu schützen und, schlimmer noch, sie sollen die hässliche Realität verdecken, die sie beschreiben. In der Alltagssprache heißt Kollateralschaden schlichtweg tote Zivilisten. Im Falle eines Atomkriegs würde ein Angriff auf Großbritannien um die dreißig Millionen kollaterale Einheiten bedeuten. Überrascht es da, dass diese wahnsinnigen Psychoten einen Jargon entwickeln, der sie in ihrem ausgetüftelten Wahnsinn unterstützt?

Jedes Jahr sterben noch immer Hunderte unschuldiger Menschen einen schrecklichen Tod als Folge der Bomben, die auf Hiroshima und Nagasaki fielen. Es gilt als wahrscheinlich, dass ein totaler Atomkrieg alles Leben auf dem Planet Erde zerstören würde.

Ich fantasiere weder, noch predige ich Verderben. Ich spreche von einer alltäglichen Realität, einer, die wir um uns herum zulassen.

Die an der Macht würden die Informationen, die ich hier ausbreite, bestreiten und behaupten, sie »fußten nicht auf Tatsachen«. Es gibt keine Worte, um die abgrundtiefe Verachtung zu beschreiben, die ich für diese traurigen, grauen Seelen und ihre traurige, graue Welt empfinde. Sie sitzen in den Tempeln der Korruption, verzerren und verdrehen jeglichen menschlichen Anstand. Wie können sie es wagen, so unverfroren zu sein? Wie können sie es wagen, so zu heucheln? Wie können sie ihr Leben auf nichts als Betrug und Lügen aufbauen? Diese entsetzlichen Mutanten werfen ihre Schatten auf alles, das wertvoll und gut ist.

Vielen Menschen sind Raketen und Sprengköpfe vielleicht egal, schließlich ist die nukleare Realität einfach unvorstellbar. Trotzdem lauert die Realität in Alpträumen, greift mit ihren eisigen Händen auch in die sichersten Träume hinein. Und wenn wir aufwachen, was dann? Auch wenn wir es nicht zugeben wollen, es wird von uns erwartet, die Alpträume zu akzeptieren. Ist das alles, was wir vom Leben zu erwarten haben? Können wir nur auf den Tod hoffen? Auch wenn unser eigenes Leben nicht so wichtig ist, warum belasten wir dann zukünftige Generationen mit diesem Wahnsinn?

Durch passive Akzeptanz hast du dafür gesorgt, dass der Holocaust stattfinden kann. Die Zukunft steht am Abgrund.

Die nukleare Hardware, die in den letzten drei Jahrzehnten produziert worden ist, wird unseren Planten auf Tausende von Jahren hinaus belasten. Ein Atomkrieg würde ihn zerstören. Blühen deswegen die Kirschbäume? Durch untätige Akzeptanz korrumpierst du alles, was gut ist, zerstörst alles, was atmet. Indem du ihnen diesen Alptraum aufhalst, willigst du ein, die künftigen Ungeborenen zu verbrennen.

»Lasset die Kinder und wehret ihnen nicht, zu mir zu kommen ...«

Indem du dich weigerst, gegen diese gemeinen Gefahren vorzugehen, machst du dich des vorsätzlichen Mordes an unserem Planeten schuldig. Bist du so abgehoben von deiner Menschlichkeit, dass du das geschehen lassen würdest? Bist du nur ein hilfloser Mitläufer und schwenkst deine Fahne in stummer Billigung? Mach die Augen auf und schau. Mach die Ohren auf und höre. Öffne deinen Verstand und denke. Nimm dein Leben in deine Hand und handle.

Es liegt an uns, den verantwortungsbewussten Bürgern dieser Erde, den Fall der mächtigen Elite herbeizuführen. Sie hat entsetzliches Elend herbeigeführt. Ihr Wahnsinn schließt von vorneherein alle Vernunft und alles Mitleid aus. Sie lügen, betrügen und manipulieren. Sie sind Maden im Fleisch der Anständigkeit, Geier, die die Hoffnung von den Knochen nagen, Bringer von Hungersnöten, Krieg, Pest und Tod.

Man muss ihnen das Handwerk legen. Warum sollten Menschen für den Irrsinn ihrer Anführer sterben? Warum sollten Menschen unter der Gehässigkeit ihrer Gier leiden? Wir sollten uns nicht von Autoritäten einschüchtern lassen, wie es anderen vor uns ergangen ist. Wir müssen uns wehren, mit dem Bewusstsein, dass, wenn wir es nicht tun, wir in unserer Verantwortung für das Leben selber versagt haben. Wir kämpfen für die gerechte Sache. Es liegt an jedem einzelnen von uns, sein Bestes zu geben. Wir müssen uns klar machen, dass die einzige Kraft, die die Machthabenden über uns haben, diejenige ist, die wir ihnen geben.

Du, der untätige Beobachter, hast ihnen die Macht gegeben. Du, und nur Du, kannst sie auch wieder entziehen. Du wirst gebraucht und missbraucht, und wirst abgelegt, sobald Du ausgeblutet bist und sie dann haben, was sie wollen.

Du musst lernen, mit Deinem Gewissen, mit Deiner Moral, mit Deinen Entscheidungen und mit Dir selbst zu leben. Nur Du kannst das.

Es gibt keine Autorität außer Dir selbst.

Bald nachdem die Auseinandersetzungen auf den Falkland-Inseln beendet waren, beendete ich meine neue Arbeit und die Extended Version davon würde die Grundlage für das neue Album werden. Drei Monate später wurde das umgeschriebene Werk auf Vinyl unter dem Titel »Yes, Sir, I Will« herausgebracht.

Im Nachhinein weiß ich, dass ich beim Schreiben meiner Songs globale Probleme als Analogien für tiefere und persönlichere benutzt habe, und »Rocky Eyes« war da keine Ausnahme. In meiner wachsenden Frustration über meine eigenen Schwächen richtete ich meine Kritik zunehmend gegen eine unfaire Welt. In Wahrheit hatte mir schon immer ein drohendes Furunkel an der Nasenspitze wesentlich mehr Sorgen bereitet als die entfernte Bedrohung durch eine Atombombe und genauso erschienen mir Baudelaires Gedichte kulturell tausendmal relevanter. Trotzdem war die Bombe eine nützliche Analogie, die ich, wie ich fürchte, ziemlich trocken gemolken habe, die es gleichzeitig aber leider verfehlte, meine inneren Bedürfnisse zu befriedigen. Ich nehme an, dass spätestens im Sommer '82 die meisten Bandmitglieder geistig ähnlich verhungert waren.

Fünf Jahre lang war unser Leben vom unersättlichen Appetit von »Crass die Organisation« bestimmt gewesen. Neben der unerbittlichen Routine von Tourneen und Plattenaufnahmen waren die Ansprüche, die das Leben im Haus stellte, gestiegen. Das Telefon klingelte ununterbrochen, und wenn eine Gruppe von Besuchern sich verabschiedete, stand die nächste schon auf der Matte. Manchmal schien alles mit erschreckender Leichtigkeit abzulaufen, alle in der Band spielten die ihnen zugewiesenen Rollen effizient ohne zu lamentieren, aber was war der Preis dafür? Damals wusste es keiner von uns. Persönliche Probleme und Zweifel wurden kaum geäußert, es gab einfach nicht genug Zeit dafür, und überhaupt, es galt eine Revolution zu erkämpfen.

Die Geschwindigkeit, mit der der Falkland-Krieg ausgespielt wurde, zusammen mit der Verwüstung, die Thatcher im In- und Ausland anrichtete, machte uns klar, dass wir, trotz unserer wachsenden Müdigkeit, schneller als zuvor auf die Weltereignisse reagieren mussten. Wenn unser Hauptzweck die Verbreitung von Informationen war, war es wesentlich, dass die Informationen ihr Mindesthaltbarkeitsdatum nicht überschreiten durften. Nur wenige Tage nach der Veröffentlichung von »Christ the Album« war es in die niederen Ränge der nationalen Charts eingestiegen, aber seine Produktion hatte ein Jahr gedauert, und das war im Atomzeitalter einfach etwas zu lang.

Unsere erste ›taktische Reaktion‹, die den Titel »How Does it Feel to Be the Mother of a Thousand Dead« trug, kam so heraus, dass sie mit Thatchers verzweifelter Parodie eines ›Siegeszuges‹ zusammenfiel, und wurde sofort von der Obrigkeit angefeindet.

Zunächst waren die Verkaufszahlen der Platte hoch, 20.000 in der ersten Woche, wodurch das Interesse der englischen Presse erregt wurde. Robin Eggar, ein Rock-Journalist des linkslastigen *Daily Mirror*, attackierte das Album als »die widerlichste und unnötigste Platte, die ich je gehört habe«, was gut die Tendenz wiedergibt, mit der die Platte aufgenommen wurde. Ein paar Tage später wurde der Artikel von Robins Bruder, dem konservativen Abgeordneten Tim Eggar, aufgegriffen, der, indem er sich selbst einen »zweifelnden Bruder« nannte, beschreibt, wie er den Artikel gelesen habe, wirklich empört gewesen sei und sofort an den Generalstaatsanwalt geschrieben und verlangt habe, dass gegen Crass unter dem Obscene Publications Act Strafantrag zu stellen sei.

Eggar veröffentlichte dann eine Presseerklärung, die genauso lang wie reaktionär war, in der er die Platte angriff, indem er sie unter anderem als »eine Beleidigung für die Premierministerin, die Regierung, die Streitkräfte und die Familien derjenigen, die auf den Falkland-Inseln gestorben waren« bezeichnete. Es muss wohl nicht extra erwähnt werden, dass er vergaß, darauf hinzuweisen, dass es ja seine Premierministerin und seine Regierung gewesen waren, die diese Tode verursacht hatten, eine Auslassung, die enthusiastisch korrigiert wurde, als er den Crass Mitgliedern Andy und Pete von Angesicht zu Angesicht bei einem Radiointerview gegenübersaß.

Zweifellos hatte sich Eggar darauf eingestellt, mit Punks, wie sie allgemein in den Medien dargestellt wurden, konfrontiert zu werden, aber Crass brachten ihn sichtlich aus der Fassung. Nachdem sich Andy Eggars hysterische Beschreibung der Platte als »über die Grenzen der freien Meinungsäußerung hinausgehend, die bösartigste, unflätigste und obszönste Platte, die je gemacht wurde« angehört hatte, erwiderte er ruhig und gelassen:

»Ich halte Margaret Thatcher, ihre Regierung, Herrn Eggar, und alle anderen, die sie unterstützen, verantwortlich dafür, dass junge Männer hinaus geschickt werden, um sich abschlachten zu lassen. Meiner Ansicht nach läuft das auf vorsätzlich geplanten Mord hinaus. Das ist wirklich obszön.«

Von da an zeigte Eggars trotzige Forderung, dass »diese beängstigende Platte verboten wird«, lediglich, dass er sich selbst nicht mehr zu helfen wusste.

In jener Woche fragte ein Labour-Hinterbänkler während der Fragestunde der Premierministerin, ob »sie sich am Nachmittag Zeit dafür nehmen würde, die Platte ›How Does it Feel Like to Be the Mother of a Thousand Dead‹ anzuhören«.

Natürlich äußerte sie sich nicht dazu, aber später in der Woche gab ihr Pressesprecher eine Erklärung heraus, in der sie ihre Entscheidung verkündete, »diesen Leuten (Crass) nicht die Ehre zu erweisen, ihnen eine öffentliche Plattform zu geben«. Außerdem wurde ein Memo in der konservativen Partei in Umlauf gebracht, mit dem Rat, dass die Platte sowie jegliche weitere Provokation durch Crass zu ignorieren sei.

Der Kronanwalt reagierte, wie die Justiz immer reagiert, wenn die Politik Druck ausübt, indem er verkündete, dass die Platte nicht gegen

Abschnitt 2 des Obscene Publications Act verstoße, womit er also die bösartigste, unflätigste und obszönste Platte, die je gemacht wurde, gesund schrieb.

Seltsamerweise begannen wir Unterstützerbriefe von Mitgliedern der Opposition zu erhalten:

> »... Ich habe das Gefühl, dass dieser Krieg unnötig war und bin hocherfreut, dass die öffentliche Meinung gegen solche obszönen Operationen durch Massenmedien wie Ihre Platte mobilisiert werden kann ...«
> »... Ich glaube nicht, dass es möglich ist, zu kritische oder zu ekelhafte Kommentare über diejenigen, die junge Männer in den Tod schicken, abzugeben – insbesondere, wenn es nicht einmal einem guten Zweck dient ...«

Sündenböcke, oder was?

Von heute auf morgen befanden wir uns in einer seltsamen und beängstigenden Arena. Wir wollten unsere Ansichten einer breiten Öffentlichkeit bekannt machen, aber jetzt wurden sie von jenen Gestalten analysiert, die in den Korridoren der Macht hausten. Die Konservativen hatten eine Menge Publicity für unser Anliegen geschaffen, und die Presse hatte sich darauf gestürzt, insbesondere all diejenigen, die im wahrsten Sinne des Wortes mit vorgehaltener Waffe daran gehindert worden waren, über den Falkland-Krieg zu berichten. Aber irgendwie war es so, als hätte ein Wal angebissen, als wir Sardinen angeln wollten. Wir wussten nicht, ob wir die Angel loslassen oder daran ziehen sollten, bis wir völlig erschöpft waren – wobei wir natürlich unweigerlich letzteres tun würden.

Ende 1982 inszenierten wir im Bewusstsein, dass die ›Bewegung‹ einen moralischen Auftrieb dringend nötig hatte, zum ersten Mal seit Dekaden einen großangelegten Gig in einem besetzen Haus. Nachdem wir aus dem Londoner *Rainbow Theatre* rausgeflogen waren, konzentrierten sich unsere Bemühungen auf den damals bereits geschlossenen *Zig Zag Club*. Nachdem wir zwei Tage lang den Ordnungshütern

Widerstand geleistet hatten, konnten wir endlich die Türen für Tausende von Leuten öffnen, die aus dem ganzen Land angereist waren, um sich einen Tag lang zwanzig Bands, kostenloses Essen und reichlich illegal erworbenen Alkohol zu teilen.

»Scheiße, Penn, das ist ja wie in guten alten Zeiten«, kommentierte Steve, während er schadenfroh das zehnte Freibier hinunterkippte.

»Garantiert, wenn du so weitersäufst«, lachte ich.

»Aha, und was hast du 'n da in der Flasche, Wasser?«

»Nee, Brandy. Willste 'n Schluck?«

Als wir schließlich auf der Bühne erschienen, waren wir sternhagelvoll, aber zur Abwechslung scherte uns das einen Scheißdreck.

Gemeinsam mit massenhaft Punks, Hippies und anderen Taugenichtsen feierten wir unseren kleinen, aber dennoch wichtigen Sieg mit einem fröhlichen Ausbruch an reiner Energie. Die Botschaft »Do it yourself« war nie klarer als damals im *Zig Zag*.

Vierundzwanzig Stunden lang warfen wir ab, was uns beschwerte, und genossen den schieren, ungezügelten Spaß von früher. Der Gig erinnerte uns daran, dass wir nicht allein waren und dass der Kampf, trotz all unserer Zweifel, es wert war, gekämpft zu werden.

Derart wiederbelebt entschlossen wir uns, die Angel nicht loszulassen und den Wal an Land zu ziehen. Unser erster größerer Einsatz bestand darin, uns an einer Serie von Aktionen zu beteiligen, die die City of London zum Stillstand bringen würde.

Über einen Zeitraum von neun Monaten fanden drei »Stop the City«-Aktionen in der City, dem Londoner Finanzbezirk, statt. Das Ziel einer jeden Aktion war gleich, nämlich eine komplette Lahmlegung des Handels, und in dieser Hinsicht ging das Konzept voll auf. Halb Aufstand, halb Karnevalsumzug mobilisierten die Aktionen Tausende von Menschen, die auf ihre eigene Art und Weise gegen die Maschinerie des Wohlstands und der von ihr ausgehenden Unterdrückung protestierten. Fenster wurden eingeschmissen, während Gruppen auf den Straßen zu den Klängen von Flöten und Trommeln tanzten. Rauchbomben wurden in Gebäude geworfen, während Jongleure und Clowns durch die drängelnde Menge tollten. Leute hakten sich unter und blockierten den Zugang zu Straßen und Brücken, während andere spontan Sit-ins auf den Treppen vor Banken und Bürogebäuden inszenierten. Flugblätter wurden an City-Angestellte verteilt, auf denen stand, sie sollten sich den Tag frei nehmen, Telefone wurden abgeschnitten, Schlösser mit Sekundenkleber verklebt, Mauern mit Graffitis besprüht und Statuen mit anarchistischen Flaggen verschönert.

Völlig überrascht von der Buntheit unserer Strategien war die Polizei anfangs unfähig, koordiniert vorzugehen. Dann kam im Laufe des ersten Tages berittene Polizei dazu und sie entwickelten die Taktik, Gruppen von Demonstranten aufzubrechen und auseinander zu treiben, um dann einzelne festzunehmen. Bis zur dritten und letzten Aktion hatten sie diese Taktik perfektioniert, und mit der zunehmenden Bereitschaft, Gewalt einzusetzen, gelang es ihnen, größere Störungen zu verhindern.

Uns war klar, dass wir überlistet worden waren, und so fanden keinen weiteren »Stop the City«-Aktionen mehr statt, obwohl dadurch überall auf der Welt andere Aktionen angeregt wurden.

So wie sich die politischen Positionen von Crass zunehmend polarisierten, fühlte ich zunehmend das Bedürfnis, das Was, Wo und Wie meiner Wut zu definieren, auch wenn es nur meiner eigenen Befriedigung diente. Wir waren oft der Phrasendrescherei bezichtigt worden, jetzt war der Zeitpunkt gekommen, Stellung zu beziehen.

Aus dem Fundus von fünfzig Gedichten, die ich in glücklicheren Tagen der Kommune geschrieben hatte, produzierte ich ein Album, das mir die Gelegenheit bot, meine feminine Seite zu zeigen. Zugleich gab es Gee, die das Begleitbuch illustrierte, die Chance, mit Schönheit statt mit Schrecken zu arbeiten, und Eve fiel die schwere Aufgabe zu, singen zu lernen, weil sie doch zuvor immer geschrieen hatte.

Das Album trug den Titel »Acts of Love« und war Wally Hope gewidmet. Es unternahm den Versuch, aufzuzeigen, dass die Quelle meiner Wut eher in der Liebe als dem Hass zu suchen war und dass meine Vorstellungen vom Selbst nicht egozentrisch und sozial bigott waren, sondern einen inneren Sinn des eigenen Seins ausdrückten. Ich stellte dem Album mein Lieblingszitat von Che Guevara voran:

> »Ich möchte behaupten – auch auf die Gefahr hin, lächerlich zu wirken –, dass der wahre Revolutionär von großen Gefühlen der Liebe geleitet wird.«

Ich empfand ein Mitgefühl, das sich, so hoffe ich, in den Worten meiner Gedichte widerspiegelt:

In this cell that is ours there is no pity,
no sunrise on the cold plain that is our soul,
no beckoning to a warm horizon.
All beauty eludes us and we wait.

Now I walk.
No dreams of yesterday.
Not one path I don't already know.
This way and that.
That way and this.
The grass grows, it meets me.
The wind blows, it greets me.
No dreams of yesterday.
Journeys are nothing but reflections in a static pool.

The season has us confused.
We are the straggle-headed,
nodding in the sun.
In a universe of thought there is no dream,
no sound that has not already been made.
If you sing out of the confusion you add to it.
But as silent as the gentle movement of these hours.
Reflect that within and without it will gamefully run its course.
No-one can stop that.
You inherit nothing.
The guilt you feel is your own.
Try and give your pain to the swaying field of barleycorn;
it will sway to your tears.
It will draw your tears as water from the soil
with which to strengthen its own growth.

It's you who makes the world around you.
The silence is yours.
In every line upon your face

and every fold that holds your eyes,
a story.
That story is you.
There is no cosmetic for our frustrations.
If upon the tears you build the Utopia of which
you dream,
be warned.
Your pretty prejudice will push you again into maliciousness.
Beyond our alienation
and its tiresome manifestations
of violence and greed
there is balance and harmony.
Isn't the world already at peace?
I suggest togethernes
proclaiming my love and compassion.
Will you make that into commodity, asset and possession?
It's you who makes the world around you.
You alone can answer for it.

In dieser Zelle, die unsere ist, herrscht kein Mitleid,
kein Sonnenaufgang auf der kalten Ebene, die unsere Seele darstellt,
kein Locken zum warmen Horizont hin.
Alle Schönheit entflieht uns und wir warten.

Jetzt gehe ich.
Keine Träume vom Gestern.
Nicht ein Weg, den ich nicht schon kennen würde.
Hierlang und dortlang.
Dortlang und hierlang.
Das Gras wächst, es begegnet mir.
Der Wind bläst, er grüßt mich.
Keine Träume vom Gestern.
Reisen sind nichts als Spiegelungen in einem stehenden Gewässer.

Die Jahreszeit hat uns verwirrt.
Wir steuern die Zerstreuung an,

nicken in die Sonne.
In einem Gedankenuniversum gibt es keinen Traum,
keinen Laut, der nicht schon einmal gemacht wurde.
Wenn du aus der Verwirrung heraus singst, trägst du dazu bei.
Sei still wie das sanfte Vergehen dieser Stunden.
Überleg, dass es von innen und von außen spielerisch ablaufen wird.
Niemand kann das aufhalten.
Du erbst nichts.
Die Schuld, die du empfindest, ist deine eigene.
Versuch es und gib deinen Schmerz dem sich wiegenden Gerstenfeld;
es wird sich zu deinen Tränen wiegen.
Es wird deine Tränen wie Wasser aus der Erde ziehen,
um damit das eigene Wachstum zu stärken.

Du erschaffst die Welt um dich herum.
Das Schweigen ist deines.
In jeder Linie deines Gesichts
und in jeder Falte, die deine Augen hält
eine Geschichte.
Diese Geschichte bist du.
Es gibt keine Kosmetik für unsere Frustration.

Wenn du mit meinen Tränen das Utopia baust,
von dem du träumst,
sei gewarnt.
Deine kleinkarierten Vorurteile werden dich wieder in die
Bosheit drängen.
Jenseits unserer Entfremdung
und ihren ermüdenden Manifestationen
von Gewalt und Gier
gibt es Ausgeglichenheit und Harmonie.
Gibt es nicht schon Frieden in der Welt?
Ich schlage Zusammengehörigkeit vor,
erkläre meine Liebe und mein Mitgefühl.
Kannst du das in eine Ware, einen Vermögenswert und Besitz verwandeln?
Du erschaffst die Welt um dich herum.
Nur du kannst dafür gerade stehen.

Trotz meiner Bemühungen auf »Acts of Love« störte mich die zweideutige Haltung von Crass weiterhin. Natürlich hatte Wallys Tod Wut in mir erzeugt, aber ich hatte meinen Weg mit Humor und Liebe begonnen. Natürlich wollten wir die Welt verändern, wer wollte das nicht? Aber war unsere spezielle Mischung aus Anarchie und Pazifismus realistisch oder betrieben wir nur semantische Spielereien? Wurden wir von unseren eigenen Widersprüchlichkeiten zerstört? Was war aus den fünf Typen geworden, deren Vorstellung von einem guten Gig an den Mengen von Drinks und Drogen, die sie dabei konsumierten, gemessen wurde? Ich fragte mich so langsam, ob es Crass nicht besser ergangen wäre, wenn die Band vor Jahren einen anderen Drummer gefunden hätte? Ich wusste, dass ich abgestumpft war.

Um diese Zeit tauchten die inzwischen berüchtigten ›Thatchergate Tapes‹ in der Presse auf.

Monatelang hatte Pete unter größter Geheimhaltung an Aufnahmen gebastelt, die allmählich die Form eines Telefonats zwischen Reagan und Thatcher annahmen. Darin gab sie zu, verantwortlich für den Untergang des argentinischen Schlachtschiffes Belgrano zu sein, der Hunderte junger Männer in den Tod gerissen hatte. Damals war ihre Mitschuld an dieser Aktion nicht angeprangert worden. Außerdem flossen Informationen ein, die von einem Matrosen stammten, der auf den Falkland-Inseln gedient hatte, und die Einzelheiten enthielten, die den Untergang des britischen Zerstörers Sheffield betrafen.

Zum Zeitpunkt des Angriffs war die Sheffield in der Nähe der zwei Flugzeugträger Hermes und Invincible im Einsatz gewesen. Auf dem Radar der Invincible waren zwei Exocet-Raketen geortet worden, als sie noch 100 Meilen entfernt waren und die bei rund 26 Meilen Entfernung vom Bildschirm verschwanden. Da sie offensichtlich eine Bedrohung darstellten, hatte die Invincible die Hermes gewarnt, nicht aber die Sheffield. Zur Verteidigung leiteten die Hermes und die Invincible Ablenkungsmaßnahmen ein, womit sie das Schicksal der Sheffield als Köder besiegelten. Dieser Täuschungsakt wurde als notwendig erachtet, weil die Invincible geschützt werden musste, koste es, was es wolle.

Auf dem Band ist zu hören:

»Mein Gott«, ruft Reagan aus, »das ist nicht fair. Sie haben nichts getan, um zu verhindern, dass die Sheffield getroffen wird. Wir haben die Raketen auf unserem Radar verfolgt. Sie müssen sie auch gesehen und dem Schiff nicht Bescheid gegeben haben. Was haben Sie sich davon versprochen?«
»Wie ich schon sagte«, antwortete Thatcher, »Andrew ...«

An Bord der Invincible diente einer von Großbritanniens Königssöhnen, Prinz Andrew. Es überrascht nicht, dass die Fakten, die den Untergang der Sheffield betreffen, nie ›offiziell‹ zugegeben wurden, oder wie unser Informant es formulierte:

> »Da waren 'ne Mengen Typen an Bord der Sheffield, und sie hatten die Schnauze voll. Sie waren echt sauer, denn die Invincible war ja verantwortlich. Vielleicht geht man darüber hinweg, ich glaub's aber kaum. Es wird jede Menge Morddrohungen hageln.«

Petes Band ging dann so weit, dass Reagan androhte, Europa atomar anzugreifen, um amerikanische Interessen zu verteidigen, eine Hypothese, die vielleicht nicht so absurd war, wie sie damals schien.

Unter dem Vorwand, das Band aus dem Land schmuggeln zu müssen, machte sich Pete eine schöne Woche in Amsterdam, von wo aus er Kopien des Bandes an Zeitungen in aller Welt schickte. Sechs Monate tat sich nichts, bis es schließlich vom State Department – dem Auswärtigen Amt – in Washington aufgegriffen wurde. Die kategorischen Dementis, die daraufhin erfolgten, zeigten deutlich, dass die Methoden, die wir angewandt hatten, um die beiden Staatsoberhäupter zu diskreditieren, denen, die das State Department für seine eigenen Zwecke einsetzte, nicht unähnlich waren. Warum würde es sonst Petes amateurhaft angefertigte Fälschungen so ernst nehmen?

So kam es, dass sie mit erhobenem Zeigefinger in Richtung Kreml drohten und behaupteten: »Diese Art Aktivität passt ins Muster der Lügenmärchen, die vom sowjetischen KGB verbreitet werden« – eine Anregung, die von der amerikanischen Boulevard-Presse aufgenommen und ausgeschmückt wurde:

»Kommunisten, die Kriegshetze betreiben, spielen russisches Roulette mit der Sicherheit der Welt. Dazu fälschen sie Bänder, um zu beweisen, dass Reagan einen nuklearen Angriff auf unsere Alliierten plant!
Sie haben die gesamte Welt an den Rand des Dritten Weltkriegs gebracht, indem sie sich ein Gespräch zwischen Reagan und der britischen Premierministerin Thatcher zusammengedoktert haben ...«
San Francisco Chronicle

Eine gewaltige Verantwortung, aber »Crass, die Apocalypse«? Nein, das glaube ich dann doch nicht.

Dann erschien in Großbritannien in der *Sunday Times* ein Artikel mit der Überschrift: »Wie der KGB die westliche Presse reinlegt«:

»... und als ob das noch nicht haarsträubend genug wäre, hören wir, wie Mrs. Thatcher tatsächlich zugibt, dass sie die Belgrano hat versenken lassen, um jegliche Chance einer Einigung mit Argentinien zunichte zu machen. ›Oh Gott‹, sagt Reagan.«

Uns überkam eine Mischung aus Angst und Euphorie. Sollten wir die Ente auffliegen lassen oder lieber nicht?

Unsere Unentschlossenheit fand ein Ende, als ein Journalist des *Observers* mit dem Hinweis auf ein »gewisses Tonband« Kontakt mit uns aufnahm. Zunächst leugneten wir alles, aber dann, unter der Bedingung, dass sie unsere Vorwürfe über Thatchers Anteil am Untergang der Belgrano und am Verlust der Sheffield abdrucken würden, übernahmen wir die Verantwortung.

Eine Woche später erschien die Geschichte samt der Vorwürfe:

»Von Sowjets gefälschtes Tonband entpuppt sich als Scherz einer Rockgruppe ... Die Suche nach den Urhebern des Tonbands führte in ein einsam gelegenes Bauernhaus in Essex, wo die acht Mitglieder der Gruppe mit ihren Kindern leben.
Nur widerwillig gaben die Mitglieder der Band, die auf die Namen Joy de Vivre, G Sus und Sybil Right hören, zu, dass sie das Tonband gefälscht hätten: »Wir wollten eine Debatte über die Themen aus-

lösen, die Mrs. Thatchers Position bei den Wahlen schaden könnte. Und obwohl es sich bei dem Tonband um einen Scherz handelt, glauben wir, dass das, was gesagt wurde, tatsächlich stimmt.«

Bis zum heutigen Tag ist es ein vollkommenes Rätsel, wie es dem *Observer* gelungen war, uns mit dem Tonband in Verbindung zu bringen. Wir waren sehr penibel vorgegangen, um sicherzustellen, dass niemand etwas von der Produktion und Verteilung erfuhr. Dies war eine drastische Warnung für uns.

Von Anfang an, seit 1977, waren wir in alle möglichen Aktionen verwickelt gewesen, von Sabotage bis hin zu Täuschungen. Wenn die Wände tatsächlich Ohren besaßen, was war sonst noch über unsere Aktivitäten bekannt? Wir hatten kaum Zeit, die Folgen unseres Geständnisses zu bedenken, als sich die Medien der Welt auf die Story stürzten. Sie waren begeistert, dass es einem ›Haufen Punks‹ gelungen war, das State Department auf so peinliche Art und Weise vorzuführen, und »übrigens, was habt ihr sonst noch auf dem Kerbholz?«

In all den Jahren hatten wir mit der Band nie ein derartiges Aufsehen erregt. Plötzlich waren wir Medienstars. Das Telefon klingelte unablässig. Wir reisten überall in der Gegend herum und gaben Interviews. Wir wurden von der russischen Presse in die Zange genommen, während amerikanische Fernsehkameras uns dabei filmten. Wir liefen live im Frühstücksfernsehen von Amsterdam bis Tokio und gaben jedem ›exklusiv‹ Radio-Interviews, der dumm genug war, uns Sendezeit zur Verfügung zu stellen, um die Weltereignisse aus Anarchistensicht zu kommentieren.

Wir fanden uns plötzlich auf einer Bühne wieder, auf der uns eine Art politischer Macht zur Verfügung stand, und man behandelte uns mit leicht ehrfürchtigem Respekt. Aber war es das, was wir hatten erreichen wollen?

Nach sieben Jahren on the road waren wir zu dem geworden, was wir einst angegriffen hatten. Wir hatten eine Plattform für unsere Vorstellungen gefunden, hatten aber unterwegs irgendwo unsere Auffassungsgabe verloren. Wo wir früher großzügig und extrovertiert gewesen waren, waren wir jetzt zynisch und introvertiert. Statt uns zu freuen, waren wir jetzt bitter, statt optimistisch pessimistisch. Sieben

Jahre lang waren wir fast ständig vom Staat schikaniert worden; und jetzt schlug er natürlich wieder zu.

Wir befanden uns im Jahr 1984, das vielleicht etwas weniger totalitär war, als es Orwell vorausgesagt hatte, aber deswegen nicht weniger bedrückend: Arbeitslosigkeit, Obdachlosigkeit, Armut und Hunger. Der Polizeistaat war zur Realität geworden, wie die Bergarbeiter bald herausfinden sollten. Das Gleichgewicht der gesamten Gesellschaft hing an den Rockzipfeln einer bösartigen und gefühllosen Despotin.

Weit weniger wichtig war im Gegensatz dazu unser eigenes Schicksal. Wir wurden vor Gericht gezerrt, gegen uns lag eine Anzeige wegen Obszönität vor, an der wir fast zerbrachen.

Bei einer Razzia in einem Plattenladen in der Nähe von Manchester hatte die Polizei eine Reihe von Platten beschlagnahmt, unter anderem mehrere Alben und Singles von Crass. Man beschrieb sie als »hörbare Anstößigkeiten« und klagte uns auf der Grundlage des alten ›Evergreens‹ an, der uns schließlich hatte einholen müssen: der Obscene Publications Act.

Acht unendliche Stunden lang mussten wir bei Gericht sitzen, während sich die versammelte Richterschaft unsere Platten anhörte, und verzweifelt versuchte, einen Strom von Schmähwörtern zu dechiffrieren, den nur ein geübtes Ohr hätte aufnehmen können. Wenn sie ein Schimpfwort verstanden hatten, wurde die betreffende Stelle noch einmal abgespielt, um das Delikt ordnungsgemäß in schwarzen Notizbüchern mit Plastikeinband protokollieren zu können. Ich konnte die einstudierte Ernsthaftigkeit im Gerichtssaal nicht fassen und mir kaum das Lachen verkneifen. Ich wurde tatsächlich streng verwarnt, dass, wenn ich mich nicht zu benehmen wisse, ich den Rest des Tages hinter Gittern verbringen müsste. Was die ganze Sache natürlich nur noch schlimmer machte. Als sich die Richter endlich zur Urteilsfindung zurückzogen, hatte ich mir derart auf die Lippen gebissen, dass mein Mund voller Blut war.

»Na«, fragte ich unseren Rechtsanwalt, »wie stehen unsere Chancen?«

»Die haben überhaupt keine Chance, euch deswegen strafrechtlich zu verfolgen«, antwortete er selbstsicher, »gehen wir wieder rein?«

Wir mussten uns im Stehen das Urteil anhören.

»Wir Richter sind uns bewusst, dass die Wertvorstellungen in unserer Gesellschaft gesunken sind, insbesondere auf dem Gebiet der Obszönität. Weiterhin betrachten wir es als unsere Pflicht, Grenzen zu setzen, wo es möglich ist. Wir Richter tragen darüber hinaus die Verantwortung, dass die Öffentlichkeit, insbesondere die Jugend, keinen Produkten ausgesetzt ist, die den Charakter verderben und korrumpieren. Unserer Meinung nach fallen aber diese Schallplatten unter den Obscene Publications Act, weil sie eine Tendenz haben, den Charakter all derer, die damit in Kontakt kommen, zu verderben und sie zu korrumpieren.«

Vor dem Gerichtssaal sprach unser Anwalt uns sein Beileid aus.

»Keine Sorge«, antwortete ich, »die Bombe ist so gelegt, dass sie in genau vier Minuten hochgehen wird.«

Einen Augenblick lang erstarrte er, dann wurde er bleich und machte auf dem Absatz kehrt.

»Alles in Ordnung, du Trottel«, rief ich ihm hinterher, aber es war eine unheilvolle Warnung davor, wie ernst man uns von da an nahm.

Drei Wochen später gingen wir in Berufung, diesmal vertreten von einem der führenden Anwälte Großbritanniens, natürlich auch einem der teuersten.

»Ein interessanter Fall«, kommentierte er in seiner Kanzlei, »normalerweise vertrete ich den Soft-Porno-Markt.«

Das hatte ich bereits der feinen Sammlung gerahmter Muschis entnommen, die die Holztäfelung seines Büros zierten.

Ich nehme an, mehr um das Gesicht zu wahren, und nicht, weil es eine Rechtsgrundlage gab, befand das Berufungsgericht dann nur noch einen Track als obszön, nämlich »Bata Motel« von »Penis Envy«, und das auch nur, weil er wahrscheinlich die eigenen sexuellen Vorlieben des Richters beschrieb:

... so come on, darling, make me yours,
trip me over, show me the floor.
Tease me, tease me, make me stay.
In my red high-heels I can't get away.
I'm trussed and bound like an oven-ready bird,
but I bleed without dying and I won't say a word.

Slice my flesh and I'll ride the scar.
Put me into gear like your lady car.
Drive me fast and crash me crazy,
I'll rise from the wreckage as fresh as a daisy ...

Was als feministischer Angriff auf die körperliche Unterdrückung von Frauen geschrieben worden war, wurde vom Gericht als Befürwortung ›sexueller Perversion‹ ausgelegt. Aber was erwartet man eigentlich von einer Gesellschaft, die so offen sexuelle Praktiken verdammt, die jeder im Verborgenen praktiziert?

Ironischerweise war uns erst Wochen vor der Anhörung ein Satz Fotografien angeboten worden, der den hohen moralischen Anspruch, den wir so oft zu vertreten schienen, in Frage stellte.

»Manchmal kommt es mir so vor, als hätten wir einen Satz Regeln gegen einen anderen ausgetauscht«, hatte Pete sich einmal beschwert.

»Wir sind nicht daran Schuld, dass die Menschen alles, was wir sagen, für bare Münze nehmen«, hatte ich geantwortet. »Ich habe genau wie du die Schnauze voll von dem ständigen Gemeckere. Kann keine Lederstiefel tragen, weil das nicht vegetarisch ist. Kann den Mädels nicht auf die Titten gucken, weil das sexistisch ist. Kann keinen Urlaub in der Sonne machen, weil das bürgerlich ist. Gott, manchmal denke ich, wir haben das Lachen für altmodisch erklärt.«

»Das kommt daher, weil die Leute die Pointe nicht kapieren«, warf Andy ein.

»Welche Pointe?«, fragte Pete abrupt.

»Uns«, antwortete Andy und verzog das Gesicht zu einem breiten Grinsen.

Eine der Folgen unseres neuen berühmt-berüchtigten ›politischen‹ Bekanntheitsgrades war das Interesse, das uns von Personen und Organisationen entgegengebracht wurde, die uns jetzt für ihre Propagandazwecke einspannen wollten. Wir bekamen Besuch von Leuten, die behaupteten, die Überbleibsel der deutschen Baader-Meinhof-Gruppe zu sein, wurden von irischen Aktivisten kontaktiert, die wahrscheinlich zur IRA gehörten. Ein anderes Mal wurden wir zu einem Interview für ein russisches ›Literaturmagazin‹ eingeladen.

Nachdem wir uns zu einem Luxusapartment in Londons Botschaftsviertel durchgeschlagen hatten, wurden wir mit Wodka abgefüllt und über die Ereignisse auf den Falkland-Inseln ausgefragt. Es war von Anfang an offensichtlich, dass der KGB unsere Glaubwürdigkeit zu überprüfen gedachte. Als uns das klar wurde, akzeptierten wir allen Wodka, der uns angeboten wurde, und benahmen uns entsprechend wild und punk-mäßig, so dass wir sehr bald rausgeschmissen wurden. Nachdem wir noch einige obszöne Gesten in Richtung der versteckten Kameras auf der gegenüberliegenden Straßenseite gemacht hatten – um so sicherzustellen, dass wir der Nachwelt im Archiv des MI 5 fotografisch erhalten blieben, zogen wir, zweideutige Lieder singend, ab.

»Verdammte Wichser«, lallte Andy, »warum kapieren die nicht, dass wir uns auf keine Seite schlagen?«

Wir genossen jetzt den Ruf, in der ersten Reihe sozialer Agitatoren zu kämpfen, und waren daher äußerst vorsichtig, was neue Kontakte betraf, denn es war klar: Im Falle von irgendwelchen Mauscheleien wären wir die Leidtragenden.

Eines der unwiderstehlichsten Angebote wurde uns über eine zuverlässige Quelle von einem Callgirl gemacht, die ein paar »interessante« Fotos in ihrem Besitz hatte; angeblich von ihr, wie sie ihre Dienste im ›griechischen‹ Stil an Dennis Thatcher praktizierte. Unsere Quelle behauptete, die Bilder gesehen zu haben und informierte uns, für die richtige Summe könnten diese Fotos uns gehören.

Einige Tage lang diskutierten wir über die moralische Seite der Angelegenheit. Wenn es Dennis Spaß machte, sich etwas in den Arsch schieben zu lassen, sollte er doch. Aber wenn die Bilder echt waren und wir sie veröffentlichten, dann würden wir damit Thatchers Imperium schaden, also wäre es das nicht wert? Schließlich einigten wir uns darauf, dass der Zweck die Mittel heilige und nahmen Kontakt zu dem Callgirl auf, nur um zu hören, dass sie es sich inzwischen anders überlegt hatte. Bei Tageslicht besehen war das wahrscheinlich die vernünftigere Entscheidung; wir hätten die Chose zwar ausgebadet, aber schließlich hätte sie die Betonstiefel angehabt.

Während jedoch unsere Pläne, den Staat im Schmutz zu versenken, fehlgeschlagen waren, stand es um die Pläne des Staates, uns zu versenken, besser. Obwohl es den Gerichten letztendlich nicht gelungen war, etwas Schlimmeres zu finden als ein Lied über eingeschnürte chinesische Füße und britische BH-Verbrennungen, zahlten wir heftig für die zwei Gerichtsverhandlungen. Wir waren fast pleite.

»Wie war's?«, fragte Eve bei meiner Rückkehr von der Verhandlung.

»Den einzigen Track, den sie als obszön beanstandet haben, war ›Bata Motel‹.«

»Oh Pen«, platzte sie heraus und konnte kaum das Lachen unterdrücken, »nach all den Jahren, in denen du dich so geplagt hast, etwas Obszönes zu schreiben, und am Ende ist mir es gelungen.«

Na ja, ich nehme an, es war komisch, aber ich hatte es satt. Ich hatte genug von den ominösen Bedrohungen, die wie eine dunkle Wolke über uns zu hängen schienen, genug von den hirnlosen Angriffen der Musikpresse und den endlos scheinenden Nervereien seitens der Behörden.

Wir wurden oft von der Polizei in unserer Kleinstadt angehalten und sinnlos schikaniert. Sie fuhren vor unserem Haus vorbei, die Autofenster heruntergelassen, mit fiesen, versteinerten Gesichtern. Dann, wenn sie am Ende des Weges angekommen waren, machten sie kehrt und fuhren zurück. Ich weiß, dass das nicht sehr viel ist im Vergleich zu dem, was andere erleiden müssen, aber eines Tages wurde mir der dauernde Druck zuviel und man musste mich davon abhalten, ihnen Steine hinterherzuwerfen.

»Komm schon, Pen«, tröstete mich Steve und schlang die Arme um mich, »wir sind doch eigentlich Pazifisten.«

»Na, vielleicht reicht ›eigentlich‹ nicht mehr.«

Der Boden begann unter mir wegzubrechen.

Mit Wut im Bauch beobachtete ich, wie das Polizeiauto den Hügel hinauffuhr und dahinter verschwand. Hatten wir das wirklich gewollt, als wir vor so vielen Jahren als Stormtrooper zusammengekommen waren? Mir war sehr klar, dass alles ganz anders gekommen war.

»Komm schon, Kumpel«, sagte Steve, »wir können doch immer noch lachen, oder? Daran hat sich doch nichts wirklich geändert!«

»Nein, vielleicht nicht«, lächelte ich, »allerdings habe ich vor sieben Jahren noch geglaubt, die Zukunft läge vor uns.«

Eine Seifenblase nach der anderen zerplatzte. Ich fing an zu verstehen, dass es nicht mehr ausreichte, unsere Aktionen vernünftig zu begründen, was sieben Jahre zuvor noch zu einem gewissen Grade möglich gewesen war. Wir lebten nicht mehr in einer Gesellschaft, die durch Vernunft beeinflusst werden konnte, aber vielleicht war das ja auch noch nie der Fall gewesen. Wie auch immer, glaubte ich wirklich, dass diejenigen, die durch ihre Autorität über und jenseits unserer Gesellschaft standen, dazugehörten? Wir lebten in einem Polizeistaat, wo die Illusion von Demokratie außer Kraft gesetzt war und in eine – bisher wohlwollende – Form von Faschismus umgewandelt worden war. Wir waren schlicht und ergreifend machtlos, wenn wir weiterhin einer Logik und Vernunft folgten, die ihre Wurzeln in der Vergangenheit hatten. Ich sah ein, dass die Zeit gekommen war, zu akzeptieren, dass die Friedensbewegung eine von Natur aus revolutionäre Bewegung war.

Wirklicher Friede ließ sich nicht erreichen, solange die Institutionen des Staates noch funktionierten, denn der Staat war die Kriegsbewegung und von Natur aus reaktionär. Es war völlig absurd, höflich zu bitten oder gar auf vernünftige Art etwas von einem Staat zu fordern, der auf Unterdrückung aufgebaut war.

Ich akzeptierte schließlich, dass es unsere Aufgabe war, den Staat völlig auseinander zu nehmen, was voraussetzte, dass man gewillt war, einerseits bis zum bitteren Ende zu kämpfen und andererseits sich kategorisch zu weigern, an den sinnlosen, unausgegorenen politischen Reformen teilzunehmen. Offensichtlich war alles, was man von Reformen erwarten konnte, eine Liberalisierung des Staates und seiner Behörden, doch die Macht läge noch immer bei ihnen: eine längere Leine für den angeketteten Hund. Wollten wir das wirklich? Das war genau das, was wir das ganze Jahrhundert lang gehabt hatten, und konnten wir jetzt, 1984, mit Überzeugung behaupten, dass es funktionierte? Der Staat würde sich nur auf Zugeständnisse einlassen, damit er das Heft in der Hand behielte. Unsere Aufgabe bestand darin, unsere eigene Autorität durchzusetzen. Es reichte nicht mehr, andere anzubetteln, damit sie uns Zugeständnisse machten. Der Kampf war, und es gab keinen anderen Namen dafür, ein ›Klassenkampf‹, allerdings nicht im abgestandenen linken Wortsinn von ›Arbeiter gegen die Chefs‹, sondern im Sinne einer einfacheren Definition: ›die Menschen gegen den Staat‹.

Es war an der Zeit einzusehen, dass der Staat nicht durch Vernunft oder quasi-mystische Eskapaden, die sich als Aktionen tarnten, zu überzeugen war. Natürlich sollten wir als Individualisten weiterhin auf unseren Geist hören, ob nun mystisch oder sonst wie, und Mitgefühl und Liebe empfinden, aber diese Gefühle als politische Kraft einzusetzen war unrealistisch und naiv. Als persönliche Stärke, schön und gut, aber als politische Kraft reichte das bei weitem nicht aus. Wir betrieben eine Revolution, keine Uni-Debatte.

Nachdem wir viel Kraft hinein gesteckt hatten, um die Friedensbewegung zu reaktivieren, sah ich mich jetzt gezwungen zu akzeptieren, dass es gar keine Bewegung war, sondern nur ein weit gefasster Begriff für eine sehr große, differenzierte Gruppe von Individuen. Auf der rechten Seite gab es ehemalige Militärangehörige, die gegen die Bombe waren, bis hin zu Anti-Militaristen links. Persönlich konnte ich nur mit Genossen irgendwo weit links vom Zentrum, also mit Sozialisten bis Anarchisten zusammenarbeiten, denn ich glaubte, deren Ziele seien im Grunde auch die meinen: ein völliger Sturz des kapitalistischen Staates. Alle, die rechts von linken Labour-Wählern standen, betrachtete ich höchst misstrauisch und vorsichtig. Konservative fühlen sich aus den gleichen Gründen zur Friedensbewegung hingezogen wie zum Tierschutz, nicht weil sie sich der globalen Probleme bewusst sind, nicht weil sie humanistische Ideen befürworten, sondern einfach, weil sie beschützen wollen, was ihnen gehört: ihre Traditionen, ihre Privilegien und ihre auf sich selbst bezogene Gier. Wir wollten doch nicht uns selber retten, sondern die Welt.

Vom Sozialisten bis hin zum militanten Anarcho und darüber hinaus existiert ein breites Spektrum an individuellen Motiven, Gründen und rationalen Betrachtungen. Wenn ein Bergarbeiter sagte, er würde streiken, um seinen Arbeitplatz zu erhalten und gleichzeitig um Thatchers Regime zu schaden oder gar zu zerstören, dann war ich bereit, ihn dabei zu unterstützen, auch wenn ich meinte, dass niemand unter seinen schrecklichen Arbeitsbedingungen leiden sollte. Ich unterstützte seinen Kampf, weil er Teil eines Widerstandsmusters war, das letztendlich zu einem Massenaufstand führen könnte.

Wie lange noch müssten wir fruchtlose Diskussionen über Pazifismus contra Aktivismus führen müssen? Wie lange noch müssten wir moralisches Geschwätz darüber ertragen, wie sich diese Gruppe oder jene Organisation verhalten sollte? Wir sollten doch verstehen, dass der Kampf der unterdrückten Völker überall auf der Welt auch unser Kampf war, und dass die Methoden, die diesen Kampf wirkungsvoll machten, so verschieden waren wie die einzelnen Kämpfe und die Individuen, die darin verwickelt waren.

Es dauerte etwas, bis ich schließlich zugeben konnte, dass viele der Strategien des gewaltfreien Widerstandes überholt waren. Ich ließ mich nicht mehr zu einem Opfer der Staatsgewalt machen, noch wollte ich, dass andere dazu würden. Die Strategie »Füllt die Gefängnisse« war eine Opferphilosophie, und wenn manche sich dazu entschlossen, diesen Weg zu gehen, würde ich sie darin nur unterstützen, weil ihre Aktionen Teil des Widerstandsmusters wären, das zu einem Massenaufstand führen könnte. Ich dagegen würde mich nicht mehr mit einer so passiven Rolle zufrieden geben. Ich würde mich nicht als Lamm zur Schlachtbank führen lassen.

Abgesehen von einigen Vertretern des Staates kannte ich nur wenige Menschen, die absichtlich die Gefühle ihrer Mitmenschen verletzt hätten. Und diejenigen, die es taten, taten es nur deswegen, weil sie durch die gefühllose Gesellschaft, in der wir leben, verdorben worden waren. Aber wie lange noch müssten wir einerseits das Schauspiel tolerieren, wie unsere Genossen von den Agenten des Staates brutal missbraucht wurden und andererseits die moralische Kritik innerhalb der Friedensbewegung gegenüber denen, die meinten, zurückschlagen zu müssen? Wir kämpften gemeinsam, aber ich war nicht mehr länger bereit zu glauben, der Staat würde aufgrund von Aktionen wie »Füllt die Gefängnisse« auch nur das kleinste bisschen nachgeben. Wie viele Genossen würden noch draufgehen, bis wir feststellen könnten, dass der Staat die Anständigkeit, mit der wir ihm entgegenkamen, zurückgeben würde? Jeder von uns hatte mit fast unüberwindbaren Widrigkeiten zu kämpfen, um einen Teil in uns zu entdecken, der ausrief: »Das ist falsch und ich will nichts damit zu tun haben!« War es moralisch zu vertreten, dass wir uns für den Besitz eines Fünkchens Hoffnung bestrafen ließen?

Als Gee und ich Wally in der psychiatrischen Klinik besuchten, um ihm unsere Kidnapping-Pläne zu unterbreiten, flehte ich ihn an, sich für einen Ausbruch vorzubereiten. Er erwiderte, dass sie (der Staat) ihm seine Besitztümer wegnehmen, ihm seinen Körper nehmen könnten, sie könnten ihn missbrauchen, wie es ihnen beliebte, aber sie würden nie jenen kleinen Lichtstrahl auslöschen können, die strahlende Wahrheit, die in ihm war.

Drei Monate später erstickte er an seiner eigenen Kotze. Manche mögen behaupten, dass das Licht noch immer scheine, andere meinen, wenigstens seine Würde und Integrität seien unangetastet geblieben. Meiner Meinung nach ist das unausgegorene, hohle Rhetorik. Wenn es keinen bösartigen und gewalttätigen Staat gegeben hätte, könnte er noch heute unter uns sein und den Sonnenschein mit uns teilen und mir wären all die grauen Jahre der Schwermut erspart geblieben. Ich wusste, dass es Farben und Schönheit und Wunder gab. Ich wusste, wie einzigartig das Leben sein konnte, aber es schien, als würden jene schwarzen Wolken auf immer und ewig alles verdunkeln, was gut, edel und rein war. Ich wusste, wie es war, zu lieben, aber ich konnte es nicht mehr empfinden.

Ich merkte jetzt, dass wir es uns nicht leisten konnten, zu Märtyrern zu werden. Auch ohne uns in Gefangenschaft, Folter oder gar in den Tod zu begeben, waren wir nur wenige. Wir mussten gemeinsam kämpfen, und zwar draußen, weit jenseits von der Umzäunung. Das Phantom der tausenden Genossen im Knast bestätigt nur den beängstigenden Zynismus des Feindes. Wir durften nicht die Opfer einer Hexenjagd des 20. Jahrhunderts werden. Diese dunklen Gefängnisse warfen ihre langen Schatten auf den strahlenden Himmel unserer Zukunft. Wir mussten uns über die Dunkelheit erheben, um über diesen Wolken zu stehen, weg von den Ketten, die uns hier festhielten und lähmten.

Ich wurde langsam militant, allerdings wollte ich mich nicht von meinen pazifistischen Freunden lossagen und gleichzeitig wollte ich auch nicht, dass sie sich von mir distanzierten. Wir standen alle außerhalb und hatten eine Rolle im Kampf zu spielen. Im Grunde wollte ich noch immer an den Pazifismus glauben und verabscheute alle Formen von Gewalt, aber ich hatte auch zunehmend genug davon, mit ansehen zu müssen, wie meine Genossen unter den harten Händen des Staates litten. Es war doch sicherlich das natürliche Recht eines jeden einzelnen, sich selbst zu schützen? Was wir erreicht hatten, war zu wertvoll, um es kampflos aufzugeben. Sollten wir nicht unsere Aktionen überdenken? Friedenslager waren schön und gut, aber waren sie die effektivsten Mittel, die uns zur Verfügung standen? Massendemonstrationen machten Spaß, aber erreichten sie irgendetwas? Waren die Strategien vom zentralisierten Protest nicht überholt? Natürlich brachten solche Aktionen auch etwas, aber meist auf einer persönlichen Ebene. Persönlichkeitsentwicklung war auch schön und gut, sehr wichtig sogar, aber wann hörten wir mit der Entwicklung auf and fingen mit Aktionen an? Massenweise Dissidenten, die sich praktischerweise im Friedenslager versammelten, mussten doch dem Staat große Genugtuung bereiten; so lange sie da waren, waren sie nirgendwo anders. Glaubten wir denn wirklich, dass, wenn wir mit Cruise-Missiles-Konvois Cowboy und Indianer spielten, dies dem Staat irgendetwas anhaben konnte? Oder dass die Polizei zu irgendeinem anderen Gefühl als Freude fähig war, wenn sie an Massendemonstrationen dachte? Es gab ihnen einfach nur eine Gelegenheit, die Muskeln spielen zu lassen, gegen Menschen, von denen sie wussten, dass sie nicht zurückschlagen würden.

Im Gegensatz zu uns hatte der Staat keinerlei Hemmungen, Gewalt einzusetzen. Wenn ich zurückschlagen würde, wäre das mit Bedacht. Sie dagegen schlugen ganz anders zu, nämlich ohne zu denken, und warum sollten sie auch? Welche Bedrohung boten wir ihrer Überlegenheit? Wie die ukrainischen Aufseher, die die Viehwagen zu den Todeslagern fuhren, wussten sie, dass ihre Macht uneingeschränkt war und sie fürchteten sich nicht, davon Gebrauch zu machen.

In mir wuchs das Gefühl, dass passiver Widerstand, statt der Macht Paroli zu bieten, sie im Grunde genommen konsolidierte. Wenn man Misshandlungen untätig akzeptierte und sie dadurch leichter zu ertragen wären, könnte man natürlich überlegen, ob man das als Strategie einsetzen sollte, aber in der Realität wäre das Wahnsinn. Wie viele Erlöser mussten gekreuzigt werden, bevor uns auffiel, dass wir nicht die Opfer waren sondern die Scharfrichter?

Also glaubte ich nicht mehr, dass es ausreichte, ein Fisch im staatlichen Aquarium zu sein, oder passiv die Staatsgewalt zu akzeptieren. Innerhalb des staatlichen Debattierklubs nach Reformen zu streben war genauso fruchtlos wie die eigene Bewusstseinserweiterung zu betreiben. Andererseits glaubte ich schon, dass unsere Aktionen in der

Vergangenheit ihre begrenzten Auswirkungen gehabt hatten, dass aber jetzt die Zeit gekommen war, uns auf nützlichere und diskretere Art und Weise einzumischen. Die Strategie, bestimmte Nummern vorzuführen, ermöglichte dem Staat genau das: uns als Nummern in ihren Akten abzulegen. Jederzeit konnten Teilnehmer der Friedenslager für Straftaten wie Sabotage verhaftet werden, ob sie nur Drähte durchschnitten, Sekundenkleber einsetzen, verbotenes Gelände betraten oder Staatsgeheimnisse observierten und notierten. Warum denn bloß, wenn sie doch irgendwo anders Straftaten mit weit geringerem Risiko, erwischt zu werden, begehen konnten und dabei sogar noch wesentlich größeren Schaden anrichteten? Es gab unzählige Institutionen, die unsere Aufmerksamkeit verdienten, von Sozialämtern über Schulen bis hin zu Universitäten, von Flughäfen bis hin zu Autobahntankstellen, also warum immer die gleichen Ziele?

Ich glaubte fest, es gäbe nur zwei Alternativen für die Zukunft unseres Planeten. Die eine war, dass man dem Staat weiterhin erlaubte, mit der Unterdrückung und dem Missbrauch der Menschen fortzufahren, bis er schließlich aus Eigennutz und unglaublicher Arroganz alles Leben auslöschte. Die andere Möglichkeit bestand darin, dass wir den Staat und seine Institutionen entwaffneten. Ich war überzeugt, es sei ein Wettlauf mit der Zeit und dass ein Festhalten an Ideen von Evolution und Reformen den Planten zur völligen Vernichtung verdammte. Wir konnten uns nicht mehr darauf verlassen, dass sich gesunder Menschenverstand durchsetzen würde; das hatte in der Vergangenheit schon nicht geklappt, warum also sollte es dann in der Zukunft klappen? Nur eine weltumspannende Revolution würde unseren Planeten in ein sicheres Zuhause verwandeln.

Obwohl ich mich immer als Pazifisten betrachtet hatte, wurde mir klar, dass ich es längst nicht mehr war. Ich fragte mich, wie wohl bewusste Provokationen bei Blockaden mit der duckmäuserischen Unterwürfigkeit in Einklang zu bringen sei, mit der sich die Leute in Polizeigewahrsam abschleppen ließen, um dort psychisch und körperlich missbraucht zu werden? Wenn das Pazifismus war, wollte ich nichts mehr damit zu tun haben. Aber wenn ich zu diesem Schluss gekommen war, warum sollte ich mich dann moralisch minderwertig gegenüber denjenigen fühlen, die an diesen Prinzipien festhielten? Ich hatte genug von exklusiven Gruppen, genug von den Keilen, die zwischen uns getrieben wurden, genug davon, mich allein zu fühlen, wenn wir doch eine Gemeinschaft waren. Sollten wir uns nicht darauf einigen, dass Verschiedenheit erstrebenswert war? Damals hatte ich das Gefühl, dass die Tage des Massenprotests gezählt waren und es an der Zeit war, kleine versteckte Zellen zu gründen, um Aktionen durchzuführen, die alles vom Graffiti bis hin zur Brandstiftung umfassten. Natürlich war ich nicht naiv genug zu glauben, dass ein Anschlag auf das Musterungsbüro oder auf den Straßen ausgestreute Nägel den Staat in die Knie zwingen würden, aber ich war überzeugt, dass breitgefächerte Aktionen unterschiedlichster Art als Katalysator für einen wesentlich breiteren Widerstand dienen könnten. Unsere Aktionen sollten unserer Intelligenz entsprechen. Unsere Kreativität war unsere beste Waffe, und ich war überzeugt, dass der Schlüssel zu einer besseren Welt in unserer Kreativität lag. Sollten wir nicht endlich unsere eigene Zukunft gestalten? Wir versteckten uns in dunklen Gruben und starrten hinauf ins Licht weit über uns, sollten wir nicht versuchen, dieses Licht zu erreichen?

Ich war kein Wurm.

Aber dann kam die grausamste Prüfung meiner im Prinzip noch immer pazifistischen Haltung. Ich glaubte, wenn die Menschen erst einmal verstanden hätten, dass wirkliche Veränderungen möglich wären, würden sie den Kampf zunächst passiv unterstützen, um dann, mit der richtigen Motivation, aktiv mitzumischen. Aber der Staat, seine Agenten und die der befreundeten Staaten (daher die Notwendigkeit einer globalen Revolution) würden nicht einfach nur daneben stehen und den Menschen die Freiheit gewähren, die sie forderten. Hätten die Menschen erst einmal einen Blick auf die Freiheit erhascht, wären sie nicht mehr zufrieden, bis sie sie erreicht hätten. So dass die unter uns, die einmal an die wahre Lehre des Pazifismus geglaubt hatten, sich kritisch fragen mussten: Sollen wir weiter kämpfen oder in die Barbarei verfallen, mit der der Staat auf unsere revolutionären Forderungen reagieren würde?

Wenn die Friedensbewegung überhaupt eine Friedensbewegung war, konnte und sollte sie die Existenz des Staates in keinerlei Form akzeptieren, denn täte sie es, hieße das, dass wir nicht wirklich Frieden suchten, sondern eher eine Art von Sicherheit, eine Sicherheit, die vom

Staat kontrolliert wurde. Indem wir aber wirklich dauerhaften Frieden anstrebten, betrieben wir die absolute Revolution; denn anders würden unsere Forderungen nicht erfüllt werden.

Ich glaubte jetzt, dass wir bald nicht mehr nur mit den Typen in blauer Uniform konfrontiert werden würden, sondern auch mit denen in Khaki. Die Forderungen der Friedensbewegung stellten die ersten Schritte in Richtung Bürgerkrieg dar, und alle Mitglieder der Friedensbewegung, ob nun links, rechts, pazifistisch oder militant, trugen zum Aufbau einer Situation bei, die unweigerlich in Blutvergießen eskalieren würde. Es brachte nichts, so zu tun, als wenn es nicht so wäre, denn es ist schon immer so gewesen und wird immer so sein. Als Pazifist trug ich zur Entstehung eines Szenarios bei, das allem widersprach, woran ich glaubte. Wenn jedoch das Szenario Realität würde, könnte ich dann einfach daneben stehen und zuschauen, wie unser langer Kampf durch den kalten, staatlichen Zynismus zerstört wurde? Waren unsere Jahre der harten Arbeit nicht zu wertvoll, um kampflos aufgegeben zu werden?

Schon früh war mir bewusst, dass meine Handlungsweise dazu führen könnte, dass jemand den Finger an den Abzug legt. Würde ich der Jemand sein? Die Zeit würde kommen, Pazifist hin oder her, wenn ich wie alle anderen Mitglieder der Friedensbewegung für den Bürgerkrieg, zu dessen Eskalation wir beigetragen hätten, verantwortlich wäre. Wir stünden dann vor einem Dilemma: Sollten wir uns beteiligen, wie die anderen, die sich dazu moralisch verpflichtet fühlten? Vielleicht fände die Konfrontation nicht zu meinen Lebzeiten statt, aber würde das etwas an meiner moralischen Verantwortung dafür ändern? Mein Finger oder dein Finger, war das nicht egal? Es war unser gemeinsamer Kampf, und wir waren gemeinsam für die Folgen verantwortlich.

Gut, ich hatte also akzeptiert, dass, wenn es zu einer bewaffneten Auseinandersetzung käme, ich auch dafür die Verantwortung trüge. Aber wenn mein Finger am Abzug läge, würde ich auch abdrücken? Ich konnte diese Frage nicht beantworten, und darin, und nur darin, lag eine Hoffnung. Solange ich es nicht wusste, war meine wichtigste menschliche Eigenschaft noch intakt: das Recht nein zu sagen.

Es schien absurd, dass ich, nur weil mir diese Welt am Herzen lag, zu so einer qualvollen inneren Debatte gezwungen war, aber war das nicht das Schicksal aller, die über den eigenen Tellerrand hinaussahen? Am liebsten würde ich eines Tages eine Philosophie schaffen, in der Leid nicht vorkommt, aber ist das in einer Welt wie der unseren möglich?

Ich war ein führender Vertreter des Pazifismus gewesen und durch Crass hatten wir dieses Ideal verbreitet, doch jetzt zweifelte ich an all dem, wofür wir standen.

Im August '84 hatten wir unseren letzten Auftritt, ein Randale-trächtiges Benefiz-Konzert für die streikenden Bergarbeiter in Südwales. Viele Leute standen herum und schauten uns mit traurigen, grauen Gesichtern an, amüsiert und doch distanziert. Trotz all der herausfordernd erhobenen Fäuste überkam mich an jenem Abend ein Gefühl der Leere. Draußen, über die nassen, grauen, stillen Straßen hinweg in den nebligen, tropfenden Tälern spiegelte sich die Verzweiflung der Leute wider, deren Rechte mit Füßen getreten wurden. Nirgends anders schien Thatchers systematische Zerstörung der Werte der Arbeiterklasse gleichzeitig so schmerzlich und so grausam. Die Männer und Jungs aus den Gruben, ihres Lebensinhalts beraubt und von ihrer Vergangenheit abgeschnitten, verbreiteten eine Rhetorik, die so leer war wie die Täler, die sie hatten verlassen müssen.

»We shall not, we shall not be moved ...« (Wir werden uns nicht bewegen lassen)

Aber sogar ich, der ich durch die Engstirnigkeit meines eigenen privaten Mittelschichtshorizont eingeschränkt war, wusste, dass sie sich würden bewegen müssen.

Ja, unserem Publikum gefiel es, aber es gefiel unserem Publikum sowieso alles, was wir machten. Reichte das? Vielleicht hatten wir einmal revolutionäres Potenzial gehabt, aber irgendwie war das kaputt und einfach nur ein weiteres Element im großen Zirkus der Gesellschaft geworden, der uns, wie ich in »Rocky Eyes« vorausgesagt hatte, zerstören würde. Wir waren die bösen Buben und Mädels des Rock'n' Roll gewesen, aber wir waren nicht erwachsen geworden. Ich frage mich oft, was wohl passiert wäre, wenn wir auf dem Höhepunkt unserer Popularität dazu aufgerufen hätten, auf die Straße zu gehen? Wäre das der Auslöser für den Aufstand geworden, der hier, mehr als anderswo, die Rettung bedeutet hätte? Das schleichende Gift des Thatcherismus riss die Menschen auseinander. Die Krämerstochter behandelte die Reichtümer ihrer Nation wie verschmutzte Ladenhüter, die an den Erstbesten verkauft wurden. Ganze Gemeinden wurden unter ihrem Hammer zerschmettert: zum Ersten, zum Zweiten, zum Dritten. Ich wusste, dass es bald zu spät sein würde, aber was konnten wir tun, um diesen Prozess des kulturellen Genozids aufzuhalten? Nichts außer einer umfassenden Revolution könnte all die Jahre der konservativen Missherrschaft rückgängig machen. Eine sozialistische Regierung wäre dazu nicht fähig, auch kein sozial-liberaler Pakt. Entweder nahmen die Leute ihre Betten unter die Arme und machten sich auf, oder sie wären zu lebenslangem Schlaf verurteilt. Nie hatte ich klarer gesehen, dass unsere »Schock-Parolen und sinnlosen Schein-Wutänfalle« bei weitem nicht ausreichten. Wir brauchten Taten, keine Worte. Klar hatten wir eine entscheidende Rolle bei den »Stop the City«-Aktionen 1983 und 1984 gespielt, aber was hatten wir damit erreicht?

»Stop the City« war das einzige Mal gewesen, dass Crass seine Anhängerschaft direkt dazu aufgerufen hatte, auf die Straße zu gehen. Natürlich hatten wir auch andere Aktionen befürwortet, und natürlich hatten wir uns daran beteiligt, aber nie, ohne uns mit anderen abgesprochen zu haben. Kurz vor dem Falkland-Krieg hatten wir darüber gesprochen, eine Massendemonstration zu organisieren, die in einem Zwei-Wochen-Marsch vom Atomkraftwerk Windscale (Sellafield) zum Regierungssitz nach Westminster ziehen sollte. Die Idee wurde von allen, denen sie vorgestellt wurde, begeistert aufgenommen, und wir merkten bald, dass daraus etwas Riesiges erwachsen könnte. Wir wussten jedoch auch, wie die Staatsgewalt darauf reagieren würde. Wollten wir wirklich verantwortlich für die gewaltsamen Auseinandersetzungen sein, die sich daraus ergeben würden? Schließlich machten wir einen Rückzieher, auch wenn uns vorgeworfen wurde, wir hätten uns den Schneid abkaufen lassen. Das Risiko war zu groß.

Wenn wir also den Marsch abgeblasen hatten, weil wir die Folgen für uns und unsere Anhänger fürchteten, warum hatten wir dann die »Stop the City«-Aktionen enthusiastisch befürwortet? Vielleicht lag es daran, dass der Marsch so etwas wie eine revolutionäre Verpflichtung bedeutet hätte, während die »Stop the City«-Aktionen nur ein Mittel gewesen waren, um Dampf abzulassen? Bei unserem letzten Auftritt vor den Bergarbeitern merkte ich endlich, dass wir eigentlich genau das die ganze Zeit gemacht hatten. Nein, ich hatte keine Ahnung, welche Alternativen uns offen gestanden hätten, und ja, wir hatten alles in unserer Macht stehende getan, um die Idee einer besseren Welt zu verbreiten, und obwohl es klar war, dass wir nicht mehr hätten machen können, war es trotzdem nicht genug. Wir hatten versucht ehrlich zu sein. Wir hatten versucht, den Gruben, in die andere soziale Propheten gefallen waren, auszuweichen. Wir hatten versucht, anderen zu vermitteln, dass sie ihr Leben nach eigenen Vorstellungen leben sollten. Aber vielleicht waren wir selbst dazu nicht mehr fähig gewesen und waren zur Parodie unserer selbst geworden, ein leeres Schiff auf leerer See.

Ein paar Tage nach unserem letzten Auftritt beschloss Andy, die Band zu verlassen.

»Warum denn?«, fragte ich, obwohl ich die Antwort schon kannte, denn schließlich hatte ich mir selbst auch ständig dieselbe Frage gestellt.

»Ich muss herausfinden, wer ich wirklich bin.«

Das hatte ich schon mal gehört. Hatte Crass nicht dieselbe Art Schutz geboten, den Gee schon vor vielen Jahren an der Kommune beklagt hatte? Wir hatten sieben Jahre lang unser Leben geteilt, aber jetzt mussten wir zugeben, dass wir dabei unsere eigenen Bedürfnisse und Wünsche geopfert hatten.

In den folgenden zwei Jahren veröffentlichten wir »Acts of Love« und nahmen eine 12"-Single auf, »Ten Notes on a Summer's Day«, die ich, weil in meinem Leben auch alles drunter und drüber ging, in umgekehrter Reihenfolge aufnahm: Zuerst den Gesang, zuletzt den Drum-Track.

Vielleicht erklärt einer der Texte am besten den Zustand, in dem ich mich damals befand, und zeigt auf, wie ich damals die Band sah:

»Wir aßen Eitelkeits-Pfannkuchen,
amüsiert von unserem eigenen Image.
Wer hätte es für möglich gehalten,
dass Schimpansen ihren eigenen Tee brauen könnten?«

Ohne Andy schien alles keinen Sinn mehr zu haben. Wir hatten uns darauf verständigt, bis 1984 zusammenzubleiben, und das taten wir dann auch. Insgesamt hatten wir um die 300 Auftritte absolviert und um die 2 Millionen Schallplatten verkauft. Die meisten Bands wären mit unserem Erfolg mehr als glücklich gewesen, aber wir hatten ja Crass nicht zu diesem Zweck gegründet. Crass sollte eine Aussage sein: Wenn wir es schaffen, schafft ihr es auch. Gut, wir hatten es geschafft, aber jetzt, zwei Jahre später, schienen wir auf gepumpter Zeit zu leben.

Das Leben im Haus spielte sich weiter um das herum ab, was einmal Crass gewesen war, verwandelte sich aber zusehends in eine Erinnerung. Ohne die tägliche Arbeitsroutine, die die Band umgeben hatte, kamen wir uns komisch vor. Worüber sollten wir reden? Was sollten wir tun? Es gab immer genug Arbeit im Haus und im Garten, aber niemand wusste genau, warum man diese Arbeiten eigentlich ausführte. Crass war vieles gewesen, aber vor allem hatte die Band uns eine Identität, einen gemeinsamen Nenner gegeben. Jetzt, da die Identität verblasste, verblasste auch der gemeinsame Nenner. Es kamen zwar noch immer Briefe und Besucher, aber keiner von uns wollte über das reden, was jetzt Vergangenheit war, und noch weniger konnten wir vorhersagen, was die Zukunft bringen würde. Oft wurden wir gefragt, wann wir wieder auftreten und wann wir die nächste Platte rausbringen würden, und ach ja, hätten wir noch ein paar Buttons?

Und dann, im Frühjahr '86, schlug ein Brief wie ein Blitzschlag ein, der uns wenigstens eine Weile lang aus unserer Selbstzufriedenheit riss. Das Haus und über 800 Morgen Land drumherum standen zum Verkauf und waren zur Bebauung ausgeschrieben.

Als ich 1965 in das Haus eingezogen war, hatte ich es vom Bauern nebenan gemietet, der es ebenso wie das Land seinerseits vom Eigentümer, der Post, gepachtet hatte. Nach der Privatisierung fiel das Grundstück in die Hände der British Telecom. Begierig, das ihr zugefallene Vermögen zu versilbern, machte sie Pläne zur Grundstückserschließung.

Die Ironie entging mir nicht. Sieben Jahre lang hatte ich versucht, es mit dem kapitalistischen Staat, den ich so verachtete, aufzunehmen, und jetzt, da ich meinte, etwas entspannen zu können, kroch der Staat über den Hügel und nahm es mit mir auf.

Im Plan sah es so aus, dass das Haus den beschaulich-altertümlichen Kern eines Freizeitparks bilden sollte, umgeben von Golfplatz, Clubhäusern, Gesundheitsfarmen und Hotels.

Mir wurde schlecht, ganz, ganz schlecht. Das Haus hatte zwanzig Jahre lang eine Rückzugsmöglichkeit vom Wahnsinn der Welt geboten, eine Rückzugsmöglichkeit, die Hunderte von Personen genutzt hatten. Es war meine einzige Sicherheit gewesen, mein Refugium, das einzige stabile Element in einem sonst eher instabilen Leben. Trotz meiner Befürchtung, hier eventuell einen bürgerlichen Zug an den Tag zu legen, musste ich doch zugeben, dass der Gedanke, das Haus zu verlieren, fast unerträglich war.

»Sie können uns doch nicht rausschmeißen, oder?«, fragte Old Bill Craggett, dessen Bungalow auch auf dem Land stand.

»Nein, Bill«, sagte ich ohne Überzeugung, »aber sie können uns das Leben ziemlich schwer machen.«

Im Verlauf der nächsten Jahre beobachtete ich, wie der alte Bill aus Sorge wortwörtlich einging. Dieses kleine Stück Land war alles, was er je gehabt hatte. Das war seine Welt und so sehr man auch widersprach, er wusste, dass man sie ihm wegnehmen würde.

»Fotzen.«

In dieser Zeit erkrankten meine beiden Eltern unheilbar. Während ich in dem Haus lebte, hatten sie viel Zeit in Amerika verbracht und im Großen und Ganzen hatte ich wenig mit ihnen zu tun gehabt. Jetzt waren sie wieder da, krank und brauchten meine Hilfe. Und obwohl ich eigentlich zu Hause sein wollte, um meinen Lebensstil zu verteidigen, verbrachte ich zunehmend mehr Zeit damit, an ihrem Bett zu sitzen, und belegte dabei sozusagen einen Intensivkurs in Hauspflege. Gleichzeitig verlor ich zusehends den Kontakt zu den Leuten im Haus. Mein soziales Umfeld fiel auseinander, und ich hatte weder die Zeit, noch den Raum, noch die Energie, etwas dagegen zu tun. Und dann beschloss Eve, die mit ihrem Leben im Haus unzufrieden war, nach London zu ziehen.

»Ich will nicht immer gemeinsam frühstücken«, sagte sie scherzend, aber ich wusste, dass mehr dahinter steckte.

Es war schon immer schwer gewesen, persönliche Beziehungen in der Kommune aufrecht zu erhalten, und Intimität gehörte, wenn sie nicht durch ihre Exklusivität das Zusammenleben stören sollte, ins Schlafzimmer.

Auch wenn unsere Beziehung weiter bestand, war ich dennoch bei ihrem Auszug völlig niedergeschmettert, konnte nicht mit dieser Serie von Verlusten, von denen einige echt und andere eingebildet waren, fertig werden: die Band, mein Zuhause, meine Familie und jetzt Eve. Ich wurde rührselig, egozentrisch und ziemlich unfähig, mich aus der dunklen Wolke zu ziehen, die mich umgab. Zum ersten Mal in all meinen Jahren in der Kommune zweifelte ich ihren Wert an. Niemand konnte mir helfen, und genauso wenig wollte ich, zum ersten Mal in meinem Leben, mir selber helfen, ein Problem, was noch dadurch verstärkt wurde, dass ich nicht definieren konnte, wer oder was dieses Selbst war.

»Weil ich herausfinden muss, wer ich eigentlich bin.«

Andy hatte das gesagt und war gegangen, und Jahre zuvor Gee:

»Ich weiß kaum noch, wer ich eigentlich bin.«

War dies das unvermeidliche Ergebnis, wenn man sein Leben mit anderen teilte? War ich durch die komplexen sozialen Strukturen, zuerst in der Kommune, dann in der Band, zu weit von den innersten Empfindungen abgerückt, als dass ich mich selbst hätte definieren können? Ja, natürlich verlangte diese Art und Weise zu leben persönliche Opfer, wie jede andere Verpflichtung auch, und dadurch wurden unsere Identitäten doch eher gestärkt. Waren erst die Kommune und später Crass lediglich ein Schutzmantel gewesen, der Gemeinsamkeiten und Schnittpunkte schaffte, wo es, wie mir jetzt auffiehl, gar keine gab? Wenn das Leben in der Gemeinschaft so schädlich war, wie ich jetzt zu ahnen meinte, gab es dann eine andere Hoffnung, als es alleine zu schaffen? Existenziell war ich auf mich allein gestellt. Die einfache, schmerzliche Botschaft lautete: Es gibt keine Autorität außer dir selbst. Aber würde ich diesem hohen Ideal entsprechen können?

Am ersten Januar 1989 explodierte das, was von der Band noch übrig war – Steve, Pete, Phil, Joy, Gee und ich selbst – in einem der wildesten Streits, die ich je erlebt habe. Zwölf lange Jahre hatten wir unsere eigenen Identitäten dem Gemeinwohl geopfert. In genauso vielen kurzen Minuten zerstörten wir alles, was wir geschaffen hatten. Endlich waren wir frei, um uns auf die lange Reise zurück zu uns selbst zu begeben.

Postskriptum
A Bridge So Far

Frühling. Ein Rauschen durch meine Venen, Röte auf meinen Backen. Noch ist nichts definiert, aber Wachstum allenthalben. Und diese Erde, von Narzissen und Krokussen durchbohrt, ein Zeugnis über alle Körper der Zeit. Ich strecke den Arm nach einem nickenden Schneeglöckchen aus, um es zu pflücken, aber es zieht sich erschrocken zurück; dieses Denkmal ist noch nicht für mich.

Aber wenn der Gänseblümchen-Teppich im Sommer wieder den Rasen bedeckt, werde ich daraus Kränze binden, und wir werden Girlanden um den Hals tragen, und uns süß duftende, seidige Rosen hinter die Ohren stecken. Wir werden gemeinsam lachen, im frisch gemähten Gras rollen, unsere Zähne werden dabei blitzen wie Diamanten, deine lächelnden Lippen der Eingang zu König Salomons Minen. Unsere Körper werden von der Sonne gebräunt werden, unsere Muskeln schmerzen vom Wenden des Spatens oder vom Ziehen des Rechens. Es ist egal, dass du nicht existierst. Es macht nichts, dass du geflohen bist. Wir werden wieder gelebt haben. Du und ich.

So wie du mein Gast gewesen bist, war ich der deine. Wir leben und sterben so weit von einander entfernt, und doch sind wir in unseren Vorstellungen einander so nah.

»Siehst du Jerry, unsere Generation ist die beste Massenwelt-Generation der Geschichte.«

Und wenn diese Flamme weitergetragen werden soll, keine Sorge, ich werde sie weitertragen.

Vielleicht klappt es ja nicht. Es ist das erste Mal für mich, und ich habe Angst, technische Zweifel plagen mich. Hätte ich Hilfe holen sollen?

Ich schau mich in meiner unmittelbaren Umgebung um, den Pfad hinunter, den ich vor weniger als einer Stunde entlang wanderte. Anfangs ist der Wald dicht und feucht wie ein Dschungel, dann öffnet er sich und verwandelt sich in Ackerland. Ich kann die Hügel sehen, die sich sanft zum Plateau erheben, wo sich ein kleiner Flughafen befindet. Gelegentlich klettert ein fröhlich bunter Doppeldecker in den klaren, blauen Himmel, steigt höher und höher und purzelt dann in fantastischen Schleifen abwärts, fängt sich nur wenige Meter über dem Boden, um machtvoll wieder aufzusteigen: eine komische Art von Freiheit.

Die Sonne ist vor einigen Stunden aufgegangen, aber jetzt erst brennt sie die Wirbel des nächtlichen Nebels weg, der sich an die Konturen des Landes klammert. Riesige dekorative Nadelbäume, dunkel und geometrisch, erheben sich über die einheimischen Bäume des Waldes, verdeutlichen, dass hier einmal ein Park gewesen sein muss. Ich stelle mir Jagdgesellschaften vor, alle plappern über die Ereignisse des Tages, Picknickkörbe und Gewehre geladen, dann Bauern, zerkratzt und zerrissen, schlagen den Weg durch staubiges Unterholz.

Irgendwo weit weg, sticht ein Vogelschreck durch die weiche Morgenluft, Wolken von Ringeltauben gleiten über die Thermalquelle. Das Vogelgezwitscher hält kurz inne, aber fängt dann wieder mit neu gewonnener Kraft an und dringt als Echo durch die Kathedrale des Waldes. Ein Fasan schießt aus dem Gewirr der blühenden Brombeersträucher; halb rennt er, halb fliegt er, sein Schrei klingt wie Blechdosen, die man eine leere Straße hinunterkickt. Ein Paar scheuer Rehe wagt sich aus dem Schlehdorn, bahnt sich den Weg bis auf einen Acker mit jungen Kohlköpfen, wo es nervös äst. Am Waldesrand sehe ich Kaninchen durchs saftige Gras hoppeln, und jenseits von ihnen Dunkelheit, wo die Bäume Tunnel bilden, die einen mit Versprechen aus Kindheits-Märchentagen locken.

Zurück, zurück, durch das nach Pilzen riechende Dickicht, wo Weißbirken den Himmel verdecken und die Erde mit Farnen bedeckt ist. Zurück entlang der Waldpfade, die niemals trocknen und weich sind, wie Teppich unter meinen Füßen. Ins Freie über den weitläufigen Hügeln, wo die Lerchen immer singen und eine Brise immer sanft und spielerisch über mein Gesicht bläst. Zurück über die rollenden Weiden, wo zeitlose Kühe wiederkäuen und über mein ständiges Kommen und Gehen den Kopf schütteln. Zurück, den heckenbestanden Pfad entlang, wo man von Löwenzahnuhren die Zeit ablesen kann und blaue, nickende Glockenblumen sie mir läuten. Zurück, zurück, zurück nach Hause bis zum Gartentor, der alte gepflasterte Weg, die Hintertür aus Planken, der geschrubbte Küchentisch, poliert und voll von Freunden und Pflanzen und Katzen und Erinnerungen.

Ich sehe nervös auf die Uhr, dann zur Fußgängerbrücke, die über die Autobahn führt, dann zu den sich ausbreitenden Vororten hinüber. Schlote strecken sich in den Himmel, wo einst Bäume standen. Geteerte Areale, Beton und Pflaster ersticken die Erde, Lage für Lage versiegeln sie die lebendige, atmende Erde. Nichts wächst mehr, was nicht von Menschenhand gepflanzt wurde, als leere Geste einer vergessenen Welt. Nichts wächst mehr, was nicht gegen vergiftete Luft und selbstgefällige Indifferenz kämpfen muss. Nichts wächst mehr, was nicht vor seinem Ende sterben muss.

Wie eine klaffende Wunde definiert die Autobahn die Grenze zwischen Stadt und Land. Zwei scheinbar unvereinbare Elemente in einer scheinbar unverständlichen Gesellschaft.

Der Verkehr ist nicht so stark wie sonst, aber noch immer laut genug, um die Geräusche der Landschaft um mich herum zu übertönen. Ich rieche die Abgase, die von der Straße aufsteigen und wie giftige Tücher über die Felder herabfallen.

Ich sehe noch einmal auf die Uhr. Es ist genau acht. Dann sehe ich wieder auf die Fußgängerbrücke, ein dünnes, über die Leere gespanntes Betonband. Ich fühle, wie sich der Schweiß über meinen Brauen sammelt und aus meinen Achselhöhlen läuft.

»Verdammt,« murmle ich, »verdammt und verfickt.«

Aber dann passiert es und alles läuft plötzlich wie in Zeitlupe ab. Zunächst nur ein fernes Rumpeln, wie Wellen, die sich von einem Kiesstrand zurückziehen. Dann ein wütender Aufschrei, gefolgt von einem lauten reißenden Geräusch, als ob Beton und Stahl wie Plunder in die Luft geworfen würden, durch den Himmel wirbelnd und purzelnd. Es regnet Staub und Flammen züngeln durch aufwärts fliegende Trümmerteilchen, die wirbeln, als wollten sie sich über die Schwerkraft lustig machen; aufwärts, seitwärts und dann nach unten.

Die gesamte Mitte der Brücke wurde weggesprengt. Ich kann hören, wie die Autos auf der Autobahn in die Bremsen steigen. Ich krieche auf dem Bauch durch das hohe Gras und schaue hinunter ins geteerte Tal.

Ein Range Rover ist halb die Böschung hochgefahren. Sein Fahrer sitzt daneben, machtlos gegen das Chaos, das sich unten abspielt.

Ein riesiger Sattelschlepper ist in den mittleren Pfeiler gerast und bildet eine unüberwindliche Barriere über die nach Norden führende Fahrbahn, die eingedrückte Windschutzscheibe rahmt den nach vorn übergekippten Körper des Fahrers und seine zerrissenen Pin-ups. Als ob die Fahrer blind wären, rast ein Auto nach dem anderen in den Lastwagen, manche gehen in Flammen auf, andere verwandeln sich in Ziehharmonikas aus zerfetztem Stahl. Ein Volvo prallt in den hinteren Teil, so dass dort jetzt ein gezackter Spalt klafft, aus dem eine Ladung Kälber zu Tode erschreckt ins Tageslicht klettert, das sie nie zuvor gesehen haben.

Um dem Chaos zu entkommen, sind einige Autos jetzt über die mittlere Rampe gefahren und versuchen nun, auf die nach Süden führenden Fahrspuren zu gelangen, aber ihnen kommt schnell fahrender Verkehr entgegen, der nicht willens zu sein scheint, die harterkämpften Meter auf der Überholspur aufzugeben. Sie stoßen frontal zusammen.

Niemand scheint anhalten zu können. Niemand scheint anhalten zu wollen. Die Autos, Lastwagen und Busse strömen die Autobahn hinunter, als ob sie dem Chaos gegenüber blind wären. Wie Lemminge rasen sie ihrem Ende entgegen, mit resoluter Bestimmtheit. Diejenigen, die den ersten Aufprall überleben, kriechen aus dem Gemetzel, und flehen verzweifelt jene um Hilfe an, die genauso machtlos sind. Manche werden sofort von herumfliegenden Trümmern getötet, andere rennen zur Böschung, wo die paar Kälber, die überlebt haben, jetzt zufrieden grasen.

Es ist vier Minuten nach acht. Ich hab noch nicht gegessen, es ist Zeit fürs Frühstück.

Ich krieche zurück durch das hohe Gras, dorthin, wo mein Rucksack liegt, stecke die TV-Fernbedienung in eine der Seitentaschen, und schlinge ihn über meine Schultern. Ohne mich umzuwenden, jogge ich zurück durch den Wald. Zurück durch das Dickicht mit dem Pilzgeruch, wo die Weißbirken den Himmel verdecken und der Farn die Erde. Zurück entlang der Waldpfade, die nie trocknen und unter meinen Füßen weich sind wie ein Teppich. Raus über die weitläufigen Hügel, wo die Lerchen immer singen und eine Brise immer weich und sanft weht ...

Teil zwei

Was ich für real halte, ist für mich wahrer als das,
von dem man mir sagt, es sei Realität.

Rebel Without a Pause

1

Freunde im Unglück sind nicht notwendigerweise immer Freunde. Menschen, wie die Ratten auch, klammern sich an sinkende Schiffe, und in vieler Hinsicht war Crass da keine Ausnahme. Scheinbar isoliert durch unsere kompromisslose Einstellung hatten wir uns die Rolle ›wir‹ in der Gleichung ›sie und wir‹ zugeteilt. In dieser gemeinsamen Rolle waren ›sie‹ immer für das Unglück sowohl auf dem Planeten als auch für unser eigenes verantwortlich gemacht worden. 1984, als wir damit begannen, die Maschinerie, aus der die Band einmal bestanden hatte, auseinanderzunehmen, merkte niemand, dass wir damit auch die Bedrohung demontierten, die uns sieben Jahre lang zusammengehalten hatte. Da wir nicht mehr vom Konsens beherrscht wurden, mussten wir uns jetzt mit unserem eigenen Gewissen auseinandersetzen und auf eigene Verantwortung Lösungen für unsere eigenen Probleme finden.

Ich hielt es für meine Pflicht, zuerst in mich zu gehen, bevor ich jemand anderem die Schuld zuwies. Dabei fiel mir auf, dass ich ja die Welt um mich herum wahrnahm und in gewisser Weise diese Welt auch selber schuf. Ich konnte sie nicht für meine Existenz verantwortlich machen, genauso wenig wie ich sie für meine Wahrnehmung verantwortlich machen konnte. Ich hatte immer mehr das Gefühl, dass ich erst frei wäre, ohne Vorurteile zu handeln, wenn ich mich von meiner sozialen Prägung lösen könnte, egal, ob diese Prägung nun durch den Staat – oder sogar durch Crass – stattgefunden hatte. Irgendwie müsste ich tiefer in mich gehen als ich es jemals zuvor getan hatte, um jene Autorität ausfindig zu machen, von der ich jahrelang behauptet hatte, das wäre ich selber. Dafür, dass ich so viele von den Crass Texten geschrieben hatte, schien ich doch außerordentlich wenig verstanden zu haben. Leere Rhetorik oder inspirierte Prophezeiung? Jetzt war es an der Zeit, genau das herauszufinden, aber wo sollte ich anfangen?

Ständig ist alles in einem Zustand des Vermoderns und des Wachsens; das Gleichgewicht, wie John Cage es einmal kommentiert hat, ist perfekt. An den natürlichen Kreislauf der Zeit gebunden, fangen wir mit dem Sterben an, sobald wir geboren werden; der Prozess jedoch währt ewig. Wir sind unwiderruflich ein Teil von allem, so wie auch alles ein Teil von uns ist. Jeder Moment ist die Summe allen Lebens, der Zenit der Sinne. Vor Zeit und Raum stehen wir allein als Teil von dem, was schon immer gewesen war. Ein Regentropfen ist kein Ozean, und ein Ozean ist kein Regentropfen, aber unbestreitbar sind sie ein und das selbe, verbunden in einem unendlichen Zusammenspiel.

Kurz nachdem ich Wally Hope kennen gelernt hatte, stellte er mir folgende Frage:

»Jerry, wenn ich Selbstmord beginge, indem ich mich ins Schwert stürzte, würdest du mitmachen?«

Er hatte schon immer eine Vorliebe für fahrende Ritter und Samurai gehabt, und sprang oft mit einem Bambusstab bewaffnet im Garten herum und parierte die warme, sommerliche Briese, die selbstverständlich keinerlei Notiz von ihm nahm.

»Ins Schwert stürzen?«, antwortete ich, durch seine Ernsthaftigkeit etwas irritiert. »Warum sollte ich?«

»Aus Solidarität. Das ist die Kriegslanze von St. Georg, Artus' Excalibur. Der Ritter weiht seinen Pflugscharen-Körper dem König der Könige, dem Herrn von ...«

»Danke, Phil, ich hab schon kapiert«, unterbrach ich ihn, ohne schlau daraus zu werden.

Ich tat eine Weile so, als ob ich nachdächte, und, da ich nicht den Eindruck erwecken wollte, dass ich die Frage nicht mit der erwarteten Leichtfertigkeit behandelte, tat ich nochmals so, als dächte ich nach.

»Ja«, sagte ich schließlich und legte ihm die Hand auf die Schulter, »ich mach da mit.«

»Du bist ein wahrer Freund«, er lächelte und umarmte mich herzlich, »und ein richtiger Krieger.«

»Danke«, antwortete ich, »wie wär's mit einer Tasse Tee?«

Ich sagte ihm allerdings nicht, dass, während er auf sein Schwert zustürzte und ich auf meins, ich mich in letzter Sekunde wegdrehen würde. Sein Gefühl für meine Solidarität bliebe intakt, während ich überlebte, um seine Geschichte weiterzuerzählen, was ja auch in gewisser Weise geschehen ist. Es ist alles eine Frage des individuellen Gewissens.

Wir erfinden alle die Kreuze, die wir zu tragen haben: Wenn das von Phil Märtyrertum war, aus seiner quasi-religiösen Zuneigung zu Jesus geschnitzt, dann bestand meins vielleicht aus einem sehr feinen Einfühlungsvermögen für die zahllosen, namenlosen Opfer des Krieges.

Als Kind entdeckte ich im Bücherschrank meiner Eltern ein Buch mit dem Titel: »Krieg, ein Testament des Grauens.« Fotos über Fotos von geschlagenen, verbrannten, zerfetzten und zerrissenen Körpern, meilenweit entfernt von den ruhigen, ordentlichen, alltäglichen Begebenheiten meiner Vorstadtwelt. Ich erinnere mich, wie ich blätterte und eine seltsame Mischung aus entsetztem Abscheu und sexueller Erregung empfand. Lag es daran, dass das die ersten Körper waren, die ich je nackt gesehen hatte? Oder war es das extreme Zur-Schau-Stellen menschlicher Gewalt, das diese unfreiwillige Reaktion auslöste, die von Sexualität nicht zu unterscheiden war? Wie auch immer, jung wie ich war, hatte ich kaum eine Ahnung und noch weniger die Möglichkeit, meine Reaktion zu kontrollieren. Wenn ich das Buch durchgeblättert hatte, lief ich oft hoch ins Bad, zog mich aus und zog mir die Unterwäsche meiner Mutter über, die ich im Wäschekorb fand. Weder verstand ich, warum ich das tat, noch warum es mich immer wieder zu dem Buch zurück zog. Trotzdem, die Unterwäsche gab mir Sicherheit, mein Fleisch von Mieder und Strümpfen umfangen fühlte sich geschützt an, es war wie eine Rüstung gegen die Brutalität, der ich ausgesetzt gewesen war. So eingewickelt und beruhigt durch die intensiven, mütterlichen Düfte, die diesen Kleidungsstücken anhafteten, erhob sich mein Schwanz, warm und hart. Wäre ich damals körperlich zur Masturbation fähig gewesen, hätte ich gewiss zugegriffen. Aber auch so war ich recht froh über das tiefe Gefühl von Sicherheit, das folgte. Vielleicht war die sexuelle Spannung, die ich zweifellos erlebte, eine natürliche Reaktion auf die intellektuellen Spannungen, die die Bilder im Buch in mir hervorgerufen hatten, eine Form primitiver Gleichzeitigkeit, durch die ich lernen konnte, mit dem fertig zu werden, was außerhalb der Wände meines gemütlichen Zuhauses lauerte.

Aus der Vielzahl fotografischer Grotesken, die sich leicht in meinem jungen Hirn hätten festsetzen können, blieben zwei Bilder von jenen Seiten haften, um mich in meiner Kindheit und in meinem Erwachsenendasein gleichermaßen zu verfolgen. Das erste trug den Titel: »Die Gruben von Auschwitz«, in dem Hunderte von zum Skelett abgemagerten Leichen verschlungen in einem grauenhaften anonymen Puzzle übereinander lagen. Das zweite mit dem Titel »Überlebende von Hiroshima« porträtierte eine Frau, deren Fleisch unberührt schien, abgesehen von den Brandflecken, die ein Kimono hinterlassen hatte, den sie trug, als sie »diesem glühenden Blitz, heißer als 1000 Sonnen« ausgesetzt gewesen war. Was für eine grausame Poesie haben wir in unserer Dekadenz geschaffen. Jedoch noch schlimmer als die Verbrennungen war die entweiblichende Glatze, die dieses Opfer als Folge der Strahlenkrankheit erlitten hatte. Bestand vielleicht eine Verbindung zu einer anderen Fotografie, »Geschorene weibliche Kollaborateure«, die mich schmerzlich berührte? Ich konnte mich fast mit dem wilden Rachebedürfnis des Französischen Widerstands abfinden, aber was hatte diese japanische Frau getan, um eine so schreckliche Bestrafung zu verdienen? Männer, wurde mir zu verstehen gegeben, eigneten sich für den Krieg, aber Frauen, jede von ihnen ein Spiegelbild meiner Mutter, waren doch bestimmt zu weich, zu sanft für solche Greueltaten?

Diese beiden Fotografien wurden Ikonen, unauslöschliche Bilder, die ewig in mir lauerten, nach Erklärung verlangten. Natürlich habe ich keine gefunden; wäre es mir gelungen, so wäre das ein Zeichen meiner Korrumpierbarkeit gewesen. Das Unverständliche zu verstehen bedeutet, gemeinsame Sache mit ihm zu machen. Ich lernte einfach zu akzeptieren, dass diese Dunkelheit so sehr ein Teil meines Lebens ist wie alles andere auch, ein konstanter, wenn auch tief verborgener Bestandteil meines Bewusstseins.

Angesichts der Tatsache, dass ich im Weltkrieg geboren wurde und mit endlosen Geschichten darüber aufwuchs, verwundert es vielleicht nicht, dass ich so stark gegen die reagierte, die ihn befürwortet hatten, also fast alle, die der Generation meiner Eltern angehörten, und die meisten meiner eigenen. Wie oft hatte ich gehört, dass Krieg Teil der menschlichen Natur sei, eine ganz normale Tätigkeit, die genauso gleichmütig akzeptiert werden sollte wie der Wechsel der Jahreszeiten. Ich wollte da nicht mitmachen, und wenn meine zunächst hedonistischen Reaktionen, dann mein Eskapismus und schließlich mein Aktivismus mich nicht von dieser Krankheit heilen konnten, dann würde ich weitermachen und andere Wege finden, damit fertigzuwerden.

Auschwitz? Hiroshima? Ich kann diese Namen genauso wenig vergessen wie meinen eigenen, sie sind ein und derselbe, synonym mit dem Ganzen. Die gefolterten Seelen, die vergast und verbrannt worden waren, ruhen jetzt tief in meinem Dasein. Ich werde sie nie rausschmeißen können, noch würde ich es je wollen. Sie sind unwiderruflich ein Teil von mir, und indem ich das akzeptiere, bin ich ein Teil von ihnen und nicht getrennt von ihnen, so bleibt mein Leben ein Ganzes, das aber nur zum Teil:

Ich glaube, dass die Entwicklung des menschlichen Bewusstseins gestört ist und auch gestört bleibt, bis wir wirklich fähig sind, uns mit dem totalen, und paradoxerweise unbeschreiblichen Horror der Todeslager auseinanderzusetzen. Weil wir nicht den Mut haben, zu erkennen, wie absolut das Potenzial des Bösen ist, das in jedem Menschen steckt, und damit auch in uns selbst, und weil das Unbeschreibliche nur so lange unbeschreiblich bleibt, wie wir unfähig sind, ihm ins Gesicht zu sehen, haben wir diejenigen, die es erlitten haben, zu erschreckender Stummheit verdammt. Ich glaube, dass das, was wir über die Todeslager wissen, kaum die Hälfte von dem ist, was dort passiert ist. Wenn wir unsere Fähigkeit zum Zuhören und Lernen verbessern, werden wir mit noch entsetzlicheren Schrecken konfrontiert werden, und so wächst das grauenhafte Bild immer mehr. Trotzdem, vielleicht gerade weil kein Ende des Alptraums abzusehen ist, bleibt der unvorstellbare Horror genau das: unvorstellbar für jeden außer jenen, die ihn überlebt haben und für die er unaussprechlich bleibt. Ich glaube, dass in unserer Weigerung, diesen Teil unserer Vergangenheit anzuerkennen, unsere Mitschuld liegt. Die Fragen müssen gestellt werden. Das schreckliche Gift muss herausgesogen werden, weil sich das menschliche Bewusstsein nicht entwickeln kann und will, solange das nicht geschieht. Und die Überlebenden werden immer weniger.

Doch überall um mich herum sehe ich Menschen, die dieses Erbe ausgeschlagen haben, und in der daraus resultierenden Schuld wenden sie sich gegen sich selbst. Da sie sich dem Mitgefühl versperren, stolpern sie vorwärts über die Schlachtfelder, jagen ihren verdammten Seelen hinterher und fürchten die Dämmerung. Liebe? Die Todesgrube, die Folterbank, und der Ofen sind die einzigen Arme, die sie wiegen. Der Tod kommt als Verbündeter, führt sie durch das Leben, kriecht aus jenen schrecklichen Gräbern, um sie in Mitleid und Freude zu begleiten, um ihnen in ihrer Menschenfeindlichkeit Gesellschaft zu leisten. Bis sie kehrt machen und diese Körper umarmen, ihr stinkendes Fleisch liebkosen, wird dies ihr Erbe bleiben.

1986 fanden all diese schrecklichen Bilder vom Krieg Eingang in meine erste wirkliche Begegnung mit dem Tod. Nach seiner Rückkehr aus Amerika wurde bei meinem Vater Alzheimer festgestellt, ein direkter Weg in den Wahnsinn und in die Auszehrung. Tag für Tag, Woche für Woche beobachtete ich den Mann, den ich nie wirklich kennen gelernt hatte, sah, wie er sich immer weiter von dem gemeinsamen Boden, auf dem wir uns noch hätten begegnen können, entfernte. Er war zu spät in mein Leben getreten, und jetzt ging er zu früh. Eine Weile lang bildete sein zunehmender Schwachsinn einen Schnittpunkt, an dem wir uns treffen konnten. Aufgrund seines unsozialen Verhaltens wurde Oberst John Ratter ein Außenseiter, und er und sein Sohn waren endlich vereint. Aber dann zog er sich immer weiter zurück, bis weder meine Mutter noch ich mehr den fürchterlichen Zorn seines Leidens ertragen konnten. Trotz seiner Distanz zu mir hatte dieser Mann meine Mutter immer mit größter Zärtlichkeit behandelt, und jetzt wurde er ihr gefährlich. In seinen unergründlichen Anfällen wendete er sich gegen sie, mit einer Sprache genauso brutal wie seine Handlungen.

Bei meinem letzten Besuch in dem Heim, in dem er lag, bat ich darum, ihn pflegen zu dürfen, bis der Tod, der unmittelbar bevorstand, eintreten würde. Zwei Tage und zwei Nächte saß ich an seinem Bett und fragte mich, wie der Tod wohl wirklich war und wie ich ihn erkennen würde, wenn er schließlich käme. Er konnte nicht mehr sprechen. Der Verstand hatte seinen abgemagerten Körper verlassen. Die Augen lagen tief in den Höhlen, seine Lippen waren in die leere Spalte seines Mundes zurückgefallen. Mich faszinierte die flüchtige Natur unserer Sterblichkeit, und ich zog die Bettdecke zurück, um das Unverständliche besser verstehen zu können. Wundgelegene Stellen eiterten rot und roh vor sich hin. Knochen staken aus seiner gespannten, mit Flecken und Blutergüssen übersäten Haut. Er war einfach geschrumpft. Einen Moment lang lagen seine Augen auf mir, als ob er darum flehte, wieder bedeckt zu werden. Etwas in diesem unerwarteten Blick überrumpelte mich und ich driftete in Gedanken zurück zu einem Buch, das offen auf dem Boden der Bibliothek meiner Eltern lag. Ich blättere darin, Sandbostel, Lidice, Nordhausen, Landsberg, Wo, wo war er? Und dann, als ich zu dem Bild mit dem Titel »Die Gruben von Auschwitz« kam, wurde ich brutal zurück an die Seite meines Vaters geworfen. Ich war nicht geschockt, nicht einmal berührt durch diese Erfahrung, es kam mir vor, als hätte mein lebenslanges Eintauchen in dieses Bild mich auf diesen Moment vorbereitet. Hier im Bett meines Vaters lagen die Toten aller Zeiten, für immer mit der grausamen Gewalt allen Lebens belastet. War das nicht immer der Rahmen gewesen? Erhielt ich jetzt eine Art Absolution? Ich deckte ihn sanft wieder zu, so gut ich konnte und setzte mich neben ihn.

Während ich auf den Körper starrte, der bereits vom Leben verlassen worden war und nur noch durch das Atmen gefoltert wurde, fragte ich mich, ob es nicht das Beste für ihn wäre, ihn von seinem Leid zu befreien. Ich hatte es für Kaninchen mit Myxomatose gemacht, warum nicht für meinen Vater. Vielleicht könnte ich ihn ertränken. Wenn es mir gelänge, genügend Wasser durch seine Kehle zu kippen, würde er dabei ersticken? Meine halbherzigen Versuche endeten allerdings nur mit einem fürchterlichen Hustenanfall, der die unerwünschte Aufmerksamkeit der Krankenschwester erregte.

»Ich glaube nicht, dass er Wasser will«, sagte ich schwach.

»Ach, es wird ihm nicht schaden«, antwortete sie mit leisem Lachen.

Später am Abend wischte ich ihm den Schweiß von der Stirn, und dachte darüber nach, ob er je ›sanft in die Nacht hinübergehen‹ würde, als er mich plötzlich am Arm packte. Geschockt, dass er zu soviel Leben noch fähig war, nachdem er sich den ganzen Tag lang kaum bewegt hatte, wich ich zurück, konnte mich aber nicht aus seinem Griff befreien. Er zog mich zum Bett zurück, zwang meine Hand unter die Decke und schob sie auf seinen geschrumpften, feuchten Penis. Ich war verwirrt von der Absurdität meiner Situation, fügte mich dann aber und streichelte sanft das schlaffe Fleisch, bis es in meiner Hand fest wurde, hart und aufrecht.

Ich weiß nicht, ob er einen Orgasmus hatte, und ich weiß auch nicht, ob er in seinem Zustand überhaupt einen hätte haben können, aber wie auch immer, ich hätte es ihm gegönnt.

Schließlich verließ ich meine Wache am Totenbett, zermürbt von der Zeit, die sich der Tod ließ, und dachte, dass meine Arbeit vielleicht getan sei. Vielleicht wollte der Alte alleine sterben? Wie auch immer, es war Heiligabend und ich wollte zu Hause sein.

Am Morgen rief mich meine Mutter an, um mir frohe Weihnachten zu wünschen und teilte mir mit, dass mein Vater endlich gestorben sei. Das war das letzte Geschenk, das er uns zu geben hatte.

In den letzten Monaten, die mein Vater zu leben hatte, war bei meiner Mutter Unterleibskrebs festgestellt worden, was, wie ihr ihr Arzt versicherte, erfolgreich behandelt werden könnte. Als mein Vater starb, galt sie als geheilt, als er aber eingeäschert wurde, litt sie bereits an einem Hirntumor.

»Das war zu erwarten gewesen«, murmelte der Arzt, und strich sich mit gold-beringtem Finger über sein Kinn.

Nach einer Strahlenbehandlung hatte sie eine Glatze und war körperlich und geistig eingeschränkt. Sie bekam eine Perücke und wurde als unheilbar abgeschoben.

»Sie müssen ihr das Leben so angenehm wie nur möglich machen«, informierte mich der Arzt.

Sechs Monate lang kümmerte ich mich um sie an ihrem Bett, beobachtend und abwartend, wie sie, unterbrochen von Anfällen, erst in Katatonie und dann ins Koma sank.

In dieser Zeit war ich so sehr mit den Bedürfnissen meiner Mutter beschäftigt, dass ich sie oft nicht mehr von meinen eigenen unterscheiden konnte. Sie hatte ihr Leben an meinen Vater gekettet verbracht, aber jetzt war sie an das Bett gekettet, in dem sie sich geliebt hatten, und an das auch ich gebunden war. Freiheit? Ihr Kampf wurde zu meinem. Nur in ihrem Schicksal war sie allein, aber selbst das, so fürchtete ich gelegentlich, könnte mich auffressen.

»Sie leisten gute Arbeit«, versicherte mir der Arzt bei seinem letzten Besuch. »Ich habe sie an eine Morphiumpumpe angeschlossen. Das wird vieles erleichtern.«

Für wen wohl, überlegte ich, für mich oder meine Mutter?

Am nächsten Nachmittag war ihr rasselnder Atem so langsam geworden, dass ich mir sicher war, dass sie bald sterben würde. Ich legte mich neben sie, redete mir ein, ich hätte keine Angst. Dann hörte sie auf zu rasseln und rang stattdessen um Atem, so, als ob ihr die Luft weggeschnappt, gestohlen würde. Sie fing an zu zucken und schüttelte sich, als ob sie weinte, aber die einzigen Tränen hier waren die meinen.

Der Abstand zwischen jedem Atemzug wurde länger und länger. Dann begann sie übelriechende Blasen auszuatmen, was Würgreiz in mir verursachte. Das Sonnenlicht wich aus ihrem Körper. Dann schnappte sie nach Luft, schnappte noch einmal, und Fäden klebriger, gelber Galle blieben ihr im Hals stecken.

Ich nahm sie in die Arme und lag bei ihr, wartend und beobachtend, und dann hörte sie auf zu atmen.

Lange hielt ich sie einfach nur fest, dann entwich ihr ein langer Atemzug, der mich völlig überraschte. Zuerst weinte ich, dann lachte ich. Ich hielt sie fest, hoffte, sie würde sich bewegen, aber nichts geschah. Sanft hielt ich sie, hoffte, sie würde mich an sich ziehen, aber nichts geschah. Dann wurde ich müde, unglaublich müde. Ich ging nach unten und machte zwei Tassen Tee, eine für mich, eine für sie, aber sie wollte ihren nicht. Ich trank meinen, beobachtete sie, wartete auf eine Bewegung, aber nichts geschah. Sie lag quer über dem Bett, so wie ich sie hingelegt hatte, mir den Rücken zuwendend, ihre Perücke neben ihr, dort, wo sie bei ihren letzten Krämpfen hingefallen war. Ich sah ihre Glatze, und mehr musste ich nicht sehen, es hatte all die Jahre tief in mir gewartet. Ich hatte es immer gewusst: »Überlebende von Hiroshima.«

Erst mein Vater und dann meine Mutter; meine heimlichen Kindheits-Ikonen waren Fleisch geworden.

Im Herbst 1987 kurz nach der Beerdigung meiner Mutter buchte ich einen Flug nach Indien. Ich brauchte unbedingt eine Pause. Eve war inzwischen nach London gezogen und Crass war dabei, sich in eine Erinnerung zu verwandeln, wenn auch eine, die durch die anderen Bandmitglieder im Haus ständig aufgefrischt wurde. Und mehr noch, sogar die Musikpresse interessierte sich jetzt für uns; da wir nicht mehr aktiv waren, also auch keine Bedrohung darstellten, wurden wir in ihren bequemen sozialen Gesamtrahmen eingebettet.

»Vor zwei Jahren konnten sich Crass nicht entscheiden, ob sie nun das Land in die Luft jagen oder Kohl anbauen sollten - Glück für die konservativen Tyrannen, dass sie sich für letzteres entschieden.
In den sieben Jahren zwischen Feldarbeit im Sommer '77 und dem letzten Auftritt 1984 wurden Crass unfreiwillig zur Legende. Ihre völlige Kontrolle über ihre Schallplatten und ihre ungezügelten Angriffe auf alles Autoritäre machten die Band zu widerwilligen Anführern einer Anarcho-Punk Bewegung, bei der es um alles ging, nur nicht um Führung ...«
Sounds, Okt. '86

Alles in allem war ich froh wegzukommen, endlich meine eigenen Gedanken denken zu können.

Während ich am Flughafen auf den Check-In wartete, gesellte sich ein kettenrauchender Geschäftsmann zu mir, stellte sich vor und fragte mich, ob er mir bis Bagdad Gesellschaft leisten dürfte. Ich hatte gehofft, alleine zu sein, aber er hatte etwas Dringliches an sich, das eine Weigerung unmöglich machte.

Im Flugzeug stürzte er sich in einen langen Monolog - oder war es eine Beichte? - über Waffenhandel. Er arbeitete in Birmingham für eine Firma namens HiTech, die das exportierte, was die britische Regierung als »Maschinenkomponenten« klassifizierte, was er allerdings ungeniert als militärische Ausrüstung beschrieb.

»Wir exportieren Gewehrläufe als Drechselbankzubehör«, kicherte er. »Die Behörden wissen Bescheid, die einzige Bedingung ist, dass, wenn wir Ärger kriegen, wir keine Hilfe von ihnen erwarten können. Warum sonst wäre wohl die Freilassung von Geiseln so schwierig?«

Den gesamten Flug lang beschrieb er detailliert seine Aktivitäten im Irak, in Polen und Jugoslawien.

»Die Konservative Partei steht voll dahinter«, bemerkte er stolz, »wir sind das Rückgrat ihrer Wirtschaft.«

Bevor wir uns verabschiedeten, gab er mir seine Visitenkarte und schlug vor, ich könne ihn ja nach meiner Rückkehr nach England anrufen.

»Der Job wäre ideal für Sie. Ich würde mich für Sie einsetzten.«

Im November 1989 fiel die Berliner Mauer, mit Hilfe des Vatikan, der nicht zum ersten Mal die Ultra-Rechte unterstützte.

1978 war Kardinal Karol Wojtyla aus Polen, ein erklärter Anti-Kommunist, zum Papst gewählt worden. Er hatte sich den Namen Johannes Paul II zu Ehren seines kurzlebigen Vorgängers ausgesucht, dessen liberale Einstellung dafür gesorgt hatte, dass Zucker nicht das einzige war, was man ihm allmorgendlich in den Tee rührte.

Nach seiner Wahl arbeitete er weiterhin mit den Kräften zusammen, die ihm zur Macht verholfen hatten, als Kanal für CIA-Gelder, die dafür gedacht waren, kommunistische Systeme zu stürzen. Zweifellos hatte davon auch eine Summe ihren Weg in die Taschen meines Freundes von HiTech gefunden.

Der Zusammenbruch des osteuropäischen Kommunismus brachte neue Probleme, obwohl er doch neue Märkte für den westlichen Kapitalismus eröffnete: heißes Fleisch bei McDonalds und Playboy, die unter den ersten waren, die die Grenze überschritten. Ohne Feinde in Sicht: Wie würden die NATO und der Waffenhandel, den sie in Gang setzte, sich jetzt positionieren? Seit geraumer Zeit waren die Grenzen des Islams im Visier gewesen, jetzt war es an der Zeit, zuzuschlagen.

Im Sommer 1990 wurden Teile einer irakischen ›Superwaffe‹ beschlagnahmt, was wilde Spekulationen in den Medien auslöste. Sechs Monate zuvor hatte ich die Visitenkarte weggeschmissen, die ich auf dem Flug nach Bagdad erhalten hatte, den einzigen Beweis für die Behauptungen, die ich an die Presse und ausgewählte Politiker geschickt hatte. Außer ›vorsichtigem‹ Interesse einer der ›seriösen‹ Tageszeitungen wurden die Informationen, die ich anbot, ignoriert. Acht Jahre später, trotz der Ergebnisse des Scott Reports [*Untersuchungsbericht zum Waffenhandel mit dem Irak, Anm. d. Ü.*], blieben führende Konservative von Thatcher bis Major für ihre Mittäterschaft im Waffenhandel mit dem Irak und Saddam Hussein unbehelligt.

Westliche Regierungen hatten nichts dagegen, Hussein Waffen zu verkaufen, aber als er 1991 damit zu rasseln begann, übten sie überglücklich Vergeltung. Kaum zwölf Monate nach dem Fall der Mauer starben über fünfzigtausend Iraker bei etwas, das von den Medien als relativ ›unblutiger‹ Sieg bezeichnet wurde. Schließlich hatten die Amerikaner nur ungefähr hundertfünfzig Tote zu beklagen, von denen ein

Viertel beim Beschuss durch die eigenen Truppen ums Leben gekommen war. Obwohl sie ihn als neuen ›Schwarzen Mann‹ ausgemacht hatten, zogen sich die Alliierten zurück und ließen Saddam Hussein an der Macht, und alles lief wie gehabt. Der Golfkrieg hatte seinen Zweck erfüllt: zwei Gegner, doppelter Gewinn.

Ich war in der Hoffnung nach Indien gefahren, der materiellen Welt entkommen zu können, aber statt zu mystischer Offenbarung zu gelangen, verdarb es mir auch den letzten Funken an Interesse, den ich an formaler Spiritualität in irgendeiner Form gehabt haben mag. Ich kam in Delhi an und fand es genauso laut und verschmutzt wie Städte überall auf der Welt. Ich fuhr sofort nach Ladakh, das im Himalaja versteckt auf über 4000 Meter auf dem Tibetischen Plateau ruht.

Auf einem Treck von Dorf zu Dorf, von der Höhenluft ermattet, schlief ich, wo immer jemand mir einen Platz auf dem Boden anbot. Ich fand diesen reisenden Lebensstil ebenso hart wie die karge Wüstenlandschaft. In diesem Land aus Sand und Stein hatte wenig außer dem Buddhismus Wurzeln geschlagen. Zwar mag er vielleicht die Menschen ernähren, aber er füttert gleichzeitig ihre Gemüter mit morbidem Aberglauben und Drohungen von dämonischer Vergeltung.

In jeder Siedlung war das Kloster der Mittelpunkt, in dem buntgemalte Monster und Teufel lauerten, jederzeit bereit, den Ungläubigen auf einen Wimpernschlag Buddhas hin zu verschlingen. Nicht genug, dass sie die Klostermauern verzierten, diese grellen Ungeheuer schienen auch in jedem Haus und jeder Landschaft herumzulungern. Sie schwebten im Schatten, schwammen im funkelnden Gletscherbach, versteckten sich unter jedem Felsbrocken, rutschten zwischen Steinen und Felsen herum und wirbelten im Sand der Wüste. Man hörte sie im Heulen des Wolfes, sah sie auf den Schwingen des Falken, und wie Zecken klammerten sie sich an Ziegen und Yaks. Sogar in meine Träume drangen diese grässlichen spirituellen Überherren ein. Anstatt diese klösterliche Kultur bunt und faszinierend zu finden, fand ich sie dunkel und bedrückend. Zwar schienen die Menschen glücklich, aber weswegen eigentlich?

Eines Tages beobachtete ich eine Frau, die in die nichts sagende Wüste hinausging und Ziegendreck in einem Korb sammelte, den sie auf dem Rücken trug. Später am gleichen Tag sah ich, wie sie ins Dorf zurückkehrte, gebeugt unter dem Gewicht ihrer Last. Sie hatte fast acht Stunden gebraucht, um ihren Korb zu füllen. Einen ganzen Tag in ihrem Leben. Damit würde sie dann am Abend Brot backen, Wasser erhitzen und ihrer Familie kleine Annehmlichkeiten bereiten. Und am nächsten Tag würde das gleiche geschehen, und am darauf folgenden wieder und wieder. Tagsüber Scheiße einsammeln, die sie am Abend verbrennen wird. Ich fragte mich, worüber sie wohl nachdachte, welche Gedanken ihr durch die Wochen und Monate und Jahre halfen, aber ich brauchte nicht zu fragen, denn ich wusste es schon: Ungeheuer, Teufel, Boddhisatvas und Buddhas. Harte Meister, die Ignoranz gegen Armut eintauschten, die doppelte Unfreiheit religiöser Sklaverei. In dem Moment erwachte in mir wieder der Sinn für das riesige Potenzial intellektueller Freiheit, das wir im Westen genießen: das Recht, dargelegt in Nietzsches Ermordung Gottes, nein zu sagen. Ich hatte das Recht zwar schon zuvor in Anspruch genommen, aber jetzt war ich fest entschlossen, es mit noch mehr Eifer zu verfolgen.

Nach meiner Rückkehr aus Indien verbrachte ich die nächsten zwei Jahre damit, den Tod meiner Eltern in einem fiktionalen Bericht zu verarbeiten, und das war, aufgrund ihrer Krankheiten, ein fruchtbarer Boden, um sich mit der Natur des Seins und des Nichtseins auseinanderzusetzen. Wieder befand ich mich in dem Dilemma zwischen meinem Leben als Autor und meinem Leben als Kommunarde und Liebhaber, genau wie damals, als ich mein erstes Buch über Wally Hope schrieb. Die meisten Mitglieder der Band lebten noch im Haus und litten zweifellos unter den Auswirkungen meiner Künstlerangst. Andererseits, je mehr ich in das Buch eintauchte, desto weniger besuchte ich Eve in ihrer Londoner Wohnung. Sicher, wir konnten beweisen, dass Distanz die Sehnsucht schürt, aber es gab Zeiten, da fühlte ich mich rein seelisch bis zum Äußersten angespannt.

Am Neujahrstag 1989 war ich mit dem Buch fertig und wurde mit der völligen Auflösung der Band konfrontiert. Ich werde nie halbwegs, wenn überhaupt, vernünftig erklären können, worum es bei unserem Streit ging, aber ich schloss daraus, dass Pete, Phil und Joy von irgendetwas genug hatten, denn alle drei gingen.

Seit Thatchers gemeinem, kleinen Zwischenfall auf den Falkland-

Inseln und ihrem grausamen Sieg über die Bergarbeiter stellte ich die Wirksamkeit von Massenprotesten in Frage. Ich hatte zunehmend den Eindruck, dass die Zukunft in Aufständen läge, die von kleinen, im Verborgenen operierenden Zellen ausgeführt werden würden. Dabei würde sich die Bandbreite der Aktionen erweitern, außerdem böte eine kleinere Zahl mehr Sicherheit. Die endgültige Auflösung der Band stellte diese Theorien in Frage. Mir war immer klar gewesen, dass die Arbeit in einer Gruppe ein gewisses Maß an Kompromissfähigkeit bei allen voraussetzte, aber ich merkte, auch wenn es sich nur um einen kleinen Kompromiss handelte, so könnte er doch unweigerlich in einen Konflikt ausarten. Loyalität gegenüber der eigenen inneren Überzeugung sollte nie der Gruppenloyalität untergeordnet werden; wenn das geschieht, wird damit die Gruppenintegrität zerstört und der Teufel ist los. Daraus folgerte ich, dass die einzige Form der Revolution, die weder Kompromiss noch Zwang erfordert, diejenige ist, die niemand anderen involviert als mich selber. Nachdem ich all die Jahre so eng mit Leuten zusammengearbeitet hatte, musste ich jetzt einsehen, dass ich auf mich selbst gestellt voran kommen musste. Meine Aufgabe war, als alleiniger Katalysator für die globale Erhebung zu dienen. Ein ziemlich hoch gestecktes Ziel, doch wenn jeder den gleichen Schluss zog, würde es klappen, was wirklich so naiv gemeint ist, wie es sich anhört. Wird nicht die gleiche Idee in jedem revolutionären Manifest vertreten?

Doch vergessen wir die globalen Probleme. Die britische Telecom hatte in der Zwischenzeit ihre Bebauungspläne für das Haus und das Land vorangetrieben, und ich stand unter dem Druck, den Mietvertrag herauszurücken.

»Wir werden uns schon um Sie kümmern«, erklärte deren Vertreter. »Wie wär's mit 'ner netten Hütte auf den Shetland-Inseln?«

Und dann wurde Old Bill Craggett, der nie einen dramatischen Auftritt verpasste, krank. Vielleicht hing das ja auch zusammen.

»Schau dir das mal an«, stöhnte er und streckte mir eine Ölsardinenbüchse voll blutiger Spucke entgegen.

»Um Gottes Willen, Bill«, würgte ich, »das solltest du nicht mir zeigen, sondern dem Arzt.«

Bald darauf wurde er ins Kreiskrankenhaus zitiert, um sich weiteren Tests zu unterziehen.

»Ich geh da nicht hin«, protestierte er, »da bringense einen nur um!«

»Es wird schon gut gehen«, versicherte ich ihm, wohl wissend, dass ich gerade die Rolle des Judas akzeptiert hatte.

Die Tests ergaben Tumore im fortgeschrittenem Stadium in beiden Lungen.

»Ich werd doch nicht sterben, oder?«, fragte er.

»Wir alle müssen früher oder später sterben«, antwortete ich.

»Nein, ich meine jetzt.«

»Natürlich nicht«, sagte ich mit einer wegwerfenden Geste, darauf vertrauend, dass sein Verständnis von der relativen Natur der Zeit bestenfalls rudimentär wäre.

Kurz darauf wurde er ins Krankenhaus eingewiesen, um sich einer Behandlung zu unterziehen, die, wie der Arzt mich informierte, »ihm etwas Erleichterung bringen würde.«

Durch die Steroide blutete er jedes Mal, wenn er sich kratzte - und das tat er fast ständig - wie ein Schwein, und durch die Strahlentherapie bekam er solche Halsschmerzen, dass er nicht mehr essen konnte. Alles in allem ging es mit ihm rapide bergab.

In der Nacht vor seinem Tod teilte mir die Oberschwester mit, dass er sehr unruhig wäre.

»Er ist aggressiver als sonst, und ruft den Schwestern alle möglichen Schimpfwörter hinterher. Einige der anderen Patienten konnten wegen ihm nicht schlafen und haben sich ziemlich aufgeregt über ihn.«

Daraufhin wurde Old Bill eine Morphiumpumpe verpasst, wie ich annahm, eine hastige, taktische Reaktion. Keine zwölf Stunden später starb er einen glücklichen, wenn auch verfrühten Tod.

»Trotz alledem«, fügte die Oberschwester hinzu, »ist er friedlich eingeschlafen.«

Kein Wunder. Craggett, der Unzufriedene, high, nach all den Jahren. Old Bill, der Stänkerer, selig auf einem Soloflug in einen Himmel, der, hätte er abstrakt denken können, seine Erlösung hätte sein können.

»Einfache Antworten für einfache Leute«, pflegte meine Mutter zu sagen.

Aber nein, Old Bill war so einfach, dass er keine Antworten kannte, er hatte ja noch nicht einmal Fragen. Er lebte allein, starb allein und jetzt ist er allein und hat nicht mal sich selbst zur Gesellschaft.

Er hatte immer gesagt, dass er mit dem Gesicht nach unten beerdigt und als Fahrradständer benutzt werden wollte, aber ich hielt mich nicht daran. Er wurde auf dem Friedhof neben all den anderen Ungläubigen begraben.

Blumen gab es keine auf Old Bills Grab. Er hasste Blumen.

»Die scheiß Dinger wachsen immer weiter.«

Kurz nach Bills Tod begannen die übriggebliebenen Bewohner des Hauses, unter Zuhilfenahme aller aufwieglerischen Taktiken, die wir uns in unseren Crass-Tagen angeeignet hatten, in Zusammenarbeit mit Leuten aus dem Dorf, die sich auch gegen die Zerstörung ihres Lebensstils wehren wollten, eine Schlacht gegen die Bebauungspläne der British Telecom. Nach einer öffentlichen Anhörung, bei der wir nachweisen konnten, dass die Telecom nicht die Interessen der Gemeinde sondern die ihrer Aktionäre vertrat, war ich überglücklich, wenn auch überrascht, dass die Telecom Vorschläge komplett ohne Wenn und Aber abgelehnt wurden. Gezwungen, ihre Strategie zu überdenken und die massiven Ausgaben, die vor und während der Anhörung angefallen waren, zu rechtfertigen, gaben sie auf und boten das gesamte Anwesen zum Verkauf an.

Einige Wochen später war ich schockiert, als unser Zeitungshändler mir ein Foto in den Immobilienanzeigen von *Country Life* zeigte. Es war unser Haus; um Angebote wurde gebeten.

»Es gehört Ihnen, wenn Sie es wollen«, informierte mich der Makler der BT, als die Idee eines Verkaufs das erste Mal aufkam, »machen Sie mir ein vernünftiges Angebot.«

Aber wo kam hier die Vernunft ins Spiel: Wenn ich nicht all die Arbeit hineingesteckt hätte, wäre es vor Jahren schon verfallen!

»Sie müssen auch den Garten berücksichtigen«, sagte er noch und fügte damit der Verletzung eine Beleidigung hinzu, »der ist noch mal fünf Riesen wert.«

»Vergessen Sie's«, antwortete ich wütend, »Sie wissen, dass ich nicht soviel Geld habe.«

»Aber verstehen sie doch, Jerry« (Warum bestehen Bankmanager und Immobilienmakler darauf, einen mit Vornamen anzureden?) »ein neuer Vermieter könnte Ihre Miete verzehnfachen ...«

Ich konnte ihm nicht mehr länger zuhören, ich stand einfach auf und ging raus in den Garten, der fünf Riesen wert war, und er durfte sich selbst hinausbegleiten.

Am darauf folgenden Wochenende fuhren ein paar Leute in einem blankpolierten Kombi mit Vierradantrieb vor und starrten über die Hecke. Ich kam mir vor wie im Zoo.

»Sie leben hier?«, fragte ein fetter Mann mit einem Zigarillo.

»Jaaa«, erwiderte ich.

»Es stört Sie doch nicht, wenn wir uns ein bisschen umschauen?«, fuhr er fort, und winkte eine Frau heran, die zu jung war, um seine Gattin und zu ordinär, um seine Sekretärin zu sein.

»Doch, es stört mich. Wenn Sie sich umsehen wollen, machen Sie einen Termin.«

»Aber wir hatten einen weiten Weg«, protestierte er und paffte seinen Weg den Gartenpfad entlang.

»Das ist nicht mein Problem«, lächelte ich spöttisch, und verstellte ihm den Weg, »und jetzt hauen Sie ab.«

»Schon gut, ganz wie Sie wollen. Ich schau mir heute Nachmittag noch vier weitere Objekte an.«

War es wirklich so beliebig? Leider ja. Er suchte kein Heim, sondern nur eine Anlage, und da er in der ›richtigen Welt‹ lebte, waren ihm menschlichere Erwägungen längst ausgetrieben worden.

Einige Wochen später teilte mir der BT Vertreter mit, dass ein Immobilienmakler ein Angebot abgegeben hätte.

»Ein fetter Typ mit einem Zigarillo?«, die Frage war rhetorisch.

»Hab' sie noch nicht kennengelernt, aber es ist eine große Firma. Denen gehören tausende Häuser allein in London.«

»Die müssen ja eine große Familie haben«, erwiderte ich trocken.

Im Frühjahr 1994 wurde das Anwesen an einen dünnen Mann mit einer fetten Zigarre verkauft, dessen Pläne bis heute ein Geheimnis sind.

Obwohl sich ein tief sitzendes Gefühl der Unsicherheit im Haus breit machte, lebten Gee, Steve und ich weiterhin dort. Seit British Telecom erstmals die Zukunft des Hauses, das ich schon so lange als meine Burg betrachtete, in Frage stellte, hatten mehrere Leute nachgefragt, ob sie einziehen und mit uns zusammenleben könnten, aber wir hatten immer abgelehnt. Besucher kamen und gingen wie immer, aber es schien undenkbar, jemandem ein Heim zu geben, ohne gleichzeitig Sicherheit bieten zu können. Aus dem gleichen Grund war auch die Zahl der Tiere auf eine Katze und drei Hühner geschrumpft, und das Innere des Hauses ein wenig mehr heruntergekommen als mir lieb war, obwohl die Leser von *Country Life* zweifellos darüber entzückt gewesen wären. Das Gemüsebeet war allerdings genauso produktiv wie früher, obwohl wir, da wir nur drei Mägen stopfen mussten, oft Überschuss hatten.

Es war gut gemeint gewesen, aber ein mit »Crass Is Greener« betitelter Artikel trug weder dazu bei, den breiten Volksaufstand zu entfachen, den wir hatten auslösen wollen, noch dazu, unseren Lebensstil, der uns lieb und teuer war, zu erhalten.

> »Das bedeutendste an Crass sind heute ihre phänomenalen Plattenverkäufe. Theoretisch müssten ihre Wände mit goldenen Schallplatten tapeziert sein.
> Aber diese Art statistischer Beweisführung, die den Einfluss der Band belegt, lässt die Schockwellen außer Acht, die ihre Musik durch die damals zerbröckelnde Punkszene schickte und die Ende 1978 von einer Kommune in Epping Forest ausging.
> Die riesige, von ihnen inspirierte Bewegung, die alle möglichen Aktionsformen beinhaltete, vom Klassenkampf über ›Stop the City‹ bis hin zu Bands, die früh aufstehen, um ihr eigenes Brot zu backen – macht sie *zu einer der einflussreichsten Bands in der Geschichte des Rock.*«

Das kam zwölf Jahre zu spät.

2

Und jetzt schreiben wir 1996 und ich bin fast am Ende dieser Reise, diesem Eintauchen in eine Vergangenheit, die vielleicht nie hätte passieren können. Natürlich wirkt sich das, was passiert ist, auf das, was heute geschieht, aus, aber muss man das betonen, wenn es gar nicht anders hätte sein können? Der Moment verfliegt während eines Fingerschnipsens oder eines Wimpernschlags, und ich muss den unvermeidlichen nächsten Schritt in die sich immerzu weiter zurückziehende Leere der Zukunft tun.

Einen Fuß vor den anderen setze ich,
immer rücksichtsvoll, auf der Reise nirgendwohin.
Ich bin immer umringt.
Ich halte an und merke, ich habe mich bewegt,
ich bewege mich und merke, dass ich angehalten habe.
Einen Fuß vor den anderen.

In all dieser Poesie der Seelen und in all diesen Gebeten, die der Pietät ins Gesicht scheißen, in all dieser Lüsternheit und in all dem Gestoße, dem Ja-Sagen und dem Nein-Sagen, in all der Wildheit der Nacht und der Trauer des Tages, in jedem Augenblick, in dem wir erwachen und jedem Moment, in dem wir dem Leben wieder ins Gesicht blicken, werden wir nochmals geboren. Trotzdem, von Natur aus sind wir die Gesamtsumme von allem, was ist und von allem, was war; alle Launen und Schrecken der Geschichte sind die unseren. So wie die Feuer der Schöpfung noch in uns brennen, so sind die Todeslager ein ewiges Unkraut im fruchtbaren Garten unseres Bewusstseins. So gefesselt fürchten wir die Leidenschaft, die unsere Befreiung auslösen könnte, wir schrecken davor zurück, unsere wahre Leidenschaft auszudrücken, damit sie uns nicht zu jenen Schlachtfeldern zurückträgt, oder, schlimmer noch, in die Leere der Vorgeschichte. Wir haben unglaubliche Angst. Von Körper und Geist in die Zange genommen, laufen wir vor uns selbst weg, um uns dann am Rande der Vernunft kauernd wiederzufinden. Vielleicht können wir ändern, was wir sind, aber was wir waren, währt ewig, ist eingebrannt in jedes Gesicht und jeder Spatenstich in die Erde erbringt den Beweis. Wo ist also die Fluchtmöglichkeit? Nur wenn wir uns die Vergangenheit vollständig zu eigen machen, werden wir frei sein, sie rundherum abzulehnen. Nur dann werden wir von der Last der Vernunft erlöst werden.

Ich bin alle Dinge, also werde ich sein.

Wenn ich mir die unendliche Natur meiner Existenz bewusst mache, kann ich nicht anders, als aus den Ketten der Zeit auszubrechen und meinen eigenen Namen herauszuschreien. Meine Wut ist die Avantgarde der Zeit, aber welche Verheerungen werde ich hinterlassen?

Zerfallende, gesichtslose Hochhäuser, die nach Pisse und Verzweiflung stinken, legen Zeugnis ab vom absoluten Zynismus, füllen nur zwei Blocks entfernt den Himmel mit dem glänzenden Glas und den stählernen Streben ihres kulturellen und wirtschaftlichen Imperialismus. Während die Lichter auf den Dächern der architektonischen Torheiten der neuen Rechten blinken, überlässt man die Menschen sich selbst, die, erniedrigt und entrechtet, kriechend eine Existenz in den schmutzigen, zugemüllten Straßen suchen, die für so viele ein Zuhause ist.

Die Asphaltteppiche werden vor dem donnernden Moloch des Kommerzes ausgerollt. Die Hand des Dichters wird zermalmt, als sie sich nach einer himmelblauen Kornblume ausstreckt, um sie den Fängen des Baggers zu entreißen. Eine leere Stadt brät in der vergifteten Sonne, wartet auf den Konjunkturumschwung. Sicherheitskräfte mit ihren Schirmmützen, verziert mit den Insignien ihrer jeweiligen Privatarmee, patrouillieren die verlassenen, windgepeitschten Plätze, halten Ausschau nach stoppelbärtigen Revolutionären, die, obwohl längst vergangen, noch immer hier sind, um dem Traum folgen. Die Trümmer sind weggeräumt, der Staub weggefegt, doch die hochaufragenden Büroklötze bleiben, sie befingern arrogant den Himmel, krallen sich gleichermaßen an Hoffnung und gesunden Menschenverstand.

Quer über den Granit der sterilen klippenartigen Fassade einer internationalen Bank steht in scharlachroter Schrift die einfache, knappe Botschaft »Deine Zeit wird kommen«.

Währenddessen fließt Altvater Themse vorbei, liebkost das gestohlene, privatisierte Wasser und trägt es der See und damit der relativen

Freiheit entgegen. Und an der Küste kreischen und lachen Kinder, wie sie schon immer gekreischt und gelacht haben, und die Gezeiten schwemmen beißenden Schaum und die Leichen mutierter Fische fort.

Wie aufmerksam diese Neue Ordnung ist, und wie hinterhältig die Angst, die sie verbreitet, wie Raureif versteckt sie die wahren Farben dieser Welt. Aber sind sie überhaupt noch wahr? Ist die Wirklichkeit nicht nur ein Konsens?

Ich bin endlich allein.

Ich sah die Besten meiner Generation zerstört vom Zweifel, verkrüppelt von Gier und verloren in Befangenheit, stolpernd über selbstgestellte Fragen:

»Können wir? Sollten wir? Wie?«

Verrückte Visionäre, die längst keine Visionen mehr haben, und nicht mal mehr verrückt sind, wurden von den Samthandschuhen der Sicherheitskräfte zum Schweigen gebracht und von der Religion des Konsumverhaltens erstickt. Wo sind die Jungen und Mädchen mit den strahlenden Augen, die von der Revolution sprachen, als hätte sie bereits stattgefunden oder würde spätenstens morgen stattfinden? Wo sind die jungfräulichen, zerebralen Waffen, die in den Schränken bereitstanden, auf ihren Einsatz wartend? Versunken in der Galle der Konservativen, in der Stil zur Essenz wurde und Selbstgefälligkeit ein Wertgegenstand. Zwanzig Jahre später wird Punk nicht wegen seiner beachtlichen politischen Auswirkungen gefeiert, die er einmal hervorbrachte, sondern für die ebenfalls beachtlichen musikalischen Defekte, die er noch immer hervorbringt. Keine radikale Bewegung mehr, und diejenigen, die keinen greifbaren Beitrag geleistet hatten, als Punk zum ersten Mal die Runde machte, werden jetzt in den Medien als Helden gefeiert und torkeln ins trübe Rampenlicht zurück, um abgehalfterte Klischees von sich zu geben und um einen fast unheilbaren kulturellen Zynismus zu bestätigen: Revivals und Retro, Rotten und Raffgier. Währenddessen bleibt die Welt genauso gefährlich wie zwanzig Jahre zuvor. Trotz des Endes des kalten Krieges bezeugt die beängstigende Stille, durchbrochen von chinesischen und französischen Atomtests, den kompletten Stillstand der Versuche, die nuklearen Arsenale der Welt abzurüsten. Die Bedrohung der völligen Auslöschung ist noch immer so real wie eh und je, aber Träumer träumen noch immer, die Schläfer schlafen und die Weiner weinen.

Als ich als Teenager zum ersten Mal Orwells »1984« las, hätte ich mir nicht vorstellen können, dass ich je alt genug werden würde, genau das zu durchleben. In meiner Naivität glaubte ich, dass Orwells Prophezeiungen absurd wären. War denn nicht Oberst John Ratters Krieg gegen die Tyrannei von Big Brother gekämpft und gewonnen worden? Das würde hier nie passieren. Aber wie hätten wir je die Machtergreifung von Big Sister voraussehen können?

Im Frühsommer 1985, nachdem sie dem Herzen der britischen Arbeiterklasse einen vernichtenden Schlag verpasst hatte, indem sie die Bergarbeiter und ihre Gewerkschaften zertrat, richteten Thatcher und ihre Spießgesellen ihr Interesse auf den nächsten ›inneren Feind‹: das alternative Großbritannien. Und welcher Ort war geeigneter als Einstieg als das in jenem Jahr geplante Stonehenge Free Festival? Und was eignete sich besser, als die Gegend um Stonehenge herum zum Sperrgebiet zu erklären und dann abzuwarten?

Den ganzen Mai lang woben sich eine Menge Leute ihren Weg gen Stonehenge, in der Vorhut eine Gruppe von New Age Peaceniks, der Peace Convoy, in ihrem Sammelsurium von heruntergekommenen regenbogenfarbenen Vehikeln. Bis Monatsende hatten sich viele in einem Wald außerhalb des Sperrgebiets versammelt, sie feierten ihr Freiheitsgefühl und warteten auf den letzten Vorstoß hin zu den großen Steinen.

Am 1. Juni machte sich der Peace Convoy auf den Weg und war noch zehn Meilen von Stonehenge entfernt, als sie von der Polizei aus dem Hinterhalt überfallen wurden. Sie drängten den Peace Convoy auf ein Feld und machten sich dann mit einer Brutalität ans Werk, die in der jüngeren Vergangenheit dieses ›grünen und freundlichen Landes‹ ihresgleichen sucht. Seit dem Windsor Free Festival von 1974 hatte es keine solche wahllose und unprovozierte Gewalt von Seiten des Staates gegeben, aber im Vergleich dazu glich Windsor eher einem Teekränzchen im Pfarrhaus.

Die Polizei genoss den Freibrief, den sie von Thatchers Neuer Rechten erhalten hatte, und die Gesetzlosigkeit, die sie bei ihren Attacken auf die Bergarbeiter eingesetzt hatte, und schlug schamlos drein. Mit dem gleichen Elan legte sie die Autos lahm und hieb auf Wagen und Insassen gleichermaßen ein: zerbrochenes Glas, abgebrochene Zähne, es roch nach Öl, es roch nach Blut. Nur ein Geruch fehlte: der des Krematoriums. Ich weiß, das klingt lächerlich, aber denkt an Deutschland in den Dreißigern, und dann denkt noch mal nach.

Bei der ›Schlacht auf dem Bohnenfeld‹ wurden über vierhundert unschuldige Menschen verhaftet, viele davon schwer verletzt, gegeißelt und in speziell hergerichteten Zellen überall in Südengland eingekerkert. Viele von ihnen erhielten später Gefängnisstrafen aufgrund von erdichteten Anschuldigungen. Die ganze Operation hat den Steuerzahler schätzungsweise mehr als fünf Millionen Pfund gekostet. Als abschließendes Zeugnis ihrer ungebrochenen Arroganz mag gelten, dass die Regierung es nicht für nötig befand, den zahlreichen Forderungen nach einer Untersuchung nachzukommen; sogar symbolische Gesten betrachtete man jetzt als irrelevant.

Zweifellos hatte die Neue Rechte dem Peace Convoy eine Falle gestellt und dann gewartet, so wie die ›speziell hergerichteten Zellen‹ auf das nächste Mal warten. Ganz genau wie Wally Hope zunächst gefoltert und dann, wie ich glaube, entsorgt wurde, kann es auch dir und mir ergehen, wenn wir zu sehr von der Linie abkommen.

Durch ewiges Umdefinieren und Verengen der Parameter für eine Gemeinschaft, deren Existenz Thatcher immer leugnete, hatte die Neue Rechte eine Generation von Außenseitern geschaffen. Diejenigen, die nicht ausgelöscht worden waren, wurden kriminalisiert; die, die sich nicht kriminalisieren ließen, wurden marginalisiert. Entfremdet, allein, aber nicht zum Schweigen gebracht. Ich muss mich für nichts schämen außer für die Regierung, die meine Nationalität beansprucht. Ich werde meinen gelben Stern mit Stolz und Würde tragen.

›Weltkonservativismus‹ ist keine leere Drohung und auch kein Medienwitz. Mit Rückendeckung von Tabakgiganten wie Philip Morris hält sich Lady Margaret Thatcher, ehrwürdiges Mitglied des Ordens der Strumpfbandhalter, im Endstadium ihres Größenwahns ungebrochen an ihre Verpflichtung, die Wirtschafts- und Sozialpolitik, mit der sie Großbritannien ruiniert hat, in der ganzen freien und nicht so freien Welt durchzusetzen. Der Schaden, den sie bereits angerichtet hat, ist nur schwer zu beziffern – der Schaden, den sie noch anrichten könnte, unvorstellbar.

Für mich gibt es nur meine eigene Zukunft, und wenn ich existieren will, habe ich keine andere Wahl als zu konspirieren, und sollten die Flammen dieser Verschwörung zu meinen Lebzeiten nicht das Licht der Welt erblicken, was soll's. Ich kann warten. Die Zeit der Abrechnung wird kommen, und die, die sich dem Leben in den Weg gestellt haben, werden sie sich auf Unwissenheit berufen? Unwissenheit schützt vor Strafe nicht. Und wenn sie um Gnade betteln, werden sie auf taube Ohren stoßen? Wo sie keine gezeigt haben, werden sie auch keine erhalten. Ich werde sie nicht jagen, aber so sicher wie das Amen in der Kirche, wird man sie finden.

Als Körper von all dem, was einmal war, habe ich sie mit allem ausgestattet, was sie besitzen. Ich habe ihnen Häuser gebaut und die Drechselbank gedreht, ihre Gärten umgegraben und ihre Bibliotheken gefüllt. Ich verheimliche nichts mehr. Ein Bedürfnis nach persönlicher Sicherheit zu äußern, unterstützt ihre Machtgelüste. Ich habe keine Ausrede.

In jenen idyllischen Tagen, bevor Wally in mein Leben stolzierte, hatte ich noch kein Gefühl für den Unterschied zwischen ›ihnen‹ und ›uns‹ entwickelt. Ich fühlte mich als arbeitendes Mitglied der Gesellschaft, in der ich lebte. Natürlich war ich kritisch, aber ich dachte auch, dass alle gern in Sergeant Pepper's Band mitmachen würden. Dann, als der Traum in einen Alptraum überging, wurde ich nicht nur mit meiner Vorstellung von ›ihnen‹, sondern auch mit ihrer Vorstellung von ›uns‹ konfrontiert. Anfangs war ich verwirrt, besorgt, ich und meine Gleichgesinnten hätten den Streit entfacht. Aber wir suchten doch Frieden und Liebe, nicht Konfrontation. Wir merkten bald, dass das, was wir für einen Spielplatz hielten, in ihren Augen ein Schlachtfeld war. Und so tauschten wir die Blumen gegen die schwarzen Fetzen einer anderen Bewegung ein. Wenn man uns nicht erlaubte, unser Lebensspiel zu spielen, mussten wir darum kämpfen, aber gegen das drakonische System des Thatcherismus, welche Chancen hatten wir da?

Eine Gesellschaft, die ihre Radikalen erniedrigt, ist eine dekadente Gesellschaft, in der intellektuelle Selbstgefälligkeit und emotionale Hohlheit bestimmen das Leben: die nicht sehr kurvenreiche Straße hin zum Faschismus. Was vor einem Vierteljahrhundert praktische Realität war, ist nun in ›Sperrgebiete‹, in ›speziell hergerichtete Zellen‹ und brutale Unterdrückung durch die Strafjustiz umgewandelt worden.

Auseinander gerissen und in alle Himmelsrichtungen verstreut sind wir allein. Also warum sollten wir uns durch die gemeinsame Angst nicht wieder verbunden fühlen? Warum uns durch die Wut vereinzeln lassen? Soll jeder für sich selbst kämpfen? Da die Bedeutung jeder einzelnen Frage von ihrer Beziehung zum Ganzen abhängt, verliert sie, vom Ganzen isoliert, an Relevanz. So betrachtet ist Politik, die sich um einzelne Fragen dreht, konterrevolutionär, eine beschränkte Antwort auf die universelle Natur der Unterdrückung. Es geht doch um Alles oder Nichts.

Warum vom Staat erwarten, dass er unsere Probleme löst? Warum sich beschweren, dass dies und das nicht für uns getan wird? Es reicht nicht, höflich nachzufragen, ob diese Straße nicht auch woanders gebaut werden könnte und dabei die Autotür trotzig zuzuknallen.

Die Heuchelei in unserem Leben ist das dünne Eis unserer Moral. Wir flattern ziellos von einer Möglichkeit aus dem Katalog sozialer Lügen zur anderen, wir erlauben, dass moralische Fragen von Politikern nach ihrer wirtschaftlichen Zweckmäßigkeit entschieden werden. Aber Moral kann weder an der Wahlurne noch durch die Konfession ausgedrückt werden; sie ist das unabdingbare Recht eines jeden Menschen, eine persönliche Verantwortung, die tief in der Seele festgelegt werden muss. Vergiss ›sie‹. Vergiss ›uns‹. Schau dich selber an, alles andere ist kulturell bedingtes, stillschweigendes Einverständnis.

Wenn die totale Zerstörung des Staats und seiner Autorität den einzigen Weg aus der sozial ausweglosen Situation bietet, dann muss die Vernunft außer Kraft gesetzt werden. Vernunft ist die Domäne der Akademiker, ein politisches Werkzeug, mit dem die Radikalen gefesselt werden. Vernünftig mit dem Staat zu diskutieren bedeutet, mit ihm unter einer Decke zu stecken. Vernunft ist von Natur aus kontraproduktiv, konterrevolutionär und, was noch wichtiger ist, unkreativ. Welcher wahre Künstler versucht seine Arbeiten zu erklären? Das Werk ist die Erklärung; alles weitere ist bloße Bewusstmachung. Revolution, analog zur Kunst, passiert oder passiert nicht, sie stellt dar, was sie darstellt. Keine weiteren Fragen.

Totale Revolution ist nur durch die völlig subjektive Überzeugung möglich, dass keiner es besser weiß als man selbst. Das ist die einzige Wahrheit, auch wenn es sich unbegründet und unvernünftig anhören mag. In diesem Sinne existiert die Revolution jetzt, in der Leere; sie ist und ist gleichzeitig nicht.

Vergesst die Interpretationen, die sich auf soziale Bedingungen berufen. Was wir mit unseren Augen sehen, ist ein visueller Effekt. Versuche, diesen Effekt zu definieren oder zu rationalisieren sind willkürlich, reaktionär und widerlegen sich letztendlich selbst. Dadurch, dass wir uns vom Auge belügen lassen, werden wir zu Sklaven einer Logik, die für und von gesellschaftlichen und wirtschaftlichen Überherren geschaffen wurde. Staatlich kontrollierte Erziehung, ob nun privat oder öffentlich, bereitet auf die Versklavung vor, sie ist einseitig und eingleisig, die absolute Antithese von allem, was wir instinktiv wissen. Indem wir die Angst ablegen, die das Durchbrechen dieses instinktiven Wissens behindert, werden wir erkennen, dass alles, was wir brauchen, bereits in uns vorhanden ist: Die moralische Grundlage unseres Seins. Ohne das sind wir nichts.

Man muss doch wohl keine Gründe für die Ermordung eines SS-Offiziers suchen? Es hätte ein Gebot sein sollen; und wenn es das so gegeben hätte, wäre Europa die Tyrannei des Nazismus erspart geblieben. Die Nürnberger Prozesse kamen zu spät. Dort wurde das menschliche Gewissen verhandelt, und das menschliche Gewissen wurde für schuldig befunden, denn das allein erhielt dem Henker den Arbeitsplatz. Lasst euch jedoch nicht täuschen, es war nie die Aufgabe des Henkers, soziale Gerechtigkeit zu sichern, sondern durch Angst jene soziale Konditionierung zu erhalten, die ihm Arbeit gab. Paradoxe schneiden einem noch immer besser die Luft ab, als eine Schlinge um den Hals.

Als man die Nazi-Tyrannen Ribbentrop, Keitel, Kaltenbrunner dem Henker übergab, wurde den meisten Leuten klar, dass die Liste endlos hätte sein sollen, sie war es aber nicht. Warum? Weil genau diese Leute mit ihnen unter einer Decke steckten. Sie wussten, dass ihr mangelndes moralisches Gewissen das Geschehene möglich gemacht hatte und dass auch sie noch hätten an die Reihe kommen sollen.

So wie der Vatikan die Flucht der Nazis unterstützt und die amerikanische und britische Regierung ein Auge zugedrückt hatten, als Nazis

Asyl beantragten, so ist auch die Seele all derer befleckt, die nicht aktiv Widerstand leisteten. Mit diesem schrecklichen Kompromiss hat man sich nie auseinandergesetzt. Bis das geschieht, was für eine Zukunft hat unser stranguliertes Bewusstsein?

Die Vorkriegsbarone der deutschen Industrie, Krupp, Farben, mussten ad nauseum nie Rechenschaft ablegen; noch heute dominieren sie, was wir beschönigend die ›westliche Marktwirtschaft‹ nennen.

Das ›heimliche Programm‹, das auf SS-Informationen beruht, die im Austausch gegen Amnesie herausgegeben wurden, erhebt sein hässliches Haupt, vor allem in Form des Schicksals von Bosnien, aus den Machenschaften der CIA.

Das amerikanische Weltraumprogramm machte einen Satz nach vorne durch Wissen, das Nazi-Wissenschaftler geliefert hatten, unter ihnen Wernher von Braun, der Häftlinge aus Konzentrationslagern für seine tödlichen Experimente mit Zentrifugalkräften missbraucht hatte, und damit die Entwicklung des ersten bemannten Raumflugs gefördert hatte.

›Ein kleiner Schritt für mich, ein großer Sprung (über die Leichen von Millionen Juden) für die Menschheit.‹

Britische Kultur? Vorsicht vor der billigen Imitation Amerikas.

Während der Staat tötet, foltert, raubt und lügt, müssen wir wirklich über richtige und falsche Reaktionen darauf diskutieren? Es sollte uns doch auffallen, dass die moralischen Befindlichkeiten, mit denen wir diese Debatte führen, auf staatlicher Indoktrination beruhen. Wie können wir darauf hoffen, uns jemals befreien zu können, wenn wir so weitermachen?

Manchmal müssen Denkmäler fallen, und wenn wir merken, dass einige davon aus Fleisch und Blut bestehen, jedoch so unbewegbar wie Stein sind, sollten sie dann nicht auch fallen?

So, wie die meisten Leute bedauern, dass Stauffenbergs Bombe Hitler nicht tötete, tut es mir trotz meiner ambivalenten Einstellung zur IRA Leid, dass die Bombe von Brighton nicht Margaret Thatcher, Norman Tebbit und den Rest der NeuREICHen ausgelöscht hat. Empörung? Nein, nur ein weiterer Hauch der Geschichte, ein bloßer Punkt in der Zeit, so folgenlos wie der Tod Cäsars, ein gerechter Tod für die

Despoten dieses Planeten. Wie viele namenlose Seelen haben sie in den Tod geschickt? Inter-ethnischer Völkermord ist zur täglichen Norm geworden, die passiv zusammen mit Toast, Marmelade und, wenn ihr Manns genug seid, Müsli verdaut wird. Entweder sind wir alle das Gleiche wert oder alle gleich unwichtig.

Im Frühling 1996 demonstrierte in Newbury, Berkshire der Staat wieder einmal seinen totalen Zynismus gegen diejenigen, die sich ihm widersetzen. Demonstranten, von denen viele auf Baumcamps lebten, versuchten, den Bau einer Umgehungsstraße durch die immer kleiner werdende und oft missbrauchte englische Landschaft zu verhindern. Für ihre Bemühungen kamen sie vor Gericht.

> »... ein Demonstrant wird von einem Verwalter vom Baum geholt, der ihm aufs Auge schlägt und wiederholt gegen das Schienbein und die Fußgelenke tritt. Es gibt fotografische Beweise. Vor Ort, wer sah etwas? Die ersten sechs Personen, die von Presse, juristischen Beobachtern und Demonstranten befragt wurden, hatten etwas gesehen. Während des Geschehens hielten sich sechs Polizeibeamte in der Nähe von Balin (dem Demonstranten) und dem Verwalter auf. Keiner der sechs hatte etwas gesehen.
>
> Im Lager ›Chase‹ entfernt ein Arbeiter mit einer Kettensäge alle Äste unter einer Demonstrantin, die 25 Meter hoch in der Luft thront, und lässt sie dort zweieinhalb Stunden lang hocken, ihr bleibt nichts als ein Ast, an den sie sich klammern kann.
>
> Die Polizei und der Gesundheits- und Sicherheitsbeamte geben an, dass die Art und Weise, wie geräumt wird, der Verantwortung von Nicolas Blandy (Untersheriff von Berkshire) unterliegt.
>
> ›Sie bringt sich selbst in Gefahr‹, sagt Blandy über die Frau auf dem Baum. ›Unsere Verantwortung ist durch das Gesetz sehr eingeschränkt. Eine Person, die absichtlich fahrlässig handelt, ist selbst an ihrem Missgeschick schuld.‹ Aber hatte nicht die kriminelle Handlung des Untersheriffs zur Gefahr beigetragen, in der sie sich befand? ›Ohne die Äste ist sie sicherer‹, sagt Blandy, ›sie wird so ungehindert fallen.‹«
>
> *Guardian, 13. März '96*

Aber war Blandys Argumentation nicht ›absichtlich fahrlässig‹? In diesem Fall, welches ›Missgeschick‹ würde ihn befallen? Die Überherren schienen ihre Antworten parat zu haben. Hatten wir auch welche?

»Was du nicht willst, dass man dir tu', das füg' auch keinem anderen zu.« Das war mein Schulmotto. Fast jede Woche bin ich mindestens einmal mit dem Stock geschlagen worden. Vielleicht war es Zeit, den Spieß umzudrehen.

Wenn jemand bei mir an die Tür klopfte und mir ewigen Frieden im Austausch für sein Leben anböte, würde ich ihn dann umbringen? Diese Frage habe ich mir oft gestellt. Ich nehme an, ich hätte immer mit Ja darauf antworten wollen. Aber warum kann ich es dann nicht? Der Staat und seine Vertreter hatten nie Schwierigkeiten, mit denen fertig zu werden, die ihnen im Weg standen; für sie ist es eine Frage der Existenz. Wenn sie also Recht haben, wie sie uns glauben machen wollen, und wir im Unrecht sind, wie sie immer behaupten, wo liegt dann unser Problem? Lag Mansons Abschussliste so daneben mit den Mafia-Mitgliedern, Freimaurern und Mogulen? Meiner Ansicht nach waren die meisten davon Maden, die sich vom Fleisch der Anständigkeit ernährten; dennoch: hätte ich all das Ungeziefer töten können? Genau das selbe bei den Baader-Meinhof Morden: alternde Nazis, kapitalistische Überherren und militärische Imperialisten. Was war denn daran falsch?

Währenddessen errichtete der Staat immer höhere Barrieren gegen individuelle Rechte und Meinungsfreiheit, und die Räder der hypothetischen Revolution wälzen nur ein ums andere Mal die Moloche der Geschichte die gleichen alten, abgenutzten Straßen hinunter. Per Definition beschränkt sich eine organisierte Revolution auf die Grenzen der organisierten Welt; zweifellos gibt es viel mehr, für das es sich zu kämpfen lohnt als man bei oberflächlicher Betrachtung erkennt.

Der ›gesunde Menschenverstand‹ ist ein Euphemismus für Unterdrückung, die man sich gegenseitig auferlegt. Braucht man eine Anhängerschaft, so muss man die Leute nötigen oder gegebenenfalls bestechen. Vergesst die organisierte Revolution, die ist bestenfalls hypothetisch und schlimmstenfalls ein weiterer zynischer, akademischer Weg, um den einen Gewehrlauf durch einen anderen zu ersetzen. Mit Träumen von Marx und Mao wird die ausweglose Situation nur noch schlimmer, und die ganze Zeit dreht Bakunin Pirouetten im Grab. Wo bleibt dabei der Ausdruck unserer inneren Freude? Wo die Kunst unserer inneren Sehnsucht?

Wir schauen auf unsere Unterdrücker und sind sprachlos vor Wut. Nach und nach, wie Blumen, die sich der Sonne öffnen, werden wir sie schmähen. Dass wir uns zur Handelsware des Staates machen ließen, war unser Niedergang. Unser Gewissen erwacht jedoch mit der Kraft der lebendigen Erde, um für all die verlorenen Körper in der dunklen Erde zu sprechen. Unsere Wut wird die Institutionen der Unterdrückung in Staub verwandeln, und die Unterdrücker werden entsetzt fliehen, und nie erfahren, dass auch sie zur Erkenntnis hätten gelangen können. Die Zyniker werden vor dieser Macht in die Knie gehen und die fernen Götter der Hoffnung anrufen, die sie selbst zerstört haben. Unsere Wut ist unsere Kultur, unsere Kunst, und nicht die müßige Suche nach Genuss oder ein egoistisches Greifen nach Besitztümern. Ja, sie haben vielleicht unsere Produkte gekauft, aber die wahre Kunst liegt in unseren Seelen, dem inneren Schatz, und ist die ultimative Waffe, um diejenigen, die glauben, Macht würde in materiellen Werten gemessen, zu entwaffnen. Unsere Kunst, unsere Kultur und unsere Liebe sind Fackeln der Hoffnung, die von Generation zu Generation weitergereicht werden. Man kann uns nicht aufhalten. Wir sind keine Handelsware. Die Flamme wird nicht erlöschen. Wir wissen. Wir fühlen. Wir existieren.

Wir Engel des Augenblicks, gerüstet mit der glorreichen, unverwundbaren Natur des Jetzt und Hier, wir haben uns bereits erhoben. Auf den Trümmern der kapitalistischen Gesellschaft sind wir bereits die Sieger. Wir müssen nur nach der Beute greifen. Also warum dann auf die organisierte Revolution warten? Geht raus und macht eure eigene. Erobert euren Raum zurück, erobert euer Leben zurück. Wartet nicht auf Gründe, eure bloße Existenz ist Grund genug. Vernunft annulliert Aktionen, annulliert Gedanken, annulliert die Person, die du wirklich bist. Die Kunst des Lebens gehört uns, die Galerien können haben, was uns dann später dazu einfällt.

Es gibt keine Autorität außer dir selbst

Verlass den Boden des Gesetzes, indem du dir dein eigenes machst. Nur du weißt, was gut für dich ist. Vergiss deine Erziehung, die dich gezwungen hat, dich als inadäquaten Wurm zu betrachten. Übe die Kunst der Ablehnung, schlage dich nicht auf diese oder jene Seite, sondern auf keine Seite. Schaffe dir einen eigenen moralischen Kodex: das ist das einzige moralische Gebot, das irgendetwas bedeutet. Trau dir das zu.

Wenn du dich von den Fesseln der auferlegten Autorität befreist, wirst du im eigenen Interesse handeln statt für jenes Selbst, das vom Staat definiert und konditioniert wurde. Dann und nur dann wirst du keine Angst mehr haben zu handeln. Außerdem wirst du als freies Individuum nicht nur für das Allgemeinwohl handeln sondern auch als Allgemeinwohl, und nur dann werden deine Handlungen durch die Lebenskraft gespeist.

Diese Revolution ist allein die deinige, ohne Grund und ohne Folgen. Wir wurden vom Mainstream ausgestoßen und lehnen gemäßigte Alternativen ab, wir sind Rebellen ohne Anlass. Wir machen keine hypothetische Revolution. Frei von den Zwängen der Moralisten und der Lästerer betreiben wir die völlige Rebellion der Seele. Also lasst uns unsere Revolution ›Rebellution‹ nennen, das klingt viel spaßiger.

Vive la rebellution!

Da stehe ich wieder mit dem Finger am Abzug, und wieder muss ich mich fragen, ob ich abdrücke? Die einfache Antwort ist ›Ja‹, und dann ›Nein‹. Erwartet ihr wirklich eine eindeutige Antwort? Beurteilt nicht die Worte, beurteilt die Folgen; dann schaut auf die Massengräber der Geschichte.

Aber noch immer die verteufelte Frage: Wie kann man die moralischen Folgen einer Handlung einschätzen, die jenseits moralischer Betrachtungsweisen zu sein scheint? Stimmt, wir könnten den staatlichen Henker, die Erschießungskommandos der Geheimdienste fragen, oder gar den Landser, aber ihre Antworten wären einseitig. Wir sind dazu verdammt, mit dieser verwirrenden, kritischen Frage zu leben, es sei denn, dass auch wir einseitig sind.

In der Zwischenzeit marschiert das Vierte Reich ungehindert weiter, eine Kombination aus multinationalen Konzernen, liberalen kapitalistischen Regierungen und einer servilen, unterwürfigen Öffentlichkeit: die Armee der Anhänger des globalen Konsumdenkens. Diese Armee ist für mehr Leid verantwortlich als jede andere Armee, die je existiert hat. Ihre Taten umfassen Völkermord, politische Folter,

Umweltkatastrophen bis hin zur gedankenlosen Verschwendung von Ressourcen. So wie unsere Gesellschaft aufgebaut ist, ist es fast unmöglich, nicht eingezogen zu werden.

Jeder, der im Dritten Reich passiv blieb, ist ein Nazi durch Mittäterschaft, so wie wir jetzt Mitläufer im Vierten Reich sind. Glaubt mir, sie sind alle ein und dasselbe, und bis wir einen Weg finden, um uns zu rehabilitieren, sind wir ein Teil davon.

3

Dies ist also der Zuckerguss, mit dem ich meine Geschichte von Wally Hope abschließen will; mit meinen Zweifeln, meiner Verwirrung und meiner Trauer, und, so hoffe ich wenigstens, auch mit ein wenig Freude.

Wie Jesus Christus, Rimbaud oder Lennon, so bleiben auch Wally die Widrigkeiten des Alters erspart. Ihn werden weder die Verwüstungen von Alzheimer noch der schleichende Verfall des Krebses treffen, wie jeder weise Gast hat er die Party verlassen, bevor sie den Bach runter ging. Zwar hat er das verpasst, was ein glückliches Leben hätte werden können, aber mit seinem schrecklichen Gefühl der Gewissheit frage ich mich, ob das möglich gewesen wäre.

Nichtsdestotrotz, das Alter lehrt uns, dass es doch keine Gewissheit gibt, und wer außer dem Eiferer glaubt heute noch, was er gestern in Frage stellte? Ideen sind da, damit ihnen widersprochen werden kann. Antworten sind da, um in Frage gestellt zu werden. Nichts ist so permanent, dass es für immer dauert. Diejenigen, die ihre Meinung nicht ändern, könnten ebenso gut tot sein. Diejenigen, die das nicht können, sind es sowieso schon.

Wally hatte nie wirklich die Chance, seine Meinung zu reflektieren oder zu ändern. Er glaubte an seine Ideen und handelte aus vollster Überzeugung danach. Er wurde geblendet von seinem Sinn für Güte; er vergab sogar seinen Ärzten, die ihn im Gefängnis und im Krankenhaus missbraucht hatten, er behauptete, sie könnten niemals das Licht auslöschen, das in ihm schien. Vielleicht scheint das Licht ja noch immer, aber schiene es nicht heller, wenn er noch hier wäre, um es wieder zu entzünden? Es liegt eine Arroganz im Märtyrertum, die letztendlich aus ihren Opfern Zyniker macht. Denn ER liebt die Welt so sehr? Das glaube ich nicht wirklich.

Wally war ein Kind seiner Zeit, ein glücklicher Hippie, der niemals erwachsen werden musste. Er bleibt eine Einheit, obwohl er gleichzeitig zu einer ideologischen Chiffre wurde, die sich in den Launen der Zeit verlor.

Als Teenager war ich zu sehr mit meinen eigenen Problemen beschäftigt, um mich groß darum zu kümmern, was in der Welt um mich herum vorging; meine zerbrechliche, bürgerliche Identität erforderte die ganze Aufmerksamkeit, die ich zu geben im Stande war.

Nachdem ich die Kunstschule verlassen und angefangen hatte zu unterrichten, war ich überzeugt, dass jeder von den Privilegien profitieren sollte, die mir durch Geburt zugefallen waren, ohne allerdings zu bedenken, dass manche sie vielleicht überhaupt nicht haben wollten.

Als ich es mir mit den Behörden verdorben hatte, gab ich das Unterrichten auf, um Arbeiter, Kommunarde und Teilzeitguru zu werden, sicher, dass meine tiefe Einsicht eine Antwort auf universelles Leiden war.

»Also sag schon, Mann, was ist eine Teetasse?«

Aber wen interessierte das wirklich? In Wahrheit war ich zufrieden, meine Zeit mit müßigem Geplapper zu vertun, während draußen die große Welt ihren eigenen Geschäften nachging. Und dann begegnete mir Wally.

Ich habe mich oft gefragt, was wohl passiert wäre, wenn ich an seiner Stelle das metaphorische Schwert gewählt hätte, säße er dann am Feuer und schriebe über mich? Wäre das sein Schicksal gewesen?

»Siehst du denn nicht, Jerry, wir müssen zusammenhalten, heldenhaft unseren Spaß haben und den Himmel auf Erden erschaffen. Sicherheit liegt in dem Gefühl zu wissen, dass man nicht allein ist.«

Nette Gefühle, Phil, aber jetzt ist es ein bisschen zu spät, nicht wahr? Wir hatten unsere Chance, aber wir haben sie vertan. Du hättest nicht gehen müssen, aber dein doofer Scheißglaube hat dir den gesunden Menschenverstand getrübt. Auch wenn ich dich gelegentlich so benutzt habe wie die Kirche Jesus benutzt, du warst trotzdem nicht er. Du warst so zerbrechlich wie ich. Du hast gehustet und geniest, gekackt und gekeucht wie der Rest von uns auch, aber wenn mir jetzt die Glieder und auch mein Hirn wehtun, du hast immer noch deine Jugend. Du kennst diese einsamen, rastlosen Nächte nicht, wo Träume verloren und Alpträume gefunden werden. Auch nicht diese Wintertage, wenn sich die Freude zurückzieht, die Seele verhärtet und am Herzen hängt wie Eis am zugefrorenen Fenster. Du bist ewig jung, heckst auf immer dein Festival der Steine aus, dein Gesicht ohne Falten, dein Bart ohne einen Anflug von grau. Während du noch ein Junge bist, bin ich zu einem Mann herangewachsen, und wenn wir uns gekannt haben, dann war es so:

Für dich plante und heckte ich diese ersten zwei Festivals aus, und als du dann in dein Schwert gefallen warst, versuchte ich, dich in dem Buch »A Hommage to Catatonia« wiederauferstehen zu lassen. Darin bewies ich, dass du, statt dir das Leben zu nehmen, gestoßen wurdest, aber wie auch immer, das Ergebnis blieb gleich; du warst nicht mehr an meiner Seite. Als ich das Buch beendet hatte, merkte ich, dass ich kein Buch über dich geschrieben hatte, sondern eine Lobpreisung auf dich. Du warst genauso wenig ein Held wie ich und ich würde dir auch nicht erlauben, einer zu werden. Teilweise deswegen, teilweise aber auch, weil ich krank vor Angst war, verbrannte ich das Buch.

Fünf Jahre später erhobst du dich wieder, als ich deine Geschichte noch einmal schrieb als »The Last of the Hippies«. Darin gebrauchte ich dich, oder, um weniger hart zu mir zu sein, mir diente deine Geschichte als Hintergrund für eine Reihe von Ideen, die ich verbreiten wollte. Nichtsdestotrotz, du hättest jedes Recht zu fragen, warum ich in jener Geschichte nicht die gleichen Anschuldigungen hervorbrachte wie hier in dieser. Ja, lieber Freund, ich hatte immer den Verdacht, dass du umgebracht wurdest, aber als ich »The Last of the Hippies« schrieb, hatte ich zu große Angst vor den Folgen, um die Wahrheit zu sagen. Während du langsam in der Vergangenheit verschwandest, wurdest du zum bloßen Werkzeug. Ich liebte dich noch immer, aber ich hatte einfach nicht den Mut, für dich einzustehen.

Fünfzehn Jahre später, einundzwanzig Jahre nach deinem Tod, ist die Erinnerung an dich noch nicht verblasst, was auch an meinen Anstrengungen liegt, und ich sitze hier und schreibe deine Geschichte noch einmal um. Vielleicht wird es mir jetzt gelingen, die Missverständnisse auszuräumen. Ich bin nicht sicher, ob dir gefallen wird, was ich gemacht habe, aber du hättest hier sein und dir die Hände am Feuer wärmen können. Du hattest dich doch so entschieden, oder etwa nicht?

Ich bin jetzt dreiundfünfzig. In diesem Alter möchte ich keine Verschwörungstheorien schreiben. Ich sehne mich nach der Poesie meiner Seele, aber vielleicht ist sie verloren gegangen. Heute saß ich im Garten und beobachtete, wie die Vögel verschüttete Körner aufpickten: Buchfinken, Blaumeisen und Spatzen. Ein Rotkehlchen hüpfte vorbei und sammelte Material für sein Nest. Die Luft war voller Klang, und doch fühlte ich mich so grau, so unglaublich hoffnungslos. Als ich anfing, dieses Buch zu schreiben, hatte ich gehofft, »The Last of the Hippies« einfach umschreiben zu können, aber nachdem ich einmal angefangen hatte, merkte ich, das das nicht reichen würde. Zwanzig Jahre lang habe ich mit deinem Tod gelebt, zwanzig Jahre lang das Wie, Wo und Warum hinterfragt. Es gibt keine eindeutige Antwort, das weiß ich, ich habe trotzdem danach gesucht. Als ich mich entschloss, Material zu verwenden, das den Schluss zuließe, du seist ermordet worden, fand ich mich in der gleichen schrecklichen Dunkelheit wieder, die ich schon einmal erlebt hatte, als ich mein erstes Buch über dich schrieb. Ich besaß noch immer genügend Indizien, die einen Mord belegen konnten. Als ich aber begann, deren Beweiskraft in Frage zu stellen, wurde ich in den gleichen selbstzerstörerischen Prozess hineingezogen, der beim letzten Mal mit der Buchverbrennung geendet hatte. Vielleicht hattest du doch Selbstmord verübt, oder vielleicht war dein Tod ein Unfall gewesen; schließlich gibt es viele ähnlich geartete Fälle, wo Patienten der Psychiatrie an den Folgen ihrer Behandlung starben. Könnte es sein, dass die Behörden deswegen die Angelegenheit vertuschen wollten? Das einzige, was ich mit Sicherheit nach zwanzig Jahren sagen kann, ist, dass man mir auswich, mich betrog und belog, als ich mit der Untersuchung deines Todes begann.

Während ich mich mit diesem Buch befasste, habe ich die Details deiner Geschichte nochmals überprüft. Vieles hat sich geändert: Ich habe jetzt ein Telefon, so dass ich, obwohl ich noch Fahrrad fahre, nicht mehr zum telefonieren ins Dorf radeln muss. Eine weitere Veränderung ist, dass die Leute heutzutage Vornamen am Telefon benutzen. Das ist viel freundlicher, aber nicht sehr nützlich.

»Guten Tag, Lebensstil-Optionen, Samantha am Apparat. Kann ich Ihnen behilflich sein?«

»Entschuldigen Sie, ich hab mich wohl verwählt. Ich wollte eigentlich die Drogenberatungsstelle.«

»Da sind Sie richtig. Wir haben den Namen geändert.«

»Wir?«

»Als wir privatisiert wurden.«

»Aha, verstehe. Nun ja, vielleicht könnten Sie mir darüber Auskunft geben, ob Welldorm injiziert werden kann, und wenn dem so wäre, welche Wirkungen es hätte?«

»Darf ich fragen, ob Sie dienstlich nachfragen, Mr. ...?«

»Ratter, Jerry Ratter. Nein, ich untersuche einen Todesfall im Freundeskreis.«

»Das tut mir so leid, Jerry. Hatten Sie ihn lange gekannt? Ich nehme an, es handelt sich um einen Mann.«

»Warum?«

»Ach, ich hatte nur so das Gefühl. Wissen Sie, wenn man so lange wie ich in einem Job tätig ist ...«

»Ja, ja, aber könnten Sie meine Frage beantworten?«

»Nun ja, ganz so einfach ist das nicht, nein, Jerry. Sehen Sie, für so eine Frage gibt es keine richtige Antwort. Ja, soweit ich weiß, kann man Welldorm injizieren, aber die Wirkung hinge sehr von der körperlichen Verfassung Ihres Freundes ab ...«

Samantha wusste also auch nicht mehr als ich. Es ist alles Spekulation und wir wissen das.

Mein letzter Anruf galt Trevor Helm, dem Anwalt, der uns geholfen hatte, als Phil im Old Manor Krankenhaus war. Obwohl ich die meisten Unterlagen, die ich über Phils Leben und Tod gesammelt hatte, verbrannt hatte, wusste ich, dass Trevor die seinen aufbewahrt hatte.

»Trevor? Die Akten über Phil Russell. Könnte ich mir die wohl mal ansehen?«

»Du bist der zweite in sechs Monaten, der danach fragt.«

»Der zweite?«

»Ja, ein Typ hat mit mir Kontakt aufgenommen, der ein Buch über Mr. Russell machen wollte.«

»Chris Stone?«

»Ja, genau. Er sagte, er hätte dich interviewt und wollte deine Geschichte nachprüfen.«

»Und, hat er?«

»Ich hab ihm alles erzählt, was ich wusste. Als ich aber die Akten holen wollte, waren sie verschwunden. Ich bin Steinbock, also verliere ich nichts, und ich gehe, wie du zurecht erwartest, gewissenhaft mit meinen Akten um. Alle anderen aus dem Jahr waren da, nur Mr. Russells nicht. Es ist sehr merkwürdig.«

Oder etwa doch nicht?

Verschwörungstheorien sind ein gefährliches Spiel, ein bodenloser Abgrund, in den der Theoretiker so leicht fällt. Ist es ein Zufall, dass ich bei meinem Gespräch mit Trevor das Telefon klicken hörte, wie seit Crass-Tagen nicht mehr? Oder litt ich nur an Verfolgungswahn? Als ich gestern vom Dorf aus nach Hause radelte, überkam mich plötzlich das gleiche Gefühl wie vor zwanzig Jahren, als es mich dazu trieb, das Buch zu verbrennen: Das Gefühl, nichts machen zu können, Verzweiflung, Müdigkeit und Angst. Es reichte mir.

Nun, Phil, alter Kumpel: ich schwanke schon wieder. Nicht nur habe ich genug, ich habe mehr als genug. Vor mir liegt eine Schachtel Streichhölzer auf dem Schreibtisch. Was sollte ich tun? Das Buch anzünden oder doch nur noch eine Zigarette?

Schweigen, nichts als verdammtes Schweigen. Wie viel Schweigen sollte ein einzelner aushalten können?

Weder bin ich fähig zu beweisen, dass du ermordet wurdest, noch können die Behörden beweisen, dass du dich selbst umgebracht hast. Aber wie auch immer, die Schweine haben dich gekriegt (Ja, ich habe mir eine Kippe angesteckt. Der Rauch kringelt sich in der warmen Luft). Zwanzig Jahre sind vergangen und ich bin noch immer wütend, vielleicht nicht so sehr, weil du tot bist, sondern vielmehr darüber, dass ich deinen Tod in mein Leben einbeziehen musste. Oh doch, ich kann noch immer im Garten sitzen und fasziniert den Vögeln beim Picken zusehen, bewundern, wie ihre glänzenden kleinen Augen den tiefblauen Himmel widerspiegeln. Ich kann noch immer mit den Fingern über die Blüten im Garten streichen, den süßen Duft einatmen, in die sanfte

Wärme des Spätfrühlings eingehüllt. Aber wieder ist alles vergiftet, vergiftet durch die Erinnerung an das, was dir widerfahren ist. Wir leben in einer wunderbaren Welt, aber so lange solche Schweine wie die, die dich getötet haben, sich frei darin bewegen können, bleibt es eine gefährliche Welt. Ich weiß, dass sowohl Schönheit als auch Gefahr subjektiv empfunden werden, aber ich weiß auch, welcher von beiden ich mich aussetzen will. Ich weiß, dass ich deinen Tod nicht rächen kann, aber dumm wie ich bin, fühle ich mich in alle Ewigkeit dazu verdammt, es wenigstens zu versuchen. Oh Phil, ist nicht alles so hässlich? Ist nicht alles so schön? Ist nicht alles so gefährlich? Dein Anteil an der Geschichte wird immer mehr zur Fiktion, dadurch gehen ihre Einzelheiten und ihre Dringlichkeit verloren. Ich habe mein Bestes gegeben, und wahrscheinlich reicht es dir nicht, aber denk dran, ich habe noch immer dein Buch »The Thoughts of Cheerman Wally«. Es ist Scheiße.

Ich kann ehrlich behaupten, dass mein Leben unkompliziert war, bevor ich dir begegnete. Ohne dich wäre all dies vielleicht nicht nötig gewesen. Ich hatte mir einen Garten geschaffen und spielte darin wie ein glückliches Kind, freute mich darüber, wenn die Gänseblümchen den grünen Teppich aus Gras durchstießen oder darüber, wenn perfekt geformte Schneeflocken vom Himmel fielen. Und wenn im Sommer die Lerchen aufstiegen und ihre herrlichen Lieder über das Leben sangen, stieg ich mit ihnen auf, immer näher an die Sonne heran und sang mein Lied.

A stone is margined by its own shadow.
A cockerel crows.
Feet, caressed by kitten tongues, touch stone floors.
Winds scratch and bounce on slated roofs.
The grass is wet;
raindrops run down each blade, to earth.
Clays turn darker, damper, grabs at passing toes.
The song of thrush, starling, robin,
sparrow, blackbird, ring-dove and wren
catches the wind and runs parallel through time.
Each sound is held static in the solidity of space.
Each moment the day grows wider in its possibilities.

Ein Stein ist umrandet von seinem eigenen Schatten.
Ein Hahn kräht.
Füße, von Kätzchenzungen liebkost, berühren Steinböden.
Winde kratzen und hüpfen auf Schieferdächern.
Das Gras ist nass;
Regentropfen rinnen an jedem Halm hinunter, zur Erde.
Lehm wird dunkler, feuchter, greift nach vorübergehenden Zehen.
Das Lied von Drossel, Star und Rotkehlchen,
Spatz, Amsel, Ringeltaube und Zaunkönig
Fängt den Wind und läuft parallel durch die Zeit.
Jeder Ton wird in der Festigkeit des Raumes statisch gehalten.
Jeden Augenblick wächst der Tag weiter in seinen Möglichkeiten.

Und ja, natürlich, müssen wir alle eines Tag erwachsen werden, nur du nicht. Wie du hätte ich ein glücklicher Hippie sein können. Du kamst in mein Leben und untergrubst mein Sicherheitsgefühl, indem du dich vorzeitig aus dem Staub machtest, hol dich der Teufel.

J'irai cracher sur ta tombe.

Penny Rimbaud. Essex. May 96.

Nachwort zur deutschen Ausgabe

Sieben Jahre sind seit der Erstveröffentlichung von *Shibboleth* vergangen, ein Zeitraum, in dem sich, glaubt man den Biologen, der Körper vollständig erneuert. Und so wie dies ein neuer Text ist, bin auch ich ein neuer Mensch, älter zwar, aber was ist schon das Alter? Nichts als das kleinlichste Maß für Erfahrung innerhalb des Raum-Zeit-Kontinuums der gemeinhin akzeptierten Wirklichkeit, die, wie alle Wirklichkeiten, weder Substanz noch Wert über das hinaus besitzt, was wir ihr beimessen.

Die Macht der westlichen Religionen ist unter den Kräften des Materialismus zusammengebrochen. An ihre Stelle ist der industriell-militärische Komplex getreten (unter Mithilfe der Pseudo-Wissenschaft Psychologie). Die Macht ist in andere Hände übergegangen, aber diejenigen, die ihr dienen, stehen nach wie vor in Reih und Glied, oder weniger euphemistisch ausgedrückt, sind Teil einer Kontinuität – ihr Schicksal ist das gleiche geblieben. Die Millionen, die im zwanzigsten Jahrhundert für fremde Ziele gearbeitet und gekämpft haben und sogar für sie gestorben sind, haben diese Kontinuität der Macht befördert und zugleich dafür gesorgt, dass deren Ziele nicht in Frage gestellt wurden. Währenddessen saßen diejenigen, deren Ziele sie verteidigten, bequem in ihren Villen und Palästen. Wir befinden uns, verkürzt gesagt, in einer paradoxen Situation: Wir verbringen unser Leben in einer menschenfeindlichen Wirklichkeit, die zugleich nur existiert, weil wir sie als solche akzeptieren. Wenn wir verstehen könnten oder wollten, dass unser eigener Tod das Ende von allem ist – ein definitiver Einschnitt innerhalb dieser weltweiten, kontinuierlich fortschreitenden Seifenoper, der wir so viel persönliche und gesellschaftliche Bedeutung beimessen –, würden wir vielleicht die Einzigartigkeit unseres Lebens begreifen und bemerken, dass es nur uns selbst gehört. Unsere Existenz ist ein singuläres Ereignis, das nicht vom Konstrukt einer gemeinsamen Wirklichkeit abhängt, sondern von unserem je eigenen Willen zu leben.

»Shibboleth« ist als fiktive Darstellung von Tatsachen verfasst worden. Seit seiner Erstveröffentlichung befindet sich der Text in einem ständigen Wandel, ist zur Fiktion seiner selbst geworden; ein zweischneidiges Schwert. Während er einerseits die Geister der Vergangenheit beerdigte (Aber wer glaubt schon an Geister? Und wer hängt schon allen Ernstes an der Vergangenheit?), ist er andererseits selbst zum Mythos geworden und hat die Art und Weise geprägt, wie andere Menschen mich sehen und beurteilen – stets natürlich vorausgesetzt, dass irgendjemand mich und mein Werk überhaupt wahrnimmt.

Von allen Kunstbewegungen, die sich bereits vor Crass bemüht haben, die Grundsätze der uns aufgezwungenen Realität zu unterwandern, kamen die Dadaisten ihrem Ziel am nächsten. Nackt und stolz haben sie sich auf die Kristallleuchter der Bourgeoisie geschwungen und dem ›guten Geschmack‹ ins Gesicht gepisst. Sie haben die distinguierte Moral auf den Müll geworfen und jenem Krieg, der angeblich alle Kriege beenden sollte und es dann doch nicht tat, auf ihre Weise einen Sinn gegeben: Der Horror der Gräben, der Gestank des Senfgases, der Stoß der Bajonette sind durch Marcel Duchamps ›Pissoir‹ besser erklärt worden als durch all die patriotisch-selbstgerechten Geschichtsbücher. Die Dadaisten bewiesen die geistige Gesundheit des Wahnsinns. Gott war tot, Nietzsche auch – woran also sollte man sich noch orientieren, wenn nicht an der Hitze des Bewusstseins und an dem Potenzial, das in einem selbst steckte? Die Nazis hätten womöglich nie eine Chance gehabt, wenn die Gesellschaft die Lektion des Dadaismus gelernt und verinnerlicht hätte. Aber sie wurde nicht gelernt, nicht einmal beachtet. Der Wahnsinn des Krieges, die gesellschaftliche Ungleichheit und die seelische Selbstgefälligkeit wurden nie in Frage gestellt. Die Bourgeoisie etablierte nach dem Ersten Weltkrieg lieber wieder eine neue illusorische Ordnung, anstatt nach dem Ursprung ihres Leidens zu forschen. Ein weiterer Krieg, noch schlimmer als der vorige, war somit garantiert. Nietzsche wurde (sicherheitshalber) mit einem Knebel im Mund beerdigt und Dada von den neuen Stimmen der Psychologie geplündert, die sich den Interessen ihrer militärisch-industriellen Herren unterordneten und alles daransetzten, die feurigen Pfeile einer Revolte abzustumpfen. Mit anderen Worten: Alles ging seinen gehabten Gang. Heute hängen die Dadaisten in den Museen wie Jesusfiguren vor den Kirchen, sind ein Anlagewert wie die Rolex oder die Treter von Nike geworden. Nietzsche wurde derweil in die kuschelige postmoderne Sicht der Dinge integriert: Gott ist tot, lang lebe Gott!

Die häufigste Frage, die mir in Bezug auf »Shibboleth« gestellt worden ist, bezieht sich auf die Passage mit dem Zuhälter – habe ich ihn wirklich umgebracht? Niemand hat mich dagegen je gefragt, ob Wally Hope tatsächlich die von mir geschilderten außergewöhnlichen, magischen Taten vollbracht hat – vielleicht, weil das etwas ist, an das man gerne glauben würde. Der Zuhälter dagegen ist eine andere Geschichte. Auf diese Frage habe ich nie geantwortet und werde es auch in Zukunft nicht tun. Ob sie nun stimmt oder nicht – nun, jeder Mensch braucht sein Geheimnis. Ein gut gehütetes Geheimnis ist mindestens so viel wert wie alle Rüstungen der Kreuzzüge zusammen, denn aus einem Geheimnis heraus kann der Mensch sich selbst immer wieder neu erschaffen. Es ist der kostbare Samen, aus dem ein neues Bewusstsein erwachsen kann.

Es mag sieben Jahre dauern, bis sich der Körper vollständig regeneriert hat, doch der Geist und all das, was man im Kopf hat, lässt sich nicht verändern, indem man einfach nur mal mit dem Finger schnippt. Nichts ist real genug, um absolut zu sein. Alles ist nur so real, wie wir es haben wollen. Nach fünfundzwanzig Jahren ist Crass so real oder irreal wie der Zuhälter. Unsere Vergangenheit ist eine Fiktion, die wir für eine Tatsache halten. Als ich »Shibboleth« geschrieben habe, habe ich zugleich die Fiktion einer Band namens Crass, eines Mannes namens Wally Hope und die meiner selbst geschaffen. Aus Sicht des ›Jetzt‹ im Sinne des Zen-Buddhismus, aber auch aus der Sicht eines präsenten, von der Boulevardpresse immer wieder geförderten ›Heute‹ gesehen, ist alles Lüge. Die Sichtweise des Zen geht von einem Mittelweg aus, der weder hier noch dort ist; die Fixierung auf das Heute hingegen verunglimpft die Vergangenheit, stellt ihr stets ›neue und verbesserte‹ Formeln entgegen, so dass deren ursprüngliche Bedeutung bestenfalls vergessen, schlimmstenfalls zynisch als nicht beachtenswert beerdigt wird. Wo aber liegt dann überhaupt so etwas wie Substanz? Von existenziellen Fragen einmal abgesehen, bedeutet Substanz im Grunde nichts weiter als Schicksal, ist ein Rezept der Versklavung, ein selbst auferlegtes Märtyrertum, um uns den Götzen des Materialismus zu unterjochen. »Shibboleth« war also ein Produkt der Einbildungskraft. Was aber, wenn ich die Fiktion weiterführen möchte (was natürlich ursprünglich die Absicht dieses ergänzenden Textes gewesen ist)? Was könnte ich sagen? Oder wichtiger noch, was *sollte* ich sagen? Sollte auch sie ›neu und verbessert‹ sein?

Ein Zuhälter verblutet in Londons King's Cross. Wahrscheinlich ist in diesem Moment wieder einer dort und ertrinkt in Blut und Galle, und wenn keiner da ist, dann sollte einer da sein. Ein paar Meilen nördlich davon, in einer schlecht möblierten Wohnung, nimmt eine Dichterin eine Überdosis Schlaftabletten zu sich und wacht nie mehr auf. Sie war eine gute Dichterin. Sie nannte sich DeeLite. Niemand kannte ihren wirklichen Namen, sie war ihr eigener Künstlername. Ihr Vermieter hat sie gefunden. Er hat ihre Tür eingetreten, weil er dachte, sie sei einfach abgehauen. Er regte sich auf. Nicht etwa, weil hier eine verzweifelte und einsame Frau den ihr einzig möglichen Weg aus der Einsamkeit gewählt hatte, sondern weil sie noch Mietschulden bei ihm hatte, weil sie rund sechs Wochen tot in der Wohnung gelegen hatte, während er gutes Geld von neuen Mietern hätte kassieren können. Ihre paar irdischen Besitztümer (aufgelistet von der Polizei, die er gerufen hatte; Rolex und Nikes waren nicht dabei) werden für die Beerdigung zahlen. Der Stadtrat wird sich darum kümmern. Der Sarg wird aus Pappe sein. Derweil, gegenüber des U-Bahnhofs King's Cross, vor McDonald's, nimmt eine heimatlose Frau ein Tütchen weißes Pulver von einem jungen Typen in Kapuze an und begibt sich wieder in ihre Ecke. Man kann die Bahnhofsansagen von dort aus hören. Der Zug um 11 Uhr 45 aus Doncaster hat Verspätung. In Euston, ein Stück die Straße rauf, wird am nächsten Tag eine Teppichkonferenz stattfinden.

Nachdem wir jahrelang mit unserem Vermieter, British Telecom, um das Schicksal unseres Hauses gerungen hatten, wurden das Haus und die dazugehörigen siebenhundert Morgen Land schließlich an einen dünnen Mann mit einer dicken Zigarre verkauft. Der dünne Mann mit roten Haaren und einem zynischen Lächeln war Direktor einer Dachgesellschaft namens Peer Group Plc. Er wurde meine Nemesis. So sehr es in dem Kampf mit der Peer Group auch in erster Linie darum ging, unser Haus zu retten, war es doch gleichzeitig ein Kampf der Persönlichkeiten – und zwar zwischen mir und diesem dünnen Mann mit den roten Haaren. Wir kamen beide aus der ›gehobenen‹ Mittelschicht (mit ›gehoben‹ ist hier gemeint, dass wir beide eine anständige Bildung genossen hatten, die eigentlich das Privileg aller sein sollte). Ich war auf einer Privatschule gewesen, er auf einem öffentlichen Gymnasium, das sich bemühte, Privatschulen nachzuahmen.

Unter echten ehemaligen Privatschülern gibt es eine Art ungeschriebenes Gesetz, eine gegenseitige Anerkennung von Geheimnissen wie jenem, das ich oben erwähnt habe. Auf der Privatschule muss man Geheimnisse haben - nur so kann man dort überleben. Manchmal vertraute man das Geheimnis jemandem an, denn die Intimität des geteilten Geheimnisses stellte die Wahrung des Geheimnisses sicher. Ich erinnere mich, auf meinem letzten Internat (vom ersten war ich geflogen) einen jüngeren Liebhaber abgewiesen zu haben, der daraufhin damit drohte, mich hochgehen zu lassen. Aber was hätte er hochgehen lassen können? Wir hatten regelmäßig in der Schulkapelle gefickt, der Altarteppich bot sich praktischerweise als weiches Bett an, aber genau das war ja unser *gemeinsames* Geheimnis (mal vorausgesetzt, dass die steinerne Figur am Kreuz über uns so blind war, wie ich glaubte). Als Dougie in Tränen aufgelöst quer über den Innenhof im Viereck lief, um mir zu sagen, dass er die Katze aus dem Sack lassen würde, musste ich nur lachen. An Privatschulen respektierten wir die Geheimnisse anderer, weil wir alle welche hatten. Würde er also unseren Klassenkameraden von unserem kleinen Stelldichein erzählen, gekoppelt mit einer Fantasiegeschichte, die irgendetwas über die Größe meines Schwanzes aussagte (so hoffte jedenfalls Dougie), hätte ihm keiner geglaubt, da Schwänze erstens ein ständiges Thema der Prahlerei waren (und die gemeinsamen Duschbäder bewiesen oft das Gegenteil), aber auch, weil wir Geheimnissen nicht wirklich zuhörten: Wir verweigerten uns, um unsere Sicherheit und unser Überleben nicht zu gefährden. Es stand zu viel auf dem Spiel: Wenn die Katze erst mal aus dem Sack war, wäre die Hölle los gewesen. Jeder vögelte mit irgendjemandem, und ein jeder wusste davon, aber niemand gab es zu. Das war eine Komplizenschaft, die dem dünnen rothaarigen Mann fehlte. Deswegen wusste ich, dass er von einer öffentlichen Schule kam und dass ihm nicht zu trauen war. Wäre er auf eine Privatschule gegangen, hätte er gewusst, wann er den Rückzug anzutreten hatte und was er nicht hätte sagen sollen. So aber verhielt er sich wie ein ekliger kleiner Köter, der nach meinen Fersen schnappte. Ich wusste, dass ich einen intellektuell ausgetragenen Kampf innerhalb von Minuten klar gegen ihn gewonnen hätte. Aber bei diesem Kampf ging es um Gesetze, was oberflächlich betrachtet bedeutete, dass es um wirtschaftliche Stärke ging: Derjenige, der zahlt, gewinnt. Aber das lässt die tief sitzenden Regeln der Klassengesellschaft außer Acht, die noch immer im modernen Großbritannien herrschen.

Trotz ihrer finanziellen Stärke, die beachtlich sein musste, wenn man die Zahl ihrer Firmen in Steueroasen betrachtete, fehlte es der Peer Group im Gerichtssaal an Klasse. Wir waren dort, um uns gegen die Räumungsklage zu wehren, die uns obdachlos gemacht hätte. Nach Zahlung der Gerichtskosten wären wir obendrein pleite gewesen. Der Anwalt der Peer Group war einer der besten in Sachen Immobilienangelegenheiten, vielleicht sogar Privatschüler, aber Ire und deswegen der falsche Mann für diese Aufgabe. Über den dünnen Mann mit den roten Haaren haben wir schon gesprochen, aber die, die er für seine Zwecke rekrutierte, waren ein bunter Haufen, der keine Ahnung von Klosteretikette hatte. Diese Leute hätten eine Privatschul-Krawatte nicht einmal erkannt, wenn ich mir die Mühe gemacht hätte, eine umzubinden. Quasi vom ersten Augenblick an, als ich den vorsitzenden Richter erblickte, wusste ich instinktiv, dass wir den Fall so gut wie gewonnen hatten: Auch er war auf einer Privatschule gewesen. Das sitzt noch tiefer als eine Logenbruderschaft. Eine etwas unanständige ›Anständigkeit‹ verbindet Privatschüler. Genau das hat auch Albert Speer den Hals bei den Nürnberger Prozessen gerettet: die Regeln der Komplizenschaft.

So hatten wir also den Prozess gewonnen und sogar einen Präzedenzfall geschaffen: Nach diesem Sieg konnte man sich gegen eine Räumungsklage (nach dem britischen Mieterschutzgesetz von 1977) verteidigen, indem man behauptete, ein großer Garten sei unabkömmlich für Mieter, die einem kontemplativen, akademischen Lebensstil anhingen. Egal wie oft mir der Anwalt der Peer Group sagte, ich würde philosophisch oder gar moralisch schwafeln – der Richter verstand mich. Es war, als ob Dougie hinten im Gerichtssaal gestanden und sein trauriges Lächeln gelächelt hätte, wohl wissend, dass all das Gerede über soziale Gerechtigkeit, Aufhebung der Rassentrennung und Frauenrechte nichts wirklich verändert hatte und dass sich auch nichts ändern würde. Wenn die königliche Familie Diana mit solcher Leichtigkeit um die Ecke brachte, war doch klar, dass der Status quo auf schreckliche Weise intakt geblieben war, oder?

Der nächste Schachzug der Peer Group war ebenso vorhersehbar wie schäbig. Der dünne Mann mit den roten Haaren holte seine Handlanger. Sie stammten allesamt aus der Arbeiterklasse. Es war ihre Aufgabe, uns das Leben zu vermiesen. Sie bedrohten uns. Sie beschädigten das Dach, so dass es leckte. Sie verboten mir die Reparatur. Sie vermiesten uns das Leben, aber das reichte ihnen nicht. Ich hatte in der Privatschule harte Zeiten durchgemacht. Wilfred Thesinger war Privatschüler gewesen, ebenso der Bergsteiger George Mallory; wir hatten alle boxen gelernt – vergesst die offiziellen Boxregeln, wir kommen schon allein zurecht. Wir hatten das Zeug, Gipfel- und Wüstenstürme zu überstehen. Ein leckes Dach war gar nichts dagegen. Außerdem war da auch noch Gee, die selbst aus der Arbeiterklasse kam. Also kannte sie undichte Dächer und Kneipengeschwätz am Samstagabend, und obwohl sie sich von den Aktionen dieser Leute aus der angeblich gleichen Klasse beleidigt fühlte (so wie ich von den Privatschuljungs, die ihre angebliche Loyalität vergaßen), machten sie keinerlei Eindruck auf sie. Steve war schon vor dem Prozess ausgezogen. Natürlich unterstützte er uns, aber insgesamt war er der Ansicht, sie (die Peer Group) seien ein »Haufen Fotzen« (was auch immer er damit meinte), und je weniger Worte man darüber verlöre, desto besser.

Während der gesamten Zeit verhielt sich der dünne Mann mit den roten Haaren – inzwischen sogar noch dünner und mit noch spärlicherem Haarwuchs – äußerst vorsichtig und vermied eine direkte Konfrontation mit uns. Er verbrachte seine Zeit in den Peer-Group-Büros in den Docklands und versuchte, unsere Miete zu erhöhen, was ihm aufgrund des Einsatzes eines ungewöhnlich verständnisvollen, für Mietpreisbindungen zuständigen Beamten fast unmöglich gemacht wurde. Nach einem endlosen Nervenkrieg, in dem all unsere Kaufangebote für das Haus ignoriert wurden, beschloss die Peer Group aus reinem Trotz, unser Haus zu versteigern.

Ich hatte mir oft überlegt, ein Buch über Crass aus der Klassenperspektive heraus zu schreiben. Das wäre sicher interessant geworden und hätte auch eine Erklärung für unser Ableben geboten. Crass bestand zu einem Drittel aus Privatschülern (traditionell der Oberschicht zugehörig), zu einem Drittel aus Gymnasiasten (traditionell Mittelschicht) und einem Drittel Volksschule (traditionell Arbeiterklasse). Der Klassenunterschied wird zum größten Teil an den Erwartungen der Menschen deutlich: Die Oberschicht nimmt das Recht auf Sicherheit in Anspruch (unabhängig davon, ob diese tatsächlich erreicht wird), die Arbeiterklasse akzeptiert, dass Sicherheit nur durch Kampf oder Flucht zu erreichen ist (permanent unterminiert durch Ratenzahlungsverträge, Hypotheken und Lotterien), während die Mittelschicht die Sicherheit in Zahlen sucht (menschlichen wie wirtschaftlichen) und dabei glaubt, sie könne die Unbeständigkeit der materiellen Welt überleben (und sogar noch davon profitieren), indem sie sich dem Arbeitsethos anpasst. Wie der Schriftsteller J. G. Ballard in »Millennium People« schreibt, ist »die Mittelschicht das neue Proletariat«. Schicht hängt nicht davon ab, was wir tun (ein Banker aus der Arbeiterklasse ist genauso denkbar wie ein Maurer aus der Oberschicht), sondern wie wir es tun – und darin liegt der Konflikt.

Sieben lange Jahre hatte Crass das gelegentlich schiefe Gleichgewicht zwischen denen, die glaubten, sie hätten das Recht zu tun, was sie wollten, jenen, die bereit waren, dafür zu kämpfen, und den anderen, die die täglichen Pflichten in der real existierenden Wirklichkeit erledigten, gehalten und überlebt. Ich bin froh darüber, dass wir einerseits so waren, wie wir waren, bin aber andererseits auch traurig, dass wir alle meinten, Anarchisten zu sein. Und dass es die Klassenunterschiede waren, die letztendlich, auch wenn sie nicht direkt dafür verantwortlich waren, zum Niedergang der Band führten.

So stand also das Haus, das wir vor dreißig Jahren vor dem Ruin gerettet hatten, zur Versteigerung. Wir wussten, dass der dünne Mann mit den roten Haaren anwesend sein würde, und wir wussten auch, dass er uns reinlegen würde, wenn er sah, dass wir mitboten (Seine Handlanger waren auch da: Sie würden sich zunicken, heimliche Zeichen geben usw.). Also baten wir eine Freundin, die einmal im Haus gelebt hatte und jetzt ein Maklerbüro leitete, uns zu vertreten. Sie erledigte ihre Aufgabe mit fast beängstigender professioneller Leichtigkeit und ersteigerte das Haus für 160.000 Pfund ... die wir nicht hatten. Jahre zuvor hatten wir einander im Obstgarten gegenseitig ein Geheimnis anvertraut, weil es sich so ergeben hatte. Jetzt ist sie tot, und ich behalte sie lieber so in Erinnerung, wie sie damals war, an einem warmen Sommernachmittag im Obstgarten.

Ich hatte nie ein Haus besitzen wollen, jetzt aber besaß ich nicht nur eins, sondern auch die dazugehörigen Schulden. Es handelte sich um einen Betrag, der alles überstieg, was ich je in meinem Leben besessen hatte, und der höher war als alles, was ich den Rest meines Lebens haben würde. Wenn ihr das nächste Mal den alten Spruch »Eigentum ist Diebstahl« hört, solltet ihr euch vielleicht fragen, von wem. Ich jedenfalls kam mir nicht wie ein Dieb vor, und wenn ich doch einer bin, dann ein mittelloser. Und der dünne Mann mit den roten Haaren hockt wahrscheinlich währenddessen auf den Bahamas und erfreut sich an seinem dicken Bankkonto und den aufgemotzten Brüsten seiner jugendlichen Begleiterin.

Wenn Dada der kulturelle Angriff des frühen zwanzigsten Jahrhunderts war, dann spielte Crass zweifellos die gleiche Rolle für das ausgehende Jahrhundert. Indem wir viele der Schockelemente der Dadaisten verwendeten, stachen auch wir mit der Hexennadel in die graue Masse der Bourgeoisie (die sich jetzt mit den Neureichen zusammengetan hatte). Crass brachte die Belange der Mittelschicht – Pazifismus, Feminismus, Vegetarismus usw. – auf die Straße und kippte dabei einen Kübel Scheiße über den liberalen Widerspruche. Die Friedensbewegung stand nicht mehr in ihrer kuscheligen Nische, sondern musste sich bereits selbstkritisch Mängel eingestehen. Was zuvor die Domäne von Dufflecoats und Straßenschuhen gewesen war, wurde nun zum Schlachtfeld von Bomberjacken und Doc Martens. Die Friedensbewegung bat nicht mehr, sondern befahl. Für ein paar Jahre, wie im Paris von 1968, schien die Revolution greifbar nahe. Mit einer Gewalt, die in der jüngeren britischen Geschichte ihresgleichen sucht (mal abgesehen von der täglichen in Nordirland verteilten Dosis), vereinten sich Thatchers Armee, die Polizei, amerikanisches Geld und der Falkland-Krieg, um die Flut einzudämmen. Niemand jedoch hätte das gewaltige, an Rache grenzende Wiederaufflammen vorhersagen können, das sich daraus entwickelte. Während sich die Mittelschicht zum Teil zurückzog, sich die Wunden leckte und ihren Liberalismus durch das Lesen entsprechend liberaler Zeitungen wieder zu festigen suchte, regruppierten sich die Straßenkämpfer zu echtem Widerstand, der zwanzig Jahre später noch einmal seinen Ausdruck in den fliegenden Pflastersteinen von Seattle und Genua fand.

Es überrascht nicht, dass das Anwachsen der Anti-Globalisierungs- und Anti-Kriegsbewegung (selbst die ›Friedensbewegung‹ hat jetzt den aggressiveren Titel ›Anti-Kriegsbewegung‹ angenommen) ein verstärktes Interesse an Crass hervorrief; wir waren schließlich deren Paten. Natürlich haben auch die französischen Situationisten, die deutsche RAF und sogar das Kuba zu Che-Zeiten ihren Anteil, aber was Crass auf der britischen Hauptinsel eingeführt hatte, war ein dynamischer Protest jenseits des Raumes, der von wohlmeinenden, gut betuchten Liberalen besetzt war, die an Victorias Rockzipfel hingen. Dies ist ein Klassenkampf, der noch längst nicht beendet ist.

Nachdem ich das Haus gekauft und ein Jahr lang unter schwersten Depressionen gelitten hatte, weil ich nicht damit zurecht kam, begannen Gee und ich, vorsichtige Pläne für die ›Zukunft‹ zu machen. Zum Teil wurden die Schleusen dadurch geöffnet, dass wir im Internet einen Aufruf mit der Bitte um finanzielle Unterstützung gestartet hatten, auf den eine überwältigende Reaktion folgte. Von überall auf der Welt kamen Spenden (insgesamt mehr als 10.000 Pfund), oft zusammen mit Briefen, die uns dafür dankten, dass wir das Leben der Spender/Innen verändert hatten.

Über die Jahre ist mir immer wieder für ›Lebensveränderungen‹ gedankt worden, was, obwohl es sehr befriedigend ist, leicht zu Selbstüberschätzung führen kann. Jeder verändert ständig das Leben anderer durch alltägliche soziale Interaktion: Ein Scheißtag kann sich plötzlich durch das freundliche Hallo eines Fremden wandeln, genau wie ein guter Tag leicht durch Grobheiten ruiniert werden kann. Crass mag das Leben Tausender verändert haben, aber im Vergleich zu den Milliarden, die den Planeten bevölkern, ist das sehr wenig. Und überhaupt, was ist mit den Leben, die wir vielleicht ruiniert haben? Aus offensichtlichen Gründen haben wir von denen nie gehört.

Nachdem ich aus meinen Depressionen aufgetaucht war, begann ich damit, das Dach zu reparieren, während Gee an einer Spendenaktion arbeitete, zu der Künstler aller Stilrichtungen Werke beisteuerten, die dann versteigert wurden. Die Aktion brachte 6.500 Pfund ein. Weitere 1.500 Pfund wurden bei einem Gig gesammelt, den Jazzmusiker veranstalteten und der im Grunde genommen ein Dankeschön an ihren loyalsten Fan (mich) war. Durch die zusätzliche Unterstützung von einigen großen Spenden gelang es uns, bis zum Ende des ersten Jahres die Hälfte des Kredits zurückzuzahlen.

Zwanzig Jahre hatte ich halb zurückgezogen gearbeitet und gelebt. Ich hatte einige Romane geschrieben (unveröffentlicht), außerdem Theaterstücke, Gedichte und zwei Bücher, die von AK Press veröffentlicht wurden, »The Diamond Signature« und natürlich »Shibboleth«, von dem ich mir erhofft hatte, es würde mich von Crass erlösen. Das bisschen persönliches Leben, das mir verblieb, konzentrierte sich auf Eves Wohnung in Nord-London und den nahe gelegenen *Vortex Jazz Club*. (Mir kam es vor, als sei Jazz die einzige Musikform, die einen ähnlichen Anspruch auf Authentizität erheben konnte wie Punk.) Aber der Internetaufruf hatte Crass in die Öffentlichkeit zurückgeworfen. »Werden wir auftreten? Wo können die Alben gekauft werden? Gibt es Buttons? Vielleicht ein Interview? Sind Anarchie und Frieden nicht ein Widerspruch in sich selbst?«

In der Zwischenzeit war das Interesse an der Politik von Crass durch die bahnbrechenden »Stop the City«-Aktionen, dann die »Erobert die Straßen zurück«-Bewegung bis hin zu den heutigen Anti-Globalisierungs-Demonstrationen wiedererweckt worden und wir wurden mal wieder in die Höhle des Löwen geworfen. Wie konnten wir mit unserem Zuhause und der darin wohnenden Kreativität dem Zweck dienen? Zunächst entschlossen wir uns, das Haus wieder einem breiteren Spektrum innerhalb der Bewegung zu öffnen (die Tür war eigentlich immer offen gewesen). Dadurch, dass wir es »Zentrum für dynamischen Gesellschaftswandel« nannten, Workshops organisierten und Künstlern Ateliers auf Zeit zur Verfügung stellten, formalisierten wir nur Vorgänge, die immer schon Teil unseres häuslichen Lebens gewesen waren. Doch gleichzeitig mit dem wachsenden Interesse für das, was wir an der Heimatfront taten, begannen auch die Einladungen zu Veranstaltungen einzutrudeln. Ein Jahr lang gab ich mich damit zufrieden, aus meinen neuesten Werken vorzulesen, aber mit der Zeit wuchs in mir das Verlangen nach einer Begleitung. Natürlich dachte ich dabei an meine Freunde aus dem Vortex Jazz Club, und so fragte ich Louise Elliot, eine australische Saxophonistin und Flötistin, ob sie mich bei Auftritten begleiten würde. Auch Gee wurde zunehmend gebeten, ihre Werke in Einzel- und Gruppenausstellungen zu zeigen. Diese Arbeit außer Haus führten natürlich dazu, dass wir uns weniger auf die Arbeit im Haus konzentrierten, aber indem wir rausgingen, konnten wir mehr Leute erreichen, was der richtige Weg zu sein schien.

Drei Jahre später haben Gee, Eve und ich »Crass Agenda« gebildet, ein lockeres Netzwerk aus Dichtern, Künstlern, Musikern, Tänzern, Filmemachern und Aktivisten. Wir haben drei Alben aufgenommen und haben jeden Monat einen Auftritt im Vortex. Und nachdem Gee mehrere große Ausstellungen hatte, wurde »Exitstencil Press« wiederbelebt und ist dabei, vier Bücher zu publizieren. Das Haus beherbergt weiterhin den traditionellen Strom an Besuchern und profitiert gleichzeitig durch den Input einer neuen Generation von Aktivisten. Es scheint, als sei das Leben wieder genauso intensiv wie zu den Blütezeiten von Crass.

Die Thatcher-Jahre hatten ein seltsames Gefühl der Isolation hinterlassen, was durch unsere Kämpfe mit dem dünnen Mann mit den roten Haaren (und später mit dem nicht ganz so roten Mann mit den dünnen Haaren in der Downing Street 10) verstärkt wurde. Ob nun fiktiv oder nicht, es gibt wenig Vergangenes, was ich bereue, nur dann und wann stößt mir noch der Tod von Old Bill Craggett auf, aber das liegt möglicherweise daran, dass Old Bill vielleicht die fiktivste Persönlichkeit gewesen war, die ich je gekannt (erfunden) habe. Er war ein Außenseiter: einfach, unschuldig und tatsächlich ignorant. Während ich den meist euphemistisch gebrauchten Begriff ›Fortschritt‹ verstehen und analysieren konnte, war das jenseits von Bills Einsichtsvermögen. Das Land um seine Hütte herum war sein Land, egal, wem es tatsächlich gehörte: Das war sein animistisches Recht. Er kannte jeden Winkel und jede Scholle des Landes, jede Spalte, jedes Auf und Ab, jeden Baum, jeden Graben und jeden Bach. Er kannte es wie seinen eigenen Körper und fühlte es auch dementsprechend. Er sah die Erde atmen. »Der Hügel dort wird größer«, sagte er, und obwohl ich es nicht sehen konnte, wusste ich, dass er Recht hatte. »Menschen können nicht auf dem

Mond landen«, sagte er, »er ist doch nur so groß wie eine Sixpence-Münze.« Es spielte keine Rolle, dass Sixpence-Münzen schon seit Jahren nicht mehr im Umlauf waren, da man ja auch nicht auf einer Tenpence-Münze landen konnte. Das war Bills Poesie, und er hatte Recht damit. Er kannte nur seine eigene Perspektive, und diesen Weg beschritt er. So wie die Buschmänner, die sich in Gefangenschaft einfach zusammenrollen und sterben, war ihm der Krebs der einzige Ausweg, als die British Telecom sein Land bedrohte: Bill wusste, dass dieses Land sein Zuhause war, und wenn es entweiht würde, würde es ihm auch so gehen. Es ist abscheulich, dass Unschuldige dieses Schicksal erleiden müssen. Von allen Leuten, die in meiner Bekanntschaft gestorben sind, ist Old Bill der, den ich am meisten vermisse. Er war ein Narr, der mich Weisheit lehrte.

Die moralische Verkommenheit um uns herum, wie sie sich im Verhalten von Bush und Blair und ihren Konsorten spiegelt, kann so leicht zu sozialer Verzweiflung (und Unfähigkeit zu handeln) führen. Der Angriff der Koalition auf den Irak bekräftigt die einseitige, zielstrebige Begierde des dünnen Mannes mit den roten Haaren. Er würde seine Handlungen verteidigen und behaupten, dass er »die Interessen seiner Shareholder schütze«, als ob sie zur Familie gehörten (bei näherer Betrachtung stellte sich dann tatsächlich heraus, dass die ›Shareholder‹ nahe Verwandtschaft waren): Die Beziehungen zwischen dem Weißen Haus und den Ölgesellschaften sind hinlänglich bekannt. Wenn das Verhaltensmuster derer um uns herum ein Mikrokosmos ist, der uns ein Bild der großen Welt liefert, welche Hoffnung bleibt dann? Gegen solche Plagen wie McDonald's, Coca-Cola, Tesco und sogar Murdoch können wir mit hochgelegten Füßen abstimmen, aber die hässliche Gier, die die Wurzel von all dem bildet, muss ausgerissen und verbrannt werden. Es wird Zeit, dass wir nicht nur die Führer beschuldigen, sondern uns auch die Mitläufer anschauen.

Letztes Jahr bin ich sechzig geworden und freue mich darüber, dass ich aktiv in einer wiedererwachten, pulsierenden Alternativkultur arbeite. Die Jahre, die ich beim Schreiben in der Isolation verbracht habe (ob nun von Romanen oder juristischen Schriftstücken), waren sehr wertvoll. In jener Zeit habe ich mich größtenteils wiedererschaffen und herausgefunden, wer ich eigentlich bin, nach all den Jahren, die ich als Teil von Crass verbrachte. Mein Sorge ist nun, dass der äußere Druck der kreativen Aktivität mich wieder zu weit von meinem inneren Selbst wegführt, aber hoffentlich habe ich in der Zwischenzeit dazugelernt. In den vielen Jahren als kreativer Aktivist habe ich gelernt, ›Revolution‹ als semantisches Wortspiel zu verstehen: Sie dreht sich wortwörtlich herum und herum, immer wieder im Kreis um sich selbst. Es gibt weder Anfang noch Ende, aber solange es Kristallkronleuchter gibt, an denen man herumschwingen kann, werde ich weitermachen. Ich revoltiere also noch immer.

PS: Old Bill Craggetts winzige Hütte ist abgerissen und durch ein Traumhaus wie aus dem Legoland ersetzt worden. Der Besitzer ist ein Gangster aus jener Klasse derer, die unter Maklern als neureich gelten (und zu der auch Fußballer und Popstars gehören). Der Gangster, ein fetter Mann mit dünner Zigarre, hat angedroht, mich umzubringen, weil ich sein Recht in Frage gestellt habe, dort, wo Old Bill einst einen Garten Eden geschaffen hatte, einen Palast hinzusetzen. Die Geister der Zeit werden sich um diese spezielle Angelegenheit kümmern. Meiner wird wohl nicht mehr dazugehören.

Penny Rimbaud, im März 2004